Von Frauen und Pferden

Bärbel Wegner
Helga Steinmaier

Von Frauen und Pferden

Zur Geschichte
einer besonderen Beziehung

ULRIKE HELMER VERLAG

Die Deutsche Bibliothek – CIP-Einheitsaufnahme

Wegner, Bärbel:
Von Frauen und Pferden : zur Geschichte einer besonderen Beziehung /
Bärbel Wegner/Helga Steinmaier. – Königstein/Taunus : Helmer, 1998
ISBN 3-89741-003-6

Umschlagbild: Titelseite der Zeitschrift »Die Woche«, Heft 4/1927.
Bildunterschrift: »Die Frau als Sensation«.
Herstellung: Druckhaus Beltz, Hemsbach
Printed in Germany

Inhalt

Einleitung

»Das Paradies der Erde liegt auf dem Rücken der Pferde ...«[1]

Bis hierhin kennen wir alle das alte arabische Sprichwort. Und so geht es weiter: »... in der Gesundheit des Leibes und am Busen des Weibes!«[2]

Da haben wir's! Frauen und Pferde – und was Männer damit verbinden ... »Es war fast etwas wie Neid in ihm, als er sich an ihren nervigen Körper lehnte, sie ihm das Brot mit sanften Lippen aus der Hand nahm – vorsichtig fuhr er mit den Fingern über die Haut ihrer Brust, spürte bewundernd das starke Geäder unter ihr, in dem mit leisen Schlägen ihr Vollblut pulste.«[2] Hier nähert sich ein Student der Stute eines Offiziers, »willenlos bezwungen« von ihrem dünnen Hals, ihrer feinen Haut. Das edle Tier ähnele seinem Besitzer (!), so der junge Bewunderer ...

Hochbeinige Schönheiten mit schlanken Fesseln, wilden Mähnen, mit geblähten Nüstern gar, tänzeln durch so manche männliche Phantasie – Sind es Pferde? Sind es Frauen? Oder gar Männer? Bei so viel Verwirrung ist es jedenfalls kein Wunder, daß den Herren der Schöpfung zum Thema »Frauen und Pferde« viel, aber auch viel Mist einfällt! Und der schlägt, wie so oft, in Frauenverachtung um. Eine kleine Kostprobe: »Der gute Reiter weiß genau: erst das Pferd und dann die Frau.«

Mit diesem Buch wollen wir die eigentliche Beziehung zwischen Frauen und Pferden sichtbar machen, nämlich ihre eigene, ganz besondere! Gesucht und gefunden, ausgegraben und entstaubt haben wir sie aus Bücherschränken, Zeitungssammlungen,

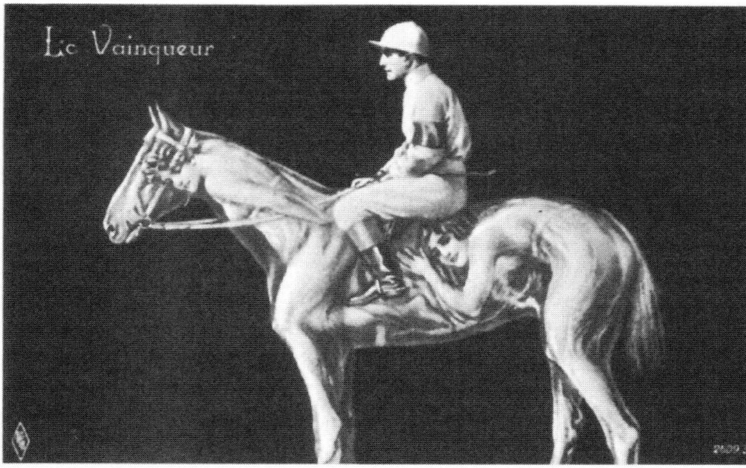

Männerträume von Frauen und Pferden: »Der Sieger«

Frauenarchiven, dem Hippologischen Institut ... Wir haben junge und alte Pferdefreundinnen von heute befragt und sind auf unserem Streifzug durch die Epochen sogar bis in steinzeitliche Höhlen vorgedrungen.

Amazonen – so heißen und hießen die Reiterinnen schon jahrtausendelang, auch wenn es von den kämpferischen Frauen der vorgriechischen Zeiten bis zu heutigen Turnier- oder Freizeitreiterinnen ein weiter Weg ist. Weit, aber höchst abwechslungsreich! Also aufgesessen und losgeritten auf den Spuren unserer »Vorreiterinnen«: Von der edlen Dame auf dem Reitkissen bis zur waghalsigen Damensattel-Bezwingerin, von der antiken Vollblutzüchterin bis zur modernen Pferdetherapeutin werden sie vorgestellt – Frauen und ihre Pferde-Welt. Es riecht immer etwas nach Leder und Schweiß (und auch nach Parfüm). Es geht im langsamen Schritt durch die sengende Wüste und im Jagdgalopp über gefährliche Hindernisse. Hoch überm Pferd schwebt die Zirkusreiterin auf Zehenspitzen, und Linda Tellington-Jones entwickelt den speziellen Touch. Pippi Langstrumpf hebt ihr Pferd auf die Veranda, und schon starten Dick und Dalli mit ihren Ponys einen Ausritt. Durch die Zeiten reiten Reisende und Kriegerinnen, es reiten Frauen aus Statusgründen, zur Jagd und zur Arbeit, nicht selten auf dem bloßen Pferderücken.

Und je näher wir unserer Zeit kommen, desto zahlreicher werden sie – auf Wanderwegen und Reitbahnen, im Distanztraining und auf dem Wanderritt. Diese Pferde-Frauen sind nicht zu bändigen! Sie reiten und reiten und reiten. Und wenn sie nicht reiten, dann reden sie über Pferde oder wählen Berufe, die mit Pferden zu tun haben. Oder bauen Ställe und ziehen Zäune und halten ihre Pferde selbst. Und wenn sie das alles erledigt haben, dann setzen sich manche von ihnen hin und schreiben ein Buch. Über Pferde natürlich! Selbstverständlich sind die meisten dieser Frauen einmal »Pferde-Mädchen« gewesen. Woher kommt das eigentlich, fragen sich manche, wie entsteht diese Begeisterung? Warum reiten so viele Frauen und Mädchen? – und damit gelangen wir zum ersten Kapitel dieses Buches …

… aber nicht ohne unser Dankeschön: Es gebührt den vielen Reiterinnen, mit denen wir Gespräche führten und deren unzählige, jahrelang aufbewahrte Pferdezeitschriften wir durchstöbern durften, den hilfreichen Menschen in Bibliotheken und Archiven, insbesondere Frau Mackensen vom Hippologischen Institut Verden/Aller, der Frauengeschichtsforscherin Birgit Wehnert, Edertal-Anraff, Hamburgs gefährlichstem Antiquariat P. H. mit seinen unglaublichen Fundstücken und Robert Höffner aus Dortmund für seine freundlichen antiquarischen Notdienste. Gaby Hermsdorfs Pionierinnen-Arbeit »Geschichte des Europäischen Frauenreitens« verdanken wir wichtige Anregungen.

Den Entstehungsprozeß dieses Buches begleiteten viele kritische LeserInnen. Für ihre große Unterstützung danken wir Inge Krause aus Hamburg, Christina Wegner, Göttingen, Roland Wegner aus Hagen, außerdem Elvira Metze, Claudia Timman, Martina Pinter und Rosemarie Ring aus Dortmund sowie Henrike Brück, Frankfurt am Main. Und nicht zuletzt den Pferden, die uns freundlich durch die schöne Landschaft trugen.

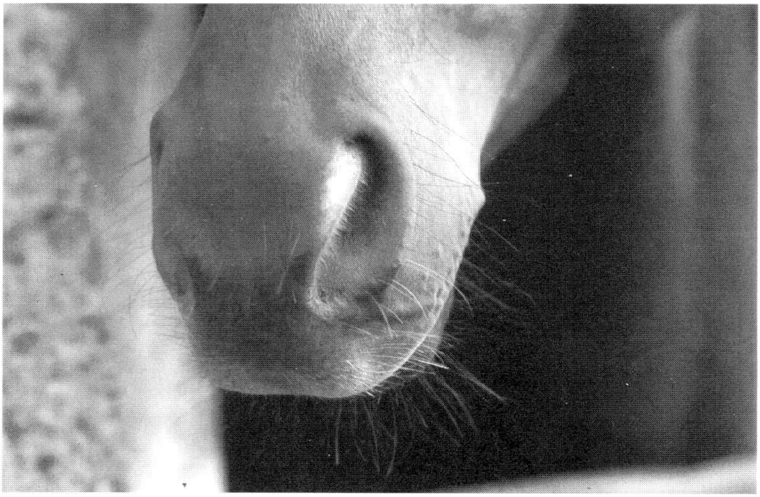

1. Reiten macht stark – und romantisch

Oder: Warum Frauen und Mädchen reiten

»Warum in aller Welt hast du ein Pferd auf der Veranda?« fragte Thomas. Alle Pferde, die er kannte, wohnten in einem Stall.
»Tja«, sagte Pippi nachdenklich, »in der Küche würde es nur im Wege stehen. Und im Wohnzimmer gefällt es ihm nicht.«[1]

DIE MÄDCHEN SIND BEGEISTERT, ihr Umfeld zeigt sich irritiert und nicht selten entnervt: das Pferde-Fieber ist ausgebrochen!

Nie zuvor drängte es so viele weibliche Teens, in steigendem Maße aber auch Frauen mittleren Alters und Seniorinnen zum Reiten, das inzwischen schon zum ›Frauen-Sport‹ geworden ist. Was bei den meisten Mädchen in der Pubertät aufhört, endet bei manchen nie, und wieder andere entdecken ihre Leidenschaft erst spät. Wo aber kommt sie her? Was ist das für eine Begeisterung nicht nur der Mädchen, sondern der Pferdefreundinnen aller Altersstufen?

Schauen wir uns zuerst die in Pferde vernarrten Mädchen an – im Alter von etwa acht bis sechzehn tun sie alles, um an das Objekt ihrer Leidenschaft zu kommen. In den Reitställen wetteifern sie um Pflegepferde, zu Hause betteln sie um Reitunterricht. Unter Garantie entdecken sie ›alleinstehende‹ Pferde auf Wiesen und Weiden, finden die Besitzer heraus und bewerben sich sofort um ein Pflegeverhältnis. »Nur putzen und pflegen, ich möchte gar nicht reiten, ganz bestimmt! Ich miste gerne aus und longiere, und ich kann auch füttern. Aber reiten? Darum geht es gar nicht«, beteuern sie und schauen dabei unschuldig ihr Gegenüber an. In der Hand halten sie bereits eine Tasche mit Putzzeug und Brot, aus dem Fahrradkorb lugt eine Reitkappe.

Ja, Pferde-Mädchen wissen genau, was sie wollen! Und kreativ sind sie außerdem – gehört ein Mädchen erst einmal ›dazu‹, verleiht es seiner Pferdeliebe bald vielfältigsten Ausdruck: Plastik- und Stoffpferde werden angeschafft, das Zimmer mit Postern und Photos, Halfter und Putzzeug geschmückt. Das Fahrrad erhält einen Pferdenamen, die Freundin wird longiert – »Terrab, Adlerfee, Terrab!« –, kein Pferdebuch, keine Zeitschrift, kein Film ausgelassen. Mädchen jeden Alters werden zu Fachkundigen, bestimmen Pferderassen und -krankheiten und verstehen von der Fütterung der Pferde mehr als von ihrer eigenen. Sie wissen bald, wie ein Steigbügel verstellt, ein Hinterhuf gefahrlos hochgehalten wird oder wie, zumindest in der Theorie, komplizierte Bahnfiguren geritten werden. Dies alles in der Regel lange vor ihrer ersten Reitstunde! Woher kommt eine solche Motivation, was treibt das weibliche Geschlecht in Ställe und Sättel?

Befragen wir ein Hippologisches Lexikon, klingt die Begründung für den weiblichen Drang zum Pferd sehr nüchtern und beläßt dem »Frauenreiten« keinerlei Leidenschaft: »Der Ursprung desselben liegt weit zurück und ist teils dem zuzuschreiben, daß man mit Sänften nur langsam vorwärts kam und Rollfuhrwerke oft auch auf den mangelhaften Wegen schwer vorwärts kamen.«[2]

Sänften und Kutschen benutzen Frauen schon lange nicht mehr – doch sie reiten mehr denn je. Von den Mitgliedern der Deutschen Reiterlichen Vereinigung, FN, sind zwei Drittel weiblich: rund 711.000 Reiterinnen! In der Altersklasse der 19- bis 26jährigen steht gar ein ganzes Amazonenheer einem mickrigen Männeranteil von 15% entgegen. Und bei den unorganisierten PferdefreundInnen liegt die Frauenrate noch höher, insgesamt bundesweit bei schätzungsweise 1,5 Millionen Reiterinnen.[3]

Wer Mädchen von heute danach befragt, was Pferde ihnen bedeuten, erhält sehr romantische Antworten:[4] »Ein Pferd ist für mich nicht nur ein Tier, sondern gleichzeitig auch mein bester Freund«, schreibt die elfjährige Malin. »Wenn ich ein Pferd hätte, wäre es mir so viel wert, daß ich meine ganze freie Zeit bei ihm verbringen und es pflegen würde.« Und eine Sechzehnjährige schreibt, daß Pferde »aufmerksame Zuhörer« und mehr sind: »Wenn niemand da ist, dem man von Ängsten, Problemen oder Sorgen erzählen würde, kann man es seinem Pferd anvertrauen, in der Gewißheit, daß niemand davon erfahren würde.« Reiten, vor allem Reiten als Leistungssport, ist den meisten Mädchen weniger wichtig.[5]

Liegt's letztlich an weichen Nüstern und sensiblen Ohren? Wohl kaum: Den reinen Schönheitsanbeterinnen ginge wohl bald die Puste aus. Denn wenn auch viel von der Schönheit der Pferde die Rede ist, gearbeitet wird ebenso viel und hart – im Stall. Ausmisten, Stallgassen fegen, Wassereimer schleppen, auch mal Stroh und Heu laden, Pferde auf die Weide bringen, trockenführen nach dem Ritt und putzen, putzen und wieder putzen ... Die Mädchen nehmen nicht nur schwere körperliche Arbeit mit Begeisterung auf sich, sie scheuen sich auch nicht, schmutzig zu werden, und ekeln sich vor nichts. »Pferdemist stinkt nicht«, versichern sie und fegen und putzen eilig weiter, fahren mistbeladene Schubkarren und schleppen Strohballen herbei.

Pferde-Mädchen arbeiten hart und reiten mutig. Was in anderen Zusammenhängen für ein Mädchen eher als (zu) waghalsig gelten würde, ist beim Reiten selbstverständlich. Hier dürfen, ja, müssen Mädchen mutig sein: Auf einem 1,70 m großen Etwas zu sitzen, es in unterschiedlichen Gangarten zu meistern, zu lenken, vielleicht auch noch zu springen – auch die untrainierteste Reiterin betrachtet diese Herausforderungen als nichts Besonderes.

»Ein Reiter darf keine Angst haben«, steht in Lise Gasts bekanntem Jugendbuch »Ange im Turnier«. Denn: »Wer Angst hat, ist schon verloren«, heißt es weiter. »Deshalb ist Reiten ja die beste, großartigste und nie versagende Vorbereitung für das Leben. Das Leben ist wild und gefährlich, und es stellt jedem einzelnen Menschen immer wieder neue Hürden entgegen. Wirf dein Herz voran und spring nach!« Da nicken die Mädchen, auch wenn ihr Herz insgeheim doch etwas klopft, bevor sie es ›werfen‹. Solche Sätze in Büchern prägen ihr Selbstbild – und die Vorstellungen von Pferden –, sie messen sich daran und lesen viele Bücher von Heldinnen und wilden Pferden. In den Comic-Geschichten in Zeitschriften wie »Wendy« oder »Lissy« geht es immer um ›große‹ Herausforderungen: Ein Pferd wird gestohlen, und zwei Freundinnen holen es zurück, oder Mädchen stehlen ein Pferd, um es vor dem Schlachthof zu retten. Oder galoppieren nachts durchs Moor, um eine lebenswichtige Medizin zu holen. Oder, oder ...

Vielleicht suchen die Mädchen deshalb den Umgang mit Pferden, weil ihnen darin, verstärkt durch die eigene Phantasie und die unzähligen dramatischen Geschichten, eine Nähe zum Abenteuer geboten wird, die die übliche Mädchenerziehung unseres Kulturkreises eher meidet. Noch immer hören Mädchen viel zu häufig: »Paß auf, sieh dich vor, das ist zu gefährlich, das kannst du nicht« und, wenn auch nicht mehr so häufig wie vor Jahrzehnten: »Das ist nichts für Mädchen!«

Tollkühn, nicht »mädchenhaft« möchten viele Mädchen sein. »Tomboys« taufte die Freud-Schülerin Helene Deutsch im Jahre 1948 diesen wagemutigen Mädchen-Typ. Sie hätte sie treffender »Pippigirls« genannt, nach dem 1945 aus der Taufe gehobenen, weltbekannten Vorbild aller wilden Mädchen, der so herrlich »furchtbar starken« Pippi Langstrumpf.

»Sie konnte ein ganzes Pferd hochheben, wenn sie wollte. Und das wollte sie. Sie hatte ein eigenes Pferd, das sie für eines ihrer vielen Goldstücke gekauft hatte. Sie hatte sich immer nach einem Pferd gesehnt. Und jetzt wohnte es auf der Veranda. Aber wenn Pippi ihren Nachmittagskaffee trinken wollte, hob sie es ohne weiteres in den Garten hinaus ...«
»Pünktlich um zehn Uhr am nächsten Tag hob sie ihr Pferd von der Veranda, und eine Weile später stürzten alle Menschen in der kleinen Stadt an die Fenster, um zu sehen, was für ein Pferd da durchgegangen war. Das heißt, sie glaubten, daß es durchgegangen wäre. Aber das war es nicht. Es war nur Pippi, die es etwas eilig hatte, in die Schule zu kommen. Im wildesten Galopp

Pferde bedeuten für Mädchen auch: Nähe zum Abenteuer

sprengte sie in den Schulhof hinein, sprang mitten in der Fahrt vom Pferd, band es an einen Baum und riß die Tür zum Schulzimmer mit einem Ruck auf, so daß Thomas und Annika und ihre netten Klassenkameraden in ihren Bänken hochsprangen. ›Hallo‹, rief Pippi und schwenkte ihren großen Hut. ›Komme ich zurecht zur Plutimikation?‹«[6]

Raum greifen – Reitsport als Ausweg aus der Klemme

Bei den Sioux-Indianern nahmen Mädchen sich Speere und zogen mit Packpferden durch die Steppe. Wenn sie auf ein Baby aufpassen mußten, schnallten sie es auf ein Pferd, und los ... Für die Pferde-Mädchen unseres Kulturkreises ist Reiten, ist die Pferdewelt an sich bereits ein Abenteuer. Auch wenn sie, nüchtern betrachtet, beim Reiten einfach Sport treiben.[7]

Weil Mädchen und Jungen immer noch recht unterschiedlich erzogen werden, erleben die meisten Mädchen im Alltag wenig Ermutigung, ihre körperlichen Kräfte und ihre Vielseitigkeit zu erproben. Und so wundert es nicht, wenn festgestellt wird, daß Jungen beim Spiel im Freien immer noch weit mehr Raum einnehmen als sie. Mädchen entfalten sich im Spiel häufig auf kleinem Terrain und ziehen sich ab etwa zwölf Jahren aus öffentlichen Räumen noch mehr zurück, Jungen ›erobern‹ und dehnen ihren Bewegungsradius dagegen immer weiter aus.[8]

Mädchen in der Pubertät sind einerseits auf dem Rückzug – und erobern andererseits die Pferdeställe. Dieser Widerspruch ist eine mögliche Erklärung für ihre große Reitbegeisterung. Ein Ausweg aus der ›Klemme‹ tut sich auf, in dem sich Bewegungsbedürfnis und der Wunsch nach Anerkennung vereinbaren lassen. Reiten gilt als akzeptable Freizeitbeschäftigung, bis vor wenigen Jahren auch als deutlich statushebend, und beeinhaltet erstaunlich viele ›stärkende‹ Tätigkeiten – häufig solche, die sich Mädchen auf öffentlichen Straßen und Plätzen nicht zutrauen würden.

Im Umgang mit Pferden, im Reiten und gar Voltigieren erfahren sie dagegen ihre Kraft, gehen ständig Risiken ein, und sogar handwerklich-technisches Experimentieren wird notwendig.

Denn das Drumherum beinhaltet Tätigkeiten wie Zaunziehen, Wasser schleppen, Umgang mit ungebärdigen Pferden, dem Hufschmied assistieren, Boxen reparieren, Pferde verladen, sie auf Weiden bringen und wieder zurückholen.

Förderung der Mobilität und Raumeroberung sind in der Sport-Theorie vielbesprochene Schlagworte – und beim Reiten wird sehr konkret Raum ›erobert‹: Mädchen bewegen sich zu Pferde in der Reithalle und auf dem Reitplatz, im Stall und auf der Weide und durch die Landschaft, bewegen nicht nur sich, sondern verfügen zugleich noch über ein anderes Wesen.

Reiten stellt, noch enger gefaßt, allein schon motorisch einen intensiven ›Bewegungsdialog‹ zwischen Pferd und Reiterin dar, fördert Gleichgewichtssinn und Orientierung im Raum und verlangt koordinierte Bewegungen. Dieser Tatbestand macht Reiten in der Heilpädagogik und anderen therapeutischen Zusammenhängen so wertvoll. Darüber hinaus fordert gutes Reiten Rhythmusgefühl, den Einsatz isolierter Bewegungen von Schenkel und Oberkörper oder Hüfte und eine konsequente, unverkrampfte Aufrichtung. Der Atem muß ruhig fließen, die Bewegungen sollen harmonisch sein, denn Anspannung blockiert und stört den Bewegungsdialog, anders ausgedrückt: die gewünschte Reitkunst.

Lust auf einen Abenteuersport, der Raum und Kraft erfahren läßt in Bewegungsabläufen, die als Kunst bezeichnet werden – keine Reiterin, ob jung oder alt, begründet so ihre Reitbegeisterung. Doch das Zusammenspiel all dieser Aspekte findet statt, auch wenn es meistens gar nicht bewußt wird. Wenn nicht schon so viele Mädchen reiten würden, müßte ihnen dieser wundervolle Sport dringend empfohlen werden!

Lange Mähne, toller Schweif

Doch all diese Vernunftgründe reichen nicht aus, das Glücklichsein der Mädchen im Umgang mit Pferden zu erklären – es fehlte bisher die Romantik!

»Für mich ist ein Pferd wie ein guter Freund«, beschreibt die

Pferd Timo mit dem Mädchen Julia im Rapsfeld

sechzehnjährige Silvia ihren Bezug zu Pferden. »Wenn man ihm etwas gibt, bekommt man auch etwas zurück. Pferde verkörpern für mich Kraft, Ausdauer, Schnelligkeit, aber auch Sensibilität, Einfühlungsvermögen. Mich fasziniert immer wieder, wie gut man mit Pferden ›reden‹ kann. Sie sind aufmerksame Zuhörer. Zu diesen ganzen Dingen kommt auch noch der Geruch. In einem Pferdestall riecht es nach Stroh, Heu, Mist und ... Sommer! Es ist dieser würzige Geruch, der einem noch auf dem Nachhauseweg in der Nase liegt.«

Soso. Gute Freunde, dankbare Partner, aufmerksame Zuhörer, die auch noch ein gewisses Flair und Ausstrahlung haben. Das klingt gar nicht so nach Tier, sondern eher nach Traumbeziehung. Und nach Traumfigur. Denn tatsächlich kommt auf die Frage nach dem Faszinierenden an Pferden häufig auch das Aussehen zur Sprache. Noch einmal Silvia: »... das Erscheinungsbild im Ganzen, Eleganz, Muskelspiel, [...]; die Augen, die Ohren, [...]; Pferde sind für mich vom ganzen Körper her die schönsten Tiere, besonders die Augen. Lange Mähne und Schweif sind toll.«

Das glänzende Fell, die lange Mähne und der Schweif, die großen dunklen Augen verbinden sich mit gewissen Qualitäten: Schönheit, Eleganz, Sanftheit. Bereits viele der kleineren Mädchen und ab und zu auch Jungen reagieren positiv auf Spielzeugpferde, in denen sich unterschwellig ja das weiche Fell des Teddys mit den großen Augen und dem langen Haar der Puppe verbindet. Deshalb finden auch die meisten kleinen Mädchen »nackte« Pferde, die aus Plastik etwa, »doof«.[9]

Auch Erwachsene finden Pferde schön, und das wird klar ausgesprochen. »Ein Pferd ist gut gebaut«, schreibt die 28jährige Pferdefreundin Verena in unserer kleinen Untersuchung, »da stimmen die Proportionen. Es sind weiche runde Formen, die trotzdem kraftvoll sind. Das Pferd erscheint wie das Vollkommene, das der Mensch nie erreichen kann.«

Neben der Schönheit symbolisiert das Pferd einen weiteren wichtigen Aspekt: Wildheit und Stärke. In dem seit vielen Jahren beliebten Pferdebuch »Der schwarze Hengst« von Walter Farley wird der ›Held‹ folgendermaßen in den Roman eingeführt: »Weißer Schaum spritzte vom Körper des Pferdes, das offene

Maul entblößte die Zähne. Es war ein Riese von einem Pferd, glänzend schwarz – viel zu groß für einen reinen Araber. Seine Mähne flatterte wie ein Helmbusch. Der lange schlanke Hals wölbte sich zu dem kleinen, wildschönen Kopf. Der Kopf gehörte einem wunderschönen, augenscheinlich in Freiheit geborenen und noch ungezähmten prachtvollen Hengst, dessen körperliche Vollkommenheit mit seinem ungebrochenen, feurigen Wesen übereinstimmte.«[10]

Von wem wird hier gesprochen, wer wird hier bewundert? Wirklich nur ein Pferd? Pferdegeschichten wie die vom »schwarzen Hengst« sind meistens spannend geschrieben und herrlich romantisch, aber sie verweisen mit ihren anschaulichen Darstellungen auch auf einen weiteren Aspekt der Reitleidenschaft – den von Körperlichkeit, Sinnlichkeit, vielleicht sogar sexuellem Begehren. Und da ist wieder das Stichwort gefallen, das häufig von Männern in die Diskussion um das ›Warum‹ geworfen wird: »Hat das Reiten von Mädchen und Frauen nicht immer etwas mit Sex zu tun?« So fragen viele, und aus Vermutungen werden bei manchen schnell Behauptungen à la »Frauen reiten nur, weil sie sexuell unbefriedigt sind!« Solches Denken hat Tradition: Wer beim Klassiker Freud nachschaut, wird feststellen, daß für ihn das Reiten im Traum symbolisch den Geschlechtsverkehr darstellt.

In Freuds Motivationstheorie spielt die Sexualität generell eine große Rolle, doch in keiner Erhebung zu reitenden Mädchen und Frauen stellte sie sich bisher als ein gewichtiger oder gar dominanter Faktor heraus. Viel eher gehört die ›andere‹ Seite der Sexualität, die sexuelle Gewalt, in die Diskussion: »Durch die körperliche, sinnliche Beschäftigung mit Pferden können eventuell auch schmerzliche Erfahrungen, die ursprünglich nichts mit dem Reiten zu tun haben, hochkommen und Angst machen«, vermutet die Reitpädagogin Eva Fellerer und verweist auf die von sexueller Gewalt und den Erinnerungen daran betroffenen Mädchen.[11] Im Wiedererinnern beim kontrollierten Umgang mit Pferden kann dann zugleich eine Chance liegen: Das Pferd ermöglicht eine neue Erfahrung – die von Geborgenheit, Getragenwerden und Schutz. Das Pferd als fast immer positiv besetzte Bindungsfigur, hierin liegt ein weiterer Aspekt der

Pferdebegeisterung von Mädchen: Das Pferd hilft beim Ablösungsprozeß von den Eltern, einmal durch seine konkrete körperliche Nähe und andererseits dadurch, daß es mittels Reitstall oder Verein Zugang zu einer neuen, außerfamiliären Welt ermöglicht. Befragungen zeigten, wie stark sich vor allem die Mädchen an ihre Lieblinge binden: Sie sind überzeugt davon, daß ihr Pferd sie liebt; nur ein geringer Teil bezweifelt das ernsthaft. Und wie einem geliebten Menschen gegenüber empfinden sie äußerst loyal – 70% der Besitzerinnen würden ihr Pferd niemals gegen ein besseres eintauschen, und 80% würden im Falle einer schweren Krankheit des Pferdes lieber auf das Reiten verzichten und nur pflegen, als sich ein anderes Tier zu suchen. Es wundert dann nicht mehr, daß Pferde in ihrer Bedeutung für die Mädchen gleich hinter der Mutter rangieren und sogar noch ein wenig vor dem Vater.[12]

Ein Leben lang reiten – als Erwachsene zurück in den Stall

Der weitaus größere Teil der befragten jungen Pferdefreundinnen versichert, daß sie »immer«, also ihr ganzes Leben lang reiten werden, und fast alle erklären, ihr Leben lang ein Pferd besitzen oder mitbesitzen zu wollen.

Wer ein ganzes Leben lang reiten will, wird sich durch Beruf und/oder Familie letztendlich nicht davon abhalten lassen. Der Weg zurück in den Stall kann allerdings lang und ›holprig‹ werden. – Wie finden sie denn nun wieder in den Stall, die erwachsenen pferdebegeisterten Frauen?

»Mit achtzehn«, erzählt Marita H., »wurde ich schwanger, heiratete und bekam mein Baby, das zweite Kind kam bald danach – und reiten, das war nun nur noch ein Traum ... Mehr als zehn Jahre vergingen. Eine Freundin nahm mich mit zu ihren Reitstunden. ›Nur zum Gucken‹ wollte ich hin. Aber es hatte mich bereits wieder gepackt, und ich fieberte jeder Reitstunde entgegen. Der erste Ausritt war wundervoll!«[13]

Die Begeisterung klingt nicht mehr so überschwenglich wie bei den Mädchen, aber immer noch romantisch genug, um das

›Glück der Erde‹ zu genießen. »Ich reite«, fährt Marita H. fort, »weil ich Pferde liebe. Ich lasse mich von meinem Pferd tragen. Dabei nehme ich den Wald, sein Leben, seinen Frieden in mich auf und erhalte neue Kraft. Wie viel gibt es zu sehen! Man muß nur sehen lernen! Hier gebe ich mich der Illusion hin, daß die Natur noch heil ist ...« Der heute 28jährigen Verena hatte die Mutter diesen »typischen Mädchenwunsch« auszureden versucht; sie würde ihn schnell genug vergessen, wenn sie älter werde. »Ich bin älter geworden«, schreibt uns Verena. »Der Traum vom Reiten hat sich zwar verändert: ich schwärme nicht mehr vom schwarzen Hengst in der freien Wildbahn. Aber ich merke, daß ich immer stehenbleibe, um mir Pferde anzuschauen und sie zu locken. Ich will reiten!«

Die Frauen genießen nun ihre Unabhängigkeit und den Abstand zur restlichen Welt. Wie die 25jährige Pferdehalterin Alexandra: »Als Kind war es mein größter Traum und Wunsch, zu reiten und ein eigenes Pony zu haben, so wie Black Beauty oder Fury. Jetzt, als Erwachsene, ist es für mich Entspannung, Natur, Freude und Seelenbalsam. Ich werde ruhig und entspannt, der ganze Streß und die Anspannung fällt von mir ab. Über jede Zuneigung und jeden Erfolg beim Pferd kann ich mich freuen. Die Welt der Pferde ist friedlich.«

Das Pferd wird jetzt ein »Partner«, ein »Freund, mit dem ich die Natur genieße und mich entspanne. Ein Pferd ist für mich ein Wesen mit Charakter und Gefühlen, einer Seele, die geschützt und respektiert werden muß«, schreibt die 24jährige Claudia.

Der Traum, ein Pferd zu entführen oder ein wildes Pferd zu zähmen, macht nun konkreten Wünschen Platz, orientiert an den Gegebenheiten des Alltags – wenn alle Möglichkeiten offenstehen würden, würde manche junge Frau ebensogern wie Claudia »ein Familienhaus besitzen, an das ich einen Stall für zirka fünfundzwanzig Pferde bauen würde. Rund ums Haus und Stall wären große, nach Bedarf abteilbare Weiden. Abgegrenzt mit stabilen Lattenzäunen, gesichert mit E-Draht. Ich würde einen Reitplatz bauen, einen Natur-Trail, mehrere Paddocks, und es würde einen Waschplatz geben. Das Ganze sollte den Stil einer Ranch haben. Ich würde Pferde in Pension nehmen, deren Besitzer Pferdefreunde sind und entsprechend handeln. Ich würde Gnadenbrotpferde aufnehmen, egal ob krank oder einfach nur alt. Speziell hierfür würde ich Personal einstellen, das geschult ist und sich um alles Notwendige und vielleicht noch etwas mehr einsetzt. Ich hätte zwei eigene Pferde.«

Achtung, Baby im Sattel!

Sollte dieser Traum nicht wahr werden, dann vielleicht andere Wünsche. Zum Beispiel der, mit dem Nachwuchs aufs Pferd zu steigen. Logisch, daß pferdebegeisterte Frauen auf das Reiten nicht neun Monate lang verzichten möchten ... Und wenn Baby erst mal da ist, muß es baldigst mit. Seit längerem schon ist Babygeschrei auf den Reitwegen zu vernehmen, ›Baby on horse, bitte nicht so dicht aufreiten!‹ könnte ein Schild am Pferdeschweif warnen.

Wiederaufsteigen mit Kind und entsprechendem ›Sack und Pack‹ ist gar nicht so schwer und überhaupt nicht selten! Sportwissenschaftler ermittelten schon in den 60er Jahren die Auswirkungen des Reitens auf Schwangerschaft und stellten seine Unbedenklichkeit für Reiterinnen fest.[14]

Leserinnenbriefe auf der Suche nach Erfahrungsaustausch lauten etwa: »Wer hat Kleinkind und Kleinpferdehaltung zu vereinbaren und möchte mir seine Erfahrungen mitteilen?«, »Ab wann können die Kleinen mit aufs Pferd?«, »Was tun, wenn mein Kind nicht reiten will?« Oder: »Babysattel dringend gesucht.« Und köstlich, der Ausruf der kleinen Longenschülerin: »Mama, mach mal Galopp!« Als »Seelenmassage« bezeichnete eine Reiterin und Mutter diese Zeit allein mit Kind und Pferd im Wald, »Zeit, die ich dringend benötigt habe, da ich eine sehr große Familie (mittlerweile fünf Jungen und drei pferdebegeisterte Mädchen) versorge.« Einmal in der Woche reiten zu können, erklärt sie, sei »Labsal« für ihre Seele, und daraus schöpfe sie Kraft für eine weitere Woche Alltag.

In Bad Essen bietet eine Reitlehrerin inzwischen Reitkurse für Mütter mit Kindern an, und auf der Pferdemesse ›Equitana‹ war ein Sattel zu sehen, der noch einen Sozius hatte, einen Sattel für die Kleinen vor dem Sattel.

Petra H. vertreibt keine Sättel, sondern Tragetücher für die Mütter, die zielstrebig genug sind, Kleinkind- und Pferdehaltung zu verbinden. Als ihre Tochter geboren war, informierte sie sich, auf welche Weise Frauen in anderen Ländern ihre Kinder tragen. Petra fand eine preisgünstige Weberei, die nach alten Techniken Tuch webt, und vertreibt nun Kindertragetücher. Bis zum Alter von drei Jahren können die Kleinen mit auf dem Pferderücken sitzen, mit Helm, versteht sich. Sie besitzt ein sehr ruhiges, uraltes Voltigierpferd. Und wenn ihre kleine Tochter energisch »Terrab« ausruft, dann trabt das gutmütige alte Tier sofort an …

Mit sechzig aufs Pferd

Auch Alter schützt vorm Ausritt nicht. Ältere Frauen reiten weiter, wieder oder entdecken erst ihre Pferdeleidenschaft und machen sich mit Pferdehaltung und ReiterInnenleben vertraut.

»Manchmal«, erzählt die sechzigjährige Ingeborg S., »schlafe ich nachts einfach unterm Sternenhimmel und beobachte die Pferde. Die Reiterei hat uns wieder jung gemacht«, ergänzt sie. »Es war wie der Eintritt in eine neue Welt«, bestätigt auch ihr Mann, der erst mit 66 Jahren die erste Lektion im Sattel hatte.[15] Als Mädchen träumte sie am Tattersall in Hannover, stand schüchtern am Eingang. Geritten ist sie eigentlich erst ab dreißig, durch die eigenen Kinder verleitet, im Urlaub auf einem Ponyhof. Dann in weiteren Ferien und nur gelegentlich. Das erste eigene Pferd hatte sie mit Anfang fünfzig. Eine kleine Erbschaft stand ins Haus. »Wenn ich erben würde«, sagte ihr Mann, »würde ich mir ein Motorrad kaufen.« »Wenn ich erben würde«, sagte sie plötzlich, »würde ich mir ein eigenes Pferd kaufen.« Im Einklang mit Tier und Natur möchte sie sein, und Pferde sind ein Stück Natur. Die Freundschaft mit dem Tier ist wichtig: »Wir sind ein Team, in der Natur sind wir eins.« Allein würde sie nicht so unbefangen durch die Wälder streifen, aber zu Pferd genießt sie die Entdeckungsreisen.

Reiten macht in jedem Alter Spaß

Und so plant sie einen Wanderritt mit ihrer zwölfjährigen Enkelin. Dann wollen sie einfach los und sich Unterkünfte suchen. »Eine alte und eine junge Frau, die müßten doch gut aufgenommen werden«, lacht sie. 1995 brach sie allein zu einem großen Überlandritt, zum Windrosenritt auf, da suchte ihr Pferd die Unterkunft aus: wieherte abends in einem Dorf, ein anderes Pferd wieherte zurück, und schon war die Übernachtung gerettet.

Glücklich und unternehmungslustig klingt sie, ebenso wie Gabriele B. Die Opernsängerin und Islandpferdebesitzerin ist ebenfalls sechzig. »Ich habe mich in diese hübschen Pferde verguckt«, erzählt sie. Wann denn? Mit fünfzig. Da haben sie und ihr Freund, der vorher noch nie auf einem Pferd gesessen hatte, einen jungen Isländer erworben. Das Reiten, wenn sie nach all der Stallarbeit noch dazu kommt, ist zwar nicht mehr wie früher ein Rausch, aber »wunderschön« findet sie es nach wie vor. Sie hat auch Kurse besucht, war im Freizeit-Reiter-Zentrum im westfälischen Reken und bei unterschiedlichen Reitlehrern.

»Hätte ich gewußt, wieviel Arbeit das ist«, lächelt sie, »dann hätte ich das nie gemacht.« Aber abgeben? Abgeben werden sie ihre vier Pferde nicht mehr. Was gefällt ihr denn so sehr daran? Sie lacht. »Ich muß immer raus, bei jedem Wetter. Und mir gefällt bei den Pferden jedes Wetter. Wenn ich zur Arbeit komme und die anderen stöhnen über Regen oder Kälte, bin ich guter Dinge. Und die Kraft, die das gibt ...« Kraft? »Ja, sehen Sie, Muskeln habe ich hier. Vom Heuballen Stemmen und Wasser Schleppen, im Sommer machen wir unser Heu selber und sammeln unsere Weiden ab. Das hält gesund!« Auf die Frage, wann sie denn Reiten gelernt habe, lacht sie nur. »Eigentlich gar nicht!« Sie ist als Mädchen ab und zu geritten und dann gelegentlich im Urlaub. Sie würde gern mehr reiten und freut sich darauf, bald ›in Rente‹ zu gehen. Reitunterricht möchte sie dann nehmen und mehr ins Gelände gehen, vielleicht einen Wanderritt unternehmen.

Erfrischend, dieser unbefangene Einstieg ins Pferdehalterinnen-Leben. Unbedarft und doch sehr umsichtig mit den Tieren verwirklichen diese Frauen ihre Träume. Einige der Wieder- oder Neueinsteigerinnen lassen sich von anderen Frauen anleiten, wenn sie ihre ersten – oder zweiten – Reiterfahrungen auf Frauen-Reithöfen machen. Diese Höfe werden von Frauen geleitet, die meist eine Ausbildung im Heilpädagogischen Reiten haben und, oft ausschließlich für Frauen und Mädchen, Reitstunden, -wochenenden oder -ferien anbieten.

Mädchen erfahren sich reitend in Natur und Abenteuer, wachsen über die ihnen gesetzten Grenzen hinaus und kehren häufig als Erwachsene zum Reiten zurück, um Tage und Stunden in einer gänzlich anderen Welt zu verbringen. Mütter schnallen kleine Kinder aufs Pferd, auch ältere Frauen arbeiten sich munter in Weidepflege und Futtertheorien ein.

Das Umfeld (speziell das männliche) denkt sich seinen Teil, und in Mitleidenschaft gezogene NichtreiterInnen seufzen, sobald das Wort ›Pferd‹ fällt: Welch eine Aufregung um eine eher antiquierte Spezies Tier! Schließlich entbehrt das Pferd in unseren Zeiten jeder Notwendigkeit, und als Sportgerät ist es auch nur eines von vielen! Bei Jungen und Männern ist das Interesse an Pferden entsprechend gering und setzt erst beim reiterlichen Leistungssport wieder ein. Der Umstand, ein Pferd zu reiten, macht auch den jüngsten Mann von heute nicht mehr zum Mann, geschweige denn zum Helden. Und gerade jetzt erobern Frauen und Mädchen ›massenhaft‹ die Pferde – ein »historisch einmaliges Phänomen« des 20. Jahrhunderts!

Pferdeverehrung und -begeisterung sind andererseits keine Erfindungen unserer Tage, wenn sie sich in ferner Zeit auch eher in Kulthandlungen ausdrückten und aus heutiger Sicht viel Aberglauben beinhalteten. Im nächsten Kapitel wird es daher um Hufeisen, gekreuzte Pferdeköpfe und anderen Mythenzauber gehen und, man höre und staune: um Pferdefleisch.

Wer sich mit uns im ruhigen Schritt oder auch schnellen Galopp durch die Jahrhunderte bewegt, wird feststellen, daß die Geschichte von Frauen und Pferden schon immer eine besondere war. Die geneigte Leserin mag beschließen, worin sich unser Umgang mit Pferden von dem der Frauen vergangener Jahrhunderte unterscheidet …

2. Von goldenen Zügeln und reitenden Walküren

Pferde und Frauen in Mythos, Religion und Aberglauben

WAS VERBINDET die Reiterinnen von heute mit Göttinnen oder Hexen oder gar mit Pferdeopfern? Nichts anderes als unsere Alltagswelt, denn sie steckt noch voller Mythen und Legenden rund ums Pferd: Ein Hufeisen, hoffen wir, bringt Glück. Pferdeköpfe? Die gehören gekreuzt aufs Dach, schon des besseren Überblicks wegen, und zudem: »Überlaß das Denken den Pferden, die haben die größeren Köpfe!« Schaurig reiten auf Dürers Bildern Pest und Tod. Auch Hexen ritten, heißt es – wenngleich auf Besen. Und an so mancher Sache ist ein Pferdefuß …

Mythen bewahren weit zurückliegende Begebenheiten. Jede einzelne Legende beinhaltet, wenn auch durch Riten, Bräuche und Kunstformen verzerrt, ein Stück Geschichte. So gesehen ist der sogenannte Aberglaube eigentlich nur eine andere Form des Nacherzählens.[1]

Das edle und zugleich ängstliche, sanftmütige und zugleich wilde Wesen Pferd bot und bietet sich für Projektionen geradezu an; als Träger von Träumen und Glaubensvorstellungen, als Verkörperung von Naturgewalten und Gottheiten – aber auch von Teufel, Tod und Unheil. Mit keinem Tier war die Geschichte der Menschen und speziell der Frauen so eng verbunden wie mit dem Pferd.

Von den Menschen der Frühgeschichte wurde das Pferd bis etwa 3000 v. Chr. in besonderem Maße verehrt und häufig als eine Inkarnation der Großen Göttin in Roßgestalt aufgefaßt.

Von diesen frauen- und pferdefreundlichen Zeiten ist es ein weiter Weg bis zum christlichen Mittelalter, in dem Frauen verbrannt wurden, weil sie angeblich auf Blocksbergritten mit dem roßgestaltigen Teufel ›gebuhlt‹ hatten. Doch als Geschichten oder im Aberglauben haben sich, wie wir sehen werden, viele der alten ›heidnischen‹ Mythen erhalten.

Niemals aber ist das Pferd nur Nutztier gewesen, immer schon wurde es als ein schönes Wesen besungen und bedichtet. – Die vermutlich ältesten Worte der Verehrung finden wir in Schriften, die aus Indien stammen, wo das Pferd Sinnbild allmächtiger Kräften war. Jedes seiner Körperteile stellte einen Teil des Weltganzen dar. »Der Kopf den Morgen, die Augen die Sonne, der geöffnete Mund die natürliche Wärme, der Körper das ganze Jahr«, beginnt eine der Göttersagen. Die Mähne stand für die Sträucher und Bäume, und der Rücken des Pferdes, es wundert die Reiterin nicht, bedeutete das Paradies.[2] Über das Schicksal der Welt richtete das dreibeinige Pferd der Todesgöttin Kali – sobald dieses den vierten Fuß niedersetzen werde, heißt es in der Legende, bricht die Erde zusammen. Die indischen Todesgottheiten nahmen häufig Pferdegestalt an oder kamen zu Pferde daher. Hinduköniginnen verehrten die Große Göttin als Sarnyu, was ganz einfach ›Mutterstute‹ bedeutet.[3] Schon früh hatte das Pferd als weibliches Symboltier in der Chinesischen Mythologie seinen Platz; später wurde es im Koran als der »höchste Segen« gepriesen.

Auch in der griechischen Mythologie treten häufig Pferde auf. Wir alle kennen die Kentauren, das Trojanische Pferd und das andere berühmte Pferd der Mythenwelt, Pegasus, das geflügelte Roß der Dichtkunst. Wer ihn ritt, war imstande, »in die Luft aufzufliegen und den Himmel zu erreichen.«[4]

Fast jede griechische Göttin besaß ein Pferd – oder war gar selber eins! Ihre Pferdebezüge und -verwandlungen sind um so häufiger, je enger sie mit den alten Großen Göttinnen verwandt sind, von deren Entmachtung die griechische Mythologie letztlich erzählt. Das Pferd war das heilige Tier der Erd- und Fruchtbarkeitsgöttin Demeter, die auch als Göttin der Unter-

Mittelalterliche Darstellung vom Trojanischen Pferd

Demeter und Kore.
Tempelfries 580/570 v. Chr.

welt verehrt wurde. Demeter galt im antiken Mykene als Mutter der Kentauren, jener Wesen halb Mensch, halb Pferd. Auf alten Darstellungen erscheint Demeter mit ihrer Tochter Kore stets von Pferden begleitet oder trägt auch gelegentlich selbst einen Pferdekopf. Und die berühmte Medusa, deren schrecklicher Anblick versteinern läßt, wird häufig mit dem Hinterleib eines Pferdes dargestellt.

Der schlangengekrönten Gorgone Medusa wurde laut griechischer Mythologie das Haupt abgeschlagen, und dem Stumpf entsprang das geflügelte Pferd Pegasus. Durch seinen halbmondförmigen Hufschlag ließ Pegasus die Musenquellen entstehen, aus denen die Dichter und Dichterinnen schöpfen. So erzählt der Dichter Pindar diesen Mythos um ca. 400 v. Chr. Auch Medusa kannte übrigens bessere, vorgriechische, Zeiten: Ihr Schlangenhaar hat sie von der kretischen Großen Göttin geerbt, und schön war sie einst auch – bevor Athene sie mit Poseidon erwischte

Medusa mit ihrem Pferdesohn Pegasus

und rachsüchtig mit der Maske der Abschreckung überzog! Der Dichter Ovid nannte sie noch das reizvollste und beneidenswerteste aller Wesen. Er wußte: Sie besaß eine herrlich schimmernde Mähne und war – ein Pferd, das einst mit Poseidon eine Pferdehochzeit feierte! Kein Wunder, daß Medusa ein geflügeltes Pferd zum Sohn hatte. Daß es erst bei der Enthauptung ihrem Hals entsprungen sei, ist natürlich ein echter Männer-Mythos: Auf Bildnissen können wir genau sehen, wie Medusa – durchaus nicht kopflos – ihr Pferdesöhnchen bereits im Arm hält!

Viele dieser Mythen verarbeiten eine Zeit, in der nicht Männer, sondern Frauen die Vorherrschaft in der Gesellschaft hatten und Pferde als heilige Mond- oder Sonnentiere verehrt wurden.

Auch das »Trojanische Pferd« kann als Hinweis auf den Kampf der vaterrechtlich organisierten Griechen gegen die mutterrechtlich organisierten Trojaner gedeutet werden:[5] Die Pferdeattrappe konnte den Griechen nur deshalb zum Sieg über die Trojaner verhelfen, weil diese dem »Roßkult« zugetan waren und das ihnen heilige Pferd verehrten! Nur darum ließen sie das riesige Tier in die Stadt und feierten ein Fest, nach dessen Ende dann, wie bekannt, dem hölzernen Pferdeleib die feindlichen Soldaten entsprangen.

Pegasus war wie alle Pferde der Dreifachen Göttin und damit auch dem Mond geweiht, denn die Hufe der Pferde hinterlassen mondförmige Spuren. Das Hufeisen, nach oben offenes Halbrund, stand als Sinnbild des abnehmenden Mondes für die Verehrung der alten Mondgöttinnen. Der Mond wurde als Quelle allen Wassers und als Symbol der (Wieder-)Geburt betrachtet und schuf so die Verbindung zwischen Pferd, Frau und Wasser. Er symbolisierte in seinen drei Gestalten das Werden, Vergehen und den Tod und schien mit seinem Zyklus auch den der Frauen zu bestimmen.

Ein einzelnes Hufeisen weist, wie wir heute noch gern glauben, böse Geister aller Art ab und bringt Glück.[6] Die frühen Christen in ihrem Kampf gegen alles Vorchristliche machten flugs einen gehörnten Teufel daraus und wollten das Eisen ›nach rechts‹ lesen, als repräsentiere es ein ›C‹, das ›C‹ für Christus, versteht sich …

Das geflügelte Pferd war im zweiten Jahrtausend v. Chr. in Griechenland auch als Sonnensymbol bekannt. Eos, die Göttin der Morgenröte, verfügte über geflügelte Pferde, die ihren Wagen zogen. Daß sich die Symbolik von Sonne und Mond immer wieder überschneidet und nicht eindeutig zuzuordnen ist, deutet auch auf ihre Herkunft aus matriarchalen Zeiten, in denen die Große Göttin alle Aspekte des Lebens in sich vereinte: die Ober- und die Unterwelt, die Sonne und den Mond. Die Göttin fuhr mit dem Sonnenwagen aus der Unterwelt empor und tauchte mit den Todesrossen wieder in sie hinab.

Eine Göttin war es auch laut Überlieferung, die entscheidend in das Schicksal von Mensch und Pferd eingriff: Pallas Athene, die olympisch angepaßte, erscheint – so erzählt es der Dichter Pindar – Bellerophontes, dem Halbbruder des Pegasus im Traum und hilft dem Unwissenden, das Flügelroß zu zähmen: »Bis ihm den Zügel mit dem goldenen Riemen die Jungfrau Pallas brachte [...] Wahrhaftig! Und es ergriff der starke Bellerophontes eilends – den sanften Zauber ihm um die Backen spannend – das geflügelte Pferd ...«[7] Reiterinnen aufgepaßt: Kein Halfter, keine Wassertrense und auch keine Kandare, nein: ›man nehme‹ goldene Zügel, das »sinnzähmende Gold«!

Vielleicht hätte Athene die goldenen Zügel besser für sich behalten, denn die siegreichen patriarchalischen Völker wußten die neue Errungenschaft auf ihre Weise zu nutzen: Von nun an diente das Pferd dem Wagenrennen, dem Rittertum und kam in unzähligen Kämpfen und Kriegen in großer Zahl ums Leben. Es stellte nun kein heiliges Symbol mehr dar, sondern war, mit allen Konsequenzen, zum Gefährten des Menschen geworden.

Die Kelten, bei denen die Frau noch hohes gesellschaftliches Ansehen genoß, betrieben Pferdezucht. Pferde waren als Opfertiere den Göttinnen und Göttern geweiht und wurden als deren Gefährten angesehen. Im keltischen Limesgebiet östlich des Rheins wurden ungefähr fünfzig römische Steine, meist kleinformatige Reliefs, mit dem Bild der Epona entdeckt, einer gallischen Pferdegöttin, die schließlich auch von den Römern als Schutzherrin der Pferde verehrt wurde. In ihren Ursprüngen verweist Epona auf die keltische Göttin Rhiannon. Abbildungen zeigen sie im

Seitsitz zu Pferde, meist auf einem fuchsfarbenen Tier oder einem Schimmel. Sie trug die Attribute der Fruchtbarkeit: Füllhorn, Opferschale und Früchte, und neben ihr lief oftmals ein Fohlen oder eine Stute. »Das Auffälligste an dieser Rhiannon-Saga«, notiert der Keltenforscher Markale, »ist zweifellos die Verbindung zwischen dem Pferd, besser gesagt der Stute, und der Figur der Göttin.

Epona-Relief aus Mainz-Castel

Epona auf einer keltischen Silbermünze

Zunächst ist sie die Reiterin: Sie erscheint auf einem weißen Pferd [...]. Das Pferd ist ein Sonnensymbol: es handelt sich um das Pferd, das vor den Sonnenwagen gespannt ist und ihn durch den Raum der Nacht führt. Daher ist die Reiterin nicht nur einfach ein Bild des Todes, sondern auch der Auferstehung. Ihr Pferd ist weiß, hat also die Farbe des Tages, und doch kommt es aus der Nacht herauf.«[8]

So wurde die noch allesumfassende keltische Göttin von den Römern als Epona auf eine ›einfache‹ Schutzgöttin, auf nur einen kleinen Teil der Bedeutung, die sie in der Frühzeit bei den noch unabhängigen Kelten hatte, reduziert. Dennoch: in fast jedem Stall wurde sie mit einer Abbildung gewürdigt.

Epona mit Fruchtkorb

Brunhilde naht! — Eine Walküre sprengt heran

So weit die Griechen und die Kelten – Brunhilde naht. Die berühmteste Walküre, die »Wingskornin« ritt, das ›die Luft durchschneidende Roß‹, sie möchte endlich vorgestellt werden. Die Königreiche zitterten, heißt es, wenn sie das Schlachtroß bestieg.[9] Einen Moment noch Geduld, bitte! Was war los in Germania? Die Alten verehrten Pferde ebenfalls als Götterwesen und hielten sie in heiligen Hainen, wo Priester und auch Priesterinnen den Willen der Götter aus dem Schnauben und Wiehern der Tiere deuteten. Daß die Stadt Stuttgart ihren Namen dem alten ›Stutengarten‹ verdankt und sich dort um das Jahr 1000 eines der ältesten Gestüte Deutschlands befand,[10] könnte als Hinweis gelten: Ob sich hier ein heiliger Ort der GermanInnen befand?

Die germanischen Göttinnen erscheinen wie ihre griechischen und keltischen ›Kolleginnen‹ ebenfalls häufig hoch zu Roß. Die heute im Märchen so gutmütig mit den Federbetten hantierende Frau Holle hat es in sich: Als Gattin Wodans, des höchsten Gottes der nordischen Stämme, sprengt auch sie auf ihrem Pferd durch die Lüfte, über Berge und Täler hinweg. Ihre früheren Namen lauten »Holda« oder auch »Goda« – oder auch »Frigg«. Als Holda sammelt sie eifrig die abgefallenen Hufeisen in Körben. Und sie teilt Pferdeköpfe aus, die sich, mit etwas Glück und entsprechender Wertschätzung, in Gold verwandeln können. In ihren Körben lagen vielleicht die ersten glücksbringenden Eisen versteckt, wer weiß?

Als Frigg, die Erhabene – eine wilde Jägerin – reitet sie auf ihrem »Rollegaul«, dessen silberne Röllchen am Zaumzeug so wunderbar läuten, über Wasser und Land, und – herrlich! –, der Schimmel berührt die Erde nicht, sondern schwebt einige Fuß über dem Waldboden dahin ...[11]

Die Göttin schwebt, dagegen kommen von Blitz und Donner begleitet dahergesprengt: die Walküren, an der Spitze die mutige Brunhilde, die nicht zögerte, selbst Wodan zum Kampf herauszufordern. Was wären die Germanen ohne sie?

»Ich sah Walküren weither kommen«, heißt es in der altnordischen Liedersammlung der Edda, »Bereit zu reiten zum Rat der Götter/ Skuld hielt den Schild, Skögul war die andre/ Gunn, Hilde, Gondul und Geirskögul/ Hier nun habt ihr Herjans Mädchen/ Die als Walküren die Welt durchreiten.«[12] Zum Streite gerüstet mit Helm, Brünne und Speeren, laut jauchzend, durchreiten diese »Göttlichen Mädchen auf schnellen Rossen«[13] die Lüfte und schleudern im Dienst von Himmel und Wetter Speere und Pfeile auf den Feind. Walküren, die Totenengel des Nordens, bestimmen in der Schlacht über das Schicksal des Kriegers und bringen ihn bei seinem Tod ins Totenreich, die Walhalla. Zu Pferde, versteht sich.

Der Name der Walküren – ›wal‹ oder ›wael‹ bezeichnet den Haufen der Erschlagenen – zeigt, daß sie die Krieger kürten, die im Kampfe fielen, durch ihren Kuß zum ewigen Leben erwecken und nach Walhall geleiten. Diese neun Frauen, manchmal sind auch dreizehn genannt, werden in manchen Balladen als Schwäne, Raben, Krähen oder Falken beschrieben. Zumeist wurden sie aber als reitende Frauen und häufig schwärmerisch dargestellt: »Als Wodan zum Lenker der Schlachten emporstieg, legten die elbischen Wolkenfrauen kriegerische Rüstung an und wurden zu göttlichen Kampfjungfrauen, die auf die Walstatt reiten und die dem Walgotte gelobten Menschenopfer in Empfang nehmen; sie holen, in vollem Waffenschmucke prangend, von Blitzen umloht, vom Donner umtobt, die aus dem sterbenden Körper als Lufthauch entweichende Seele und führen sie Wodan zu.«[14]

Altdeutsche Frauennamen verweisen zahlreich auf dieses kriegerische Wesen, auf Gunt und Hilt (Krieg): Mecht-hild, Mat-hilde, die Machtvolle, Chlot-hilde, die berühmte, und Kriem-hilde, die verhüllte Kämpferin. Siegjungfrauen heißen Sigihilt, schildtragende Brunihild, Rantgund trug einen Speer usw.[15]

Eine wichtige Quelle für die Walküren-Mythen sind die Lieder der Edda. Aus ihnen lassen sich, mit etwas Respektlosigkeit und einem Augenzwinkern, viele ›Pferdegeschichten‹ herauslesen. Zum Beispiel die von der reitenden Walküre Swawa, die von einem schweigsamen und ruhmlosen Königssohn bewundert wurde. Swawa nannte ihn Helgi und beschützte ihn in den Schlachten, in denen er fortan triumphierte. Als König bat Helgi um Swawas Hand, und sie liebten sich ›wundersehr‹ – bis Helgi im Wald eine andere traf ...[16]

Stellenweise sehr reit-alltäglich liest sich der Bericht über den nicht sehr harmonischen gemeinsamen Ausritt der Prominenz, Freyja und Hyndla. Dazu heißt es: »... laß uns im Sattel sitzen und plaudern/ und von den Geschlechtern der Fürsten sprechen.« Der neueste Klatsch beim Morgenritt? Von wegen: »Wache, Maid der Maide, meine Freundin, erwache! Hyndla, Schwester, Höhlenbewohnerin. Nacht ist's und Nebel, reiten wir nun/ Walhall zu, geweihten Stätten.«

Von den Schattenseiten der Pferdeverehrung – Opferkulte

Wir hörten von heiligen Hainen, von Wolkenrossen und dem schwebenden ›Rollegaul‹, doch die Verehrung der Pferde hatte noch andere Seiten, die für die Pferde weniger angenehm waren als das geruhsame Leben in Wald und Flur.

Eine direkte Frage dazu: Mögen Sie Pferdefleisch? »1a Sauerbraten vom Pferd« vielleicht? Der wurde noch vor wenigen Jahren in einer Gaststätte in Köln angeboten, dazu eine Speisekarte voller »Pferdefleisch-Spezialitäten«.[17] Kein Lokal für PferdefreundInnen, oder? Der Verzehr von Pferden, ein Tabu heute oder zumindest Abwehr hervorrufend, verweist uns durch Jahrhunderte und Jahrtausende auf das Pferdeopfer zurück. Die Opferspeise steht als Kulthandlung mit der Verehrung des Pferdes in direkter Verbindung. Das heilige Wildpferd diente nicht zum normalen ›Verzehr‹, sondern als Kultopfer, sowohl bei den vorgriechischen Völkern wie auch bei den Vorfahren der Germanen.

Das Pferd wurde mit dem Wesen der Gottheit, der es dargebracht wurde, identifiziert. Durch das Einverleiben der Opfertiere sollten göttliche Eigenschaften wie Kraft, Schnelligkeit, Schönheit u.a. auf den Menschen übergehen. Der kultische Verzehr von Pferdefleisch war im Volke besonders stark verankert und wurde mehr als einmal von den Vertretern des aufkommenden Christentums gerügt und streng verboten.[18]

In Norwegen fanden noch bis in das 10. Jahrhundert hinein Pferdeopfer statt, obwohl die frisch zum Christentum bekehrten Könige das zu verhindern suchten, und in England war es noch im 16. Jahrhundert üblich, die Pferde am Stephanstag, dem

26. Dezember, zur Ader zu lassen. Bis in das 18. Jahrhundert hinein wurde dem Gott Volos alljährlich durch einen im Frühling geschlachteten Hengst geopfert, und im alten Rom wurde Volos als ein ›Oktoberpferd‹ im Laufe eines Rituals von drei heiligen Frauen in drei Teile zerlegt. Die Taurer sollen der Artemis Hengste geopfert haben, denen das Glied abgeschnitten wurde. »Kastrierte Hengste«, notiert die Historikerin Barbara Walker, »wurden der Großen Göttin überall dort dargebracht, wo sie in Gestalt eines Pferdes auftrat.«[19]

Eine besondere Rolle spielte der Pferdekopf. Ihm wurden nicht erst als »Fallada« in Grimms Märchen besondere Kräfte zugesprochen: Bei den Wikingern und auch schon in der Frühgeschichte wurde er mit ins Grab gegeben, andere Völker hängten ihn in der Nähe von Heiligtümern auf. Und die frühe Frau Holle alias Holda zaubert, wie schon erwähnt, aus dem Kopf Schätze hervor: Als die Musikanten mit dem Aufspielen fertig sind, da »tritt Frau Holda aus dem Tor [...] und verehrt jedem einen Pferdekopf. Mehrere warfen die Gabe verächtlich weg, nur einer behielt sie und legte das Haupt [...] daheim seiner Frau unter das Kopfkissen. Wie erstaunte die, als sie in der Frühe einen großen und schweren Goldklumpen fand!«[20]

Der Pferdekopf bzw. häufiger die beiden gekreuzten Pferdeköpfe finden sich auch heute noch als Wappentiere in Westfalen und Niedersachsen und über manchem Bauernhaus – eine uralte Sitte. In einem Kasseler Museum sind hölzerne Pferdeköpfe aus vorchristlicher Zeit zu sehen. Die Pferdekopfdekoration war ein Weihezeichen, aber auch Schreckmittel gegen Dämonen und sollte Schutz erbitten von höheren Mächten.

M. Fugger schrieb 1584: »Der alte Deutsche steckte den Kopf des geschlachteten Rosses auf die Wetterstange oder nagelte ihn an den Stadel, während er das Hufeisen am geweihten Ort aufhing, um dem im Wetter heranstürmenden Donnergott zu zeigen, daß man ihm das gebührende Opfer gebracht habe.«[21]

Wie Göttinnen zu Hexen wurden und das Pferd zum Teufel

Mit Ausbreitung des Christentums werden Frau und Pferd ›verteufelt‹: der Hengst gilt als edel, die Stute als gemein.[22] Aktiv reitende Frauen stellen nun schlichtweg eine Provokation dar. Im Verlauf der Christianisierung werden die zuvor verehrten Attribute zu Kennzeichen des Teufels. Pferdehufe symbolisieren nicht länger den Mond, sondern werden zu Hörnern und Kennzeichen des Bösen, das heilige Pferdeopfer sinkt zum Satanskult herab: »Der Teufel hat einen Pferdefuß, an dem er zu erkennen ist, und wer immer noch Pferdefleisch ißt, obwohl er längst getaufter Christ ist, der ißt vom Fleisch des Teufels.«[23] Das vom ganzen Volk gefeierte Fruchtbarkeitsfest Anfang Mai wird von christlichen Missionaren zum Hexenfest der Walpurgisnacht umgedeutet. Und das germanische Totenreich ›Hel‹ wird – zur Hölle.

Zwischen der Anbetung und der Verteufelung von Aspekten des Pferdes steht, vielleicht als Übergang, lange Zeit die nicht so negativ besetzte Verbindung von Tod und Pferd: Im Mittelalter herrscht allgemein die Vorstellung, der Tod lade die Leichen auf sein Roß.

In niederösterreichischen Sagen erscheinen riesenhafte Reiter als Vorboten des Todes. Der Tod fährt mit einem sechsspännigen Wagen zur Mühle. Er ist einäugig und sein Sattelpferd wie das germanische Götterroß ein achtfüßiger Schimmel. Reiterlose Rosse erscheinen als Todesboten, wie sie es auch im Alltag sein konnten – wenn ein Pferd allein zum Stall zurückkehrte.[24] Und es reitet die Pest: Die Vorstellung vom reitenden Tod ist auch in Literatur und Kunst in unzähligen Varianten lebendig geblieben.

Aus den in Wind und Wetter reitenden und Leben und Tod bestimmenden Walküren und deren Pferden entwickeln sich – genährt vom um sich greifenden Mißtrauen gegen die Kräfte der Frauen, ihr kräuterkundliches Wissen und ihre Naturverbundenheit – die grotesken Vorstellungen von Hexen, die mit dem Teufel in Bocksgestalt sexuellen Verkehr haben und, auf Besenstielen und anderen Gegenständen reitend, ihr nächtliches Unwesen treiben …

Die Vorstellung von Frauen mit Pferdeköpfen oder anderen

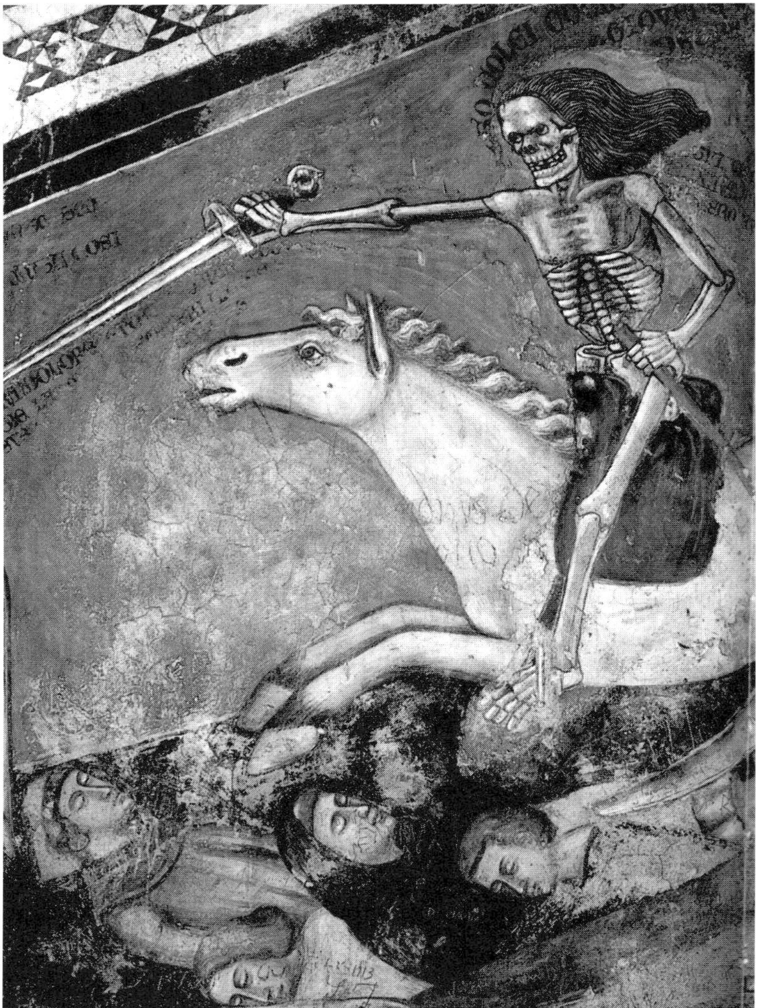

Der Tod reitet auf einem weißen Pferd

Anverwandlungen ist nun von Furcht und Abscheu geprägt und wird der als Hexe diffamierten Trägerin oft das Leben kosten: »Milch stehlen, Wetter machen und auf Böcken und Besen reiten«, in dieser Reihenfolge schmähte Luther Frauen als Hexen.

›Nachtfahrende‹ Frauen treten als ›Nachtmare‹ oder als Nachtreiterinnen auf. Sie bringen nur Unheil, verschaffen Schlafenden drückende Alpträume oder reiten gar die Schlafenden selbst. Nächtliche Träume werden für wahr gehalten und jedes Fieber durch eine Hexerei erklärt.

Eine große Rolle spielte in solchen Fällen Abwehrzauber jeder Art. Eine Mellenthiner Sage erzählt, wie eine solche Hexe, hier ›Walderiske‹ genannt, angeblich gefangen werden konnte: Der Stallknecht verstopfte das Astloch der Tür, durch welche die Nachtmahre hereingekommen war. Am andern Morgen fand man eins der »hübschesten Mädchen des Dorfs nackt auf dem geplagten Pferd sitzen«.[25]

Und wieder spielen die Hufeisen mit – diesmal als Glücksbringer für die Hexenverfolger. Frauen, die sich zur Walpurgisnacht in Pferde verwandeln und durch die Lüfte jagen, werden nämlich erkennbar – wer seine Rosse vorher beschlagen läßt, findet am nächsten Tag die rückverwandelte Frau mit schmerzenden Händen und Füßen oder gar Hufeisen daran vor!

Der Hexenglaube variierte unzählige Pferdemotive: Zu den sogenannten Hexensabbaten holt der Teufel die Frau mit einem schwarzen Pferd ab und nimmt sie hinter sich auf die Kruppe. Manchmal kommen die Rosse, auf denen die Hexen reiten, unmittelbar aus dem Boden. Aber die uns bekannten kleinen und großen Hexen der Hausmärchen reiten auch auf Besen, Ofengabeln, Zauberstäben. Davon geblieben ist vielleicht das Stekkenpferd, und das hat heute jede und jeder ohne Gefahr ›in Pflege‹.

Die Mahlzeiten der Hexen bestanden in der christlichen Vorstellung natürlich aus dem bereits verdammten, als unrein bezeichneten Pferdefleisch. Und dazu, so stellte man sich mit wohligem Schauder vor, dazu tranken sie aus Pferdeköpfen und Hufen, und die Überbleibsel verwandelten sich in Pferdemist!

Im »Handwörterbuch des deutschen Aberglaubens« finden

sich noch unzählige Zauber und Mittelchen beschrieben, die Frauen mit Pferden in Verbindung bringen: Eine Frau darf »eine leichte Niderkunft« erwarten, wenn sie eine Stute berührt. Aber auch die Schwangere kann der Stute durch Berührung zum leichten Gebären verhelfen. Und die folgenden Rezepte klingen nicht gerade verlockend: »Aus Pferdeäpfeln gepreßter Saft mit einer Laus gewürzt und in Branntwein eingenommen« als Medizin u.a. gegen Leiden der Gebärmutter. Gegen Unfruchtbarkeit der Frau soll es helfen, wenn der Mann ihr vor dem Beischlaf Roßmilch zu trinken gibt oder die Milch eines weißen Pferdes eine Zeitlang über sie hält. Oder wie wäre es hiermit: »So ein weib ir

Der Teufel reitet mit der Hexe. Römischer Holzschnitt, 1555

Zeit nicht hatt, So nim wachs, teufelsdreck unnd hornn, voon pferdefüsßen und verbindte jedes alleine in ein tuchlinn unnd legs auf Kohlenn und setz ein trichter darüber unnd laß den Rauch in den leyb gehenn, so kompts wieder.«[26]

Zu all dem bisher genannten Zauber möchte ich noch eine freundliche Variante der Selbsthilfe für PferdehalterInnen Islands ergänzen: Hier glaubte man an Zauberbäume, die man nur zu schütteln brauchte, um aus jedem Ast ein Roß zu machen![27]

Märchen, Mythen und Legenden – der Kult ums Pferd besteht fort, auch in der Verbindung zu Frauen, allerdings in modernen Varianten: Wir fahren heutzutage Auto, doch die Leistung wird in Pferdestärken berechnet, der Cowboy als Mythos bietet nicht nur für Zigarettenwerbung eine beliebte Projektionsfläche; weiße Pferde und schöne Frauen auf bunten Blumenwiesen erzeugen werbewirksame Stimmungen.

Darüber hinaus stellen die ›Mythen‹ unserer Zeit, welche wesentlich von Entdeckung und Auswirkung der Psychoanalyse geprägt wurde, das Pferd als das Unbewußte schlechthin, die ›wilde‹ Natur, die Libido, dar. Der Freud-Schüler C. G. Jung drückt es so aus: »Das Mutterbild ist ein Libidosymbol und ebenso ist das Pferd ein solches ...«[28] Alltägliche Beobachtungen regten ihn mitunter an: »Daß die Mutter des Kindes Pferd ist«, notierte er, »zeigt sich am deutlichsten in der primitiven Sitte, das Kind auf dem Rücken zu tragen oder auf der Hüfte reiten zu lassen.«[29] Auch die archetypische Bedeutung des Pferdes hat C. G. Jung beschrieben. In Träumen und in Kunstwerken, stellte er fest und bezog das Pferd mit ein, erscheinen mythische Symbole, die verwandte Züge aufweisen können, und zwar für alle Menschen und zu allen Zeiten.

Träume vom Pferd? Die haben viele. Eine junge Frau, die als Mädchen ein enges Verhältnis zu Pferden hatte, vertraute uns einen ihrer Träume an, in denen häufig Pferde vorkommen: »Im Traum kam ich an eine Wegbiegung. Auf dem linken Weg lag eine Frau regungslos da und kaum bekleidet. Auf dem rechten Weg stand eine Kiste mit Werkzeug: Hammer, Nägel, Säge, Zange und ein Hufeisen und ein Amboß. Weiter vorn galoppierte ein Pferd. Es war schwarz. Ein kraftvolles Pferd und wunderschön. Es kam direkt auf mich zu. Als es sehr nah war, bekam ich Angst, es könnte mich überrennen. Ich lief zur Frau, die regungslos am Boden lag, und schüttelte sie. Vielleicht war es ja ihr Pferd. Sie wachte nicht auf, aber lebte noch. [...] Das Pferd blieb an der Gabelung stehen. Es war wild und schlug aus in alle Richtungen, aber mich ließ es in Ruhe.«

Ein angstmachendes und zugleich wunderschönes Pferd tritt auf, eine halbtote Frau und eine reflektierende Lebendige. Dreht sich hier ein Ich in unterschiedlicher Gestalt um sich selbst? Hilft das Bild des Pferdes, Kontakt zu den Ängsten zu bekommen? – Wir überlassen den Traum seiner Besitzerin, sie hat vielleicht einen Schlüssel, eine eigene Symbolik für sich gefunden.

Wie verschlüsselt auch immer ein Traum eventuelle Ängste transportieren mag: Tagsüber steht das Pferd sehr real auf seiner Wiese und schaut den Menschen in der Regel sanft und freundlich entgegen. Nehmen wir Kontakt zu ihm auf – einen Kontakt, der stärker ist als der im flüchtigen Traum oder im Kunstwerk. So intensiv kann er sein, daß das Pferd durchaus eine heilende Aufgabe erfüllt – die sich ReiterInnen im Alltag meist gar nicht bewußtmachen.

In den letzten Jahren wurde der Umgang mit Pferden und das Reiten vermehrt für heilpädagogische Interessen entdeckt und weiterentwickelt. Die Psychoanalytikerin Monika Mehlem faßte die Phänomene dieses vielleicht neuen ›Mythos‹, dem des therapeutisch ›tätigen‹ Pferdes, in Worte: »Das gut ausbalancierte Pferd setzt den Reiter in die »Mitte«, es bietet ihm an, sich »niederzulassen« im übertragenen Sinne, »sich einzulassen«, gleichzeitig erleichtert es ihm die Aufrichtung des Oberkörpers, auf symbolischer Ebene die Bereitschaft, »sich der Welt zu stellen«: »Auf dem Pferd ist der Mensch zu gleicher Zeit geerdet, das heißt, im Kontakt mit seinem Unterkörper, mit seinen Wurzeln, seinem Unbewußten, mit der Erde wie auch mit den aktiv handelnden Teilen seiner Persönlichkeit, die Ausdruck finden in der Aufrichtung des Oberkörpers, der lockeren Beweglichkeit der Arme und dem frei schweifenden Blick. Auf dem Pferderücken werden charakteristische Handlungsmuster besonders deutlich und für den Reiter selbst spürbar.«[30]

So finden Pferd und Mensch in immer neuen ›mythischen‹ Varianten zueinander, und man ist geneigt zu fragen, wie auch Itzig, Freuds berühmter Sonntagsreiter,[31] gefragt wurde: »Wohin reitest du denn?« Und zur Antwort bekam: »Weiß ich's? Frag das Pferd!«

Was die Reiterin unwillkürlich schmunzeln läßt, weil es so

alltagsnah auslegbar ist, gibt dem psychologisierenden Geist genug Anlaß zum Nachdenken. Steht das Pferd für das Unbewußte, dann weiß es nicht, wohin sein Weg führt, denn es kennt keinen Plan. Leugnet der Reiter seinen Plan und hat er dafür einen Grund? Geht der Ritt des Unbewußten unendlich weiter, und wohin?

Zurück zu den Reiterinnen: Sicher räsoniert die ein oder andere auch darüber, daß, wie die Psychoanalytikerin Marlene Baum[32] argumentiert, die Natur der Frauen im Laufe der Jahrhunderte und Jahrtausende zunehmend unterdrückt wurde und sich dieses gerade im ausklingenden 20. Jahrhundert entscheidend geändert hat; die Eroberung des Pferdes durch die Frauen könnte ein Ausdruck dieses kulturellen Wandels sein. Denn nie zuvor ritten so viele Frauen und Mädchen, zähmten also die wilden schwarzen Pferde, wenn man so will, auch der Archetypen. Nein, mehr noch, sie zähmen sie heute nicht nur und kaufen sie sachlich per Handschlag – sie lieben sie über alles, ihre libidonaturhaften-archetypischen gefräßigen Weichmäuler!

Vielleicht ist das gar nicht so neu, sondern es war den Frauen in den letzten zweitausend Jahren nur etwas verloren gegangen von diesem archaisch-mythischen Wissen um die Pferde? Schließlich gibt es doch frühzeitliche Spuren von Frauen und Pferden, in steinzeitliche Wände geritzt, die von ihrer gemeinsamen Vergangenheit zeugen ...

Festhalten, liebe LeserInnen, es geht im Galopp mit der Geschichtsreiterin an der Tête zurück, nicht weniger als 30.000 Jahre!

Eingang zu einer französischen Höhle

3. Zauberhafte Pferde und tanzende Frauen

Ein Ausflug in die Ur- und Frühgeschichte

DAS PFERD ist knapp fünf Zentimeter groß und ungefähr 35.000 Jahre alt – das weltälteste Kunstwerk, das je gefunden wurde. Nahe der Vogelherdhöhle im heutigen Schwaben wurde es einst mit einer feinen Feuersteinklinge aus einem Elfenbeinrest geschnitzt – vielleicht von einer Frau?

Das älteste gefundene Kunstwerk

Solutré, heute ein kleines französisches Weindorf im Burgund, wurde durch einen nahegelegenen Steilfelsen berühmt: An dessen Fuße fanden sich an die 100.000 Skelette von Wildpferden aus der Eiszeit.

Die Form des Felsens von Solutré machte ihn ideal für eine besondere Art der Jagd: Hundert Meter über dem Dorf ragt er über das Rhônetal hinaus wie ein Schiffbug aus den Wellen. Das Felsplateau ist nur von Osten zugänglich, die übrigen Seiten fallen jäh steil ab. Wenn die Wildpferde, ihrem Instinkt folgend, im Herbst nach Süden zogen, beobachteten Jägerinnen und Jäger die Herden, folgten ihnen und versuchten sie auf den Steilfelsen hinzuleiten …

Die Jagd muß beschwerlich gewesen sein. Die vorsichtigen Tiere waren äußerst scheu. Hecken und Unterholz ließen sie immer wieder ausbrechen. Steine wurden geworfen, brennende Zweige, damit die Herde sich weiter den Felsen hinauf flüchtete.

Bevor die Tiere begriffen, welch große Gefahr an dessen Spitze lauerte, waren die ersten bereits in den Abgrund gestürzt.

Trotz des Aufwands konnten so nur wenige, meist jüngere Tiere erbeutet werden. Aber die Aussicht auf stetige Beute machte den Felsen für die Jägerinnen und Jäger lohnend und zum späteren Fundort für die Nachwelt.

Die ältesten Pferdeknochen aus Solutré werden etwa auf 25.000 v. Chr. datiert. Man fand zwei Skelettypen, das kräftige Urpony und das etwas leichtere Waldpony.[1] Auch Ren, Wisent, Ur und Mammut wurden hier gejagt, überwiegend aber Pferde.

Die Freude der Jägerin ist groß. Es war ihr Speer, der das Pferd tödlich getroffen hat. Sie hatte ihn mit einem langen Holzstab als Pfeilrichter so genau, schnell und weit geschleudert, daß die mit feinen Feuersteinklingen besetzte Spitze des Speeres tief ins Fleisch des Tieres eindringen konnte.

Das Pferd war vor 12.000 Jahren auch in Gönnersdorf am Rhein, einem altsteinzeitlichen Fundplatz, die Hauptbeute der Menschen.[2]

Urzeitliches Haus von Gönnersdorf

Schnell transportieren die Jägerinnen und Jäger das Tier zu ihrem Siedlungsplatz und zerlegen es mit Messern aus Holz und Feuerstein. Etwas von dem noch warmen Fleisch essen sie roh. Dann befreien sie die größeren Stücke von Haut und Knochen und spießen sie auf feste Holzstöcke, um sie über dem Feuer zu braten. Die Feuerstelle befindet sich in einer Hütte. Sie ist teilweise nach oben offen und besteht aus Holzpfählen, die mit Pferdefellen umspannt vor Wind und Regen schützen.

Die Aufhängung für den Spieß bezeugt technisches Geschick: Auf der einen Seite ruht er im Gelenk eines aufgestellten Mammutknochens, auf der anderen Seite in einer dicken, senkrecht in den Boden gesteckten Astgabel. Während das Fleisch brät, sind die Männer und Frauen schon mit Feuersteinschabern am Werk und säubern das Fell. Das Schweifhaar und die Mähne werden abgeschnitten und fein säuberlich beiseite gelegt, später werden Nähfaden und geflochtene Stricke zum Binden daraus gefertigt.

Von den Knochen trennt die Gruppe die Gelenke ab und reicht sie zuerst den Kindern zum Auslutschen. Das Mark gilt als kraftspendende Delikatesse.

Nun werden die Knochen der Länge nach aufgespalten und in spitze Splitter zerlegt. Mit winzigen feinen Feuersteinbohrern zwirbeln die Frauen am stumpfen Ende ein Loch in den Knochen – fertig ist die Nähnadel! Und bald auch manches Kleidungsstück aus ›Pferd‹.

Pferde machten bei den Eiszeitmenschen Europas insgesamt durchschnittlich zirka 12-20 Prozent der verzehrten Beutetiere aus.[3] Daß Frauen tatsächlich an der Jagd beteiligt waren, zeigt uns eine Grabstätte aus Westfrankreich, in der ein starkes, kräftiges Skelett, das eindeutig als das einer Frau identifizierbar war, mit Grabbeigaben wie Pferdekopf und Rinderkopf sowie Jagdwaffen gefunden wurde.[4]

Friedlich und vom Jagdeifer der Menschen nicht mehr gefährdet, steht er heute im Berliner Zoo und kaut an seiner Tagesration: Pferde-Urahn Przewalski, gedrungen im Körperbau, von falber Farbe. Diese anpassungsfähige Pferdeart hat schon etliche Warm- und Eiszeiten überstanden. In der Altsteinzeit sollen es mindestens vier gewesen sein! Vier Zeiträume, in denen das Klima sich veränderte und unterschiedliche Lebensformen und -bedingungen bewirkte. Die noch um 1940 in der Mongolei auftretenden und nach ihrem Entdecker benannten Wildpferde gelten als direkte Nachkommen der frühen Urwildponys.

Manche Angewohnheiten unserer heutigen Freizeitpferde erinnern noch an tiefverwurzelte Überlebensmechanismen der doch schon so lange domestizierten Tierart. Fragt sich nicht manche Pferdehalterin, warum ihr Pferd bei vermeintlicher Gefahr davonrennt – der Weidenachbar aber im gleichen Moment wie angewurzelt stehenbleibt? Und weshalb ein Pferd nach sei-

Pferde-Urahn Przewalski

nen Artgenossen ausschlägt, während andere stets friedlich zusammenleben? Und warum eines (meines!) rund wird wie eine Kugel, während ein anderes bei gleichem Futter mager bleibt?

Die Gründe dafür liegen tatsächlich in der Geschichte der Spezies, in ihrer über Jahrtausende erfolgten Anpassung an den jeweiligen Lebensraum, an Klima und Temperatur. Die an- und abschwellenden Eiszeiten schufen ganz unterschiedliche Typen von Pferden: Wenn eine Landschaft unwegsam ist, steinig oder auch extrem moorig, wird eine Pferderasse dort nicht im leichten Galopp flüchten. Die Tiere verharren und bewegen sich langsam, wenn nötig auch rückwärts, bis sie wieder auf sicherem Terrain sind. Wenn aber die Weidegründe knapp werden und die Pferde sich zu kleineren Sippen zusammenschließen, feinden sie sich an und neiden sich das karge Futter. Sie werden eher Einzelgänger und sehr gute Futterverwerter.

Fruchtbare Steppengegenden mit leicht überschaubarem Gelände, mit weit auseinanderliegenden Wasserstellen bringen Fluchttiere hervor, leicht im Körperbau und ausdauernd in den schnellen Gangarten. Die Herden werden größer und sozial verträglicher und setzen den bei heutigen PferdehalterInnen gefürchteten Wandertrieb im Frühjahr und Herbst in Gang.[5]

Im Süden Asiens und des Orients entstanden so die eher zierlichen Urwildpferde und im Norden Europas die kompakteren Urwildponys. Zwei unterschiedliche Ponytypen haben als Wildpferde bis in die neueste Zeit überlebt: das bereits vorgestellte Przewalski-Pferd, gelbbräunlich, oft mit dunklen Flecken, und das europäische Wildpferd, der Tarpan, ein etwas leichteres mausgraues Tier mit schwarzem Aalstrich, das noch bis Mitte des 19. Jahrhunderts in der Ukraine lebte. Beide Typen mit ihren gut wiedererkennbaren Merkmalen wurden in den eiszeitlichen Kunstwerken immer wieder dargestellt. Vielleicht erschien unseren Urahnen das schnelle, leichtfüßige Pferd als etwas ganz Besonderes? Die vielen detailgetreuen Pferdedarstellungen, die die Menschen der Altsteinzeit geschaffen haben, zeugen davon, daß es nicht nur gejagt, sondern auch verehrt wurde.

Reise ins Tal der Menschheit

Gegen Ende der letzten Eiszeit, im Jungpaläolithikum (ca. 35.000–8000 v. Chr.), tauchen die ersten Cro-Magnon-Menschen auf. Sie lebten lange neben den NeandertalerInnen, die dann ausstarben, und glichen bereits uns heutigen Menschen. Die halbnomadisch lebenden Frauen und Männer hinterließen in Europa, vor allem in Frankreich, für uns sehr bedeutende Dokumente und Spuren wie Werkzeuge aus Feuerstein, Alltagsgegenstände, Feuerstellen und Reste von Lagerstätten, vor allem aber bezaubernde Frauen- und Tierdarstellungen auf Knochen und an Höhlenwänden, geschnitzt, gemalt, gehauen und geritzt.

Verzierte Werkzeuge aus Knochen, Eyzies de Tayac

Diese feinen Kunstwerke zeigen uns, daß die Menschen der Altsteinzeit weder unkultiviert noch primitiv waren, und lassen eine durchaus friedliche und soziale Gesellschaft vermuten.

Wir reisen ins Périgord, eine Landschaft im Südwesten Frankreichs, um dort entdeckten Spuren von Frauen und Pferden zu folgen, die nicht von der Jagd zeugen.[6]

Unter dem Felsüberhang »Cro Magnon« im Dorf Les Eyzies nahe dem Flüßchen Vézère wurden die ersten Skelettreste des nach diesem Ort benannten Menschentyps gefunden. Im Vézère-Tal, das wegen seiner vielen eiszeitlichen Funde auch »Tal der Menschheit« heißt, befinden sich viele der fast hundert künstlerisch bearbeiteten Höhlen Frankreichs, von denen meist nur Lascaux, die berühmteste, in den Schulbüchern abgebildet ist. Doch alle Höhlen sind mit unzähligen Tierbildern geschmückt, teils gemalt, oft zu Dutzenden übereinander geritzt.

In vielen Kulturen der Erde bedeutet »Höhle« soviel wie »Schoß der Mutter Erde«. Die »Höhle der Frau«, aus der die Kinder geboren werden, symbolisiert den Ursprung aller Dinge. Im Märchen ist der Eingang zu einer Höhle oft von einem Ungeheuer bewacht oder so verborgen, daß es einer Mutprobe gleichkommt, ihn zu finden. Dies könnte auch eine Erklärung für so manches Rätsel der Eiszeitkunst darstellen, etwa für das Phänomen, daß Zeichnungen von Tieren sich so häufig in den nur schwer zugänglichen Teilen von Höhlen befinden. Zu manchen Stellen mußten die Menschen kilometerweit auf allen vieren durch die Dunkelheit kriechen. Teilweise konnten sie nur im Liegen an den Felswänden arbeiten, ein Talglämpchen als Lichtquelle neben sich.

Vielleicht sind Höhlen als Symbol der heiligen Mutter Erde Stätten der Initiation gewesen, für Mädchen wie für Jungen. Dafür sprechen Abdrücke von relativ kleinen Füßen im harten Lehmboden einer Höhle.

Den TouristInnen macht es heute in den meisten Höhlen keine Mühe mehr, an die Kunstwerke heranzukommen: Der Boden wurde tiefer gelegt und begradigt, in eine Höhle fährt sogar ein kleiner Zug ...

Die meisten künstlerischen Darstellungen zeugen von der großen Kunstfertigkeit und dem guten Auge der Eiszeitmenschen. Häufig wurden die natürlichen Gegebenheiten der Felswände in die Darstellung mit einbezogen. Wenn ein Felsbuckel, vom Lichtzeigestab der Führerin angestrahlt, überraschend zum Rükken eines Tieres wird, bleibt ein erstaunter Ausruf bei den BetrachterInnen selten aus!

Die Höhle von Lascaux ist einzigartig bemalt und relativ groß. Hier bauten sich die Menschen Gerüste, um die Decke und die hohen Wände bemalen zu können. Die Farben aus Ocker und Mangan wurden zum Teil mit Hilfe eines Röhrchens auf die Wand aufgeblasen.

Lascaux wurde für das Publikum geschlossen, damit seine Malereien nicht weiter durch Atemluft zerstört werden. Die Höhle wurde aber originalgetreu nachgebaut und die Malereien unter der Leitung der Französin Monique Peytral kopiert, die jedes Detail der Darstellung genauestens erforscht hat – sicherlich waren Frauen einst auch an der Entstehung der steinzeitlichen Originale beteiligt.

»Chinesisches Pferd« in Lascaux

Unter den abgebildeten Tieren – Pflanzen finden sich so gut wie keine – gibt es Mammuts, Bisons, Rentiere, Löwen, Bären, Rinder und Steinböcke. Es überwiegen aber Darstellungen von Pferden; in der Höhle von Lascaux machen sie rund 60 Prozent aus. Manche Höhlen scheinen bestimmten Tieren geradezu gewidmet gewesen zu sein, viele davon den Pferden. Die frühere Theorie, daß es sich bei den Bildern um eine Art »Jagdzauber« handle, wird heute erst gar nicht mehr bemüht, zu wenig spricht dafür. Die Zeichen und Symbole, die um die Tiere herum angeordnet sind, sprechen eher eine andere Sprache: die der Lebenskraft der Natur und der zyklischen Erneuerung des Lebens

Vulvensymbole aus La Ferrassie

durch die Frauen. Oft befinden sich Weiblichkeits-Symbole unmittelbar neben denen der Pferde, meist die schematisierte Darstellung der Vulva – des Ortes, aus dem das Leben entspringt.

Gegen Ende der jüngeren Altsteinzeit häufen sich Darstellungen ›tanzender‹ Frauen, stilisierte Figuren ohne Kopf und Füße, aber durch ihr betontes Gesäß und die Brüste eindeutig weiblich, sowohl in Frankreich als auch an der Gönnersdorfer Fundstätte.

Überhaupt: Altsteinzeit – Frauenzeit! Von Sibirien bis Südfrankreich wurden zu hunderten »Venusfigürchen« aufgefunden, Frauenstatuetten in allen Versionen, die Ältesten rund 30.000 Jahre alt. Sie sind meist handtellergroß, fast immer ohne Füße, manche absichtlich ohne Kopf geformt, fast alle mit auffallenden Brüsten und immer mit betontem Schoßdreieck. Viele sind sehr beleibt, eventuell schwanger, andere schlank. Sie sind aus Elfenbein, aus Stein, Horn oder anderen Materialien – und eine ist sogar aus einem Pferdezahn geschnitzt![7]

»Die Frauenstatuetten veranschaulichen die Rundung der Welt mit dem Nabel als Mittelpunkt und der Vulva als Symbol für die Wiedergeburt ... Damit stand die Frau im Mittelpunkt des Kultes. Ihr Bild wurde verehrt«, meint Marie E. P. König, eine bekannte Erforscherin altsteinzeitlicher Höhlen.[8] Das Besondere an dieser Sexualsymbolik: sie zeigen keine Anzeichen für eine Erniedrigung des Weiblichen. Was Wunder, daß die Darstellung »des Menschen« in der Altsteinzeit die Darstellung der Frau bedeutete! »Der Anteil an Männerbildern ist in den ersten Jahrtausenden verschwindend gering: 1 bis 2 Prozent.«[9]

Wandern wir weiter im »Tal der Menschheit«. Die frühen Menschen wohnten nicht in Höhlen, sondern unter einem »Abri«, einem der zahlreichen erhöht liegenden, ein Überdach bildenden Felsvorsprünge. So hatten sie einen guten Blick auf die Täler, in denen die Tiere durchzogen und weideten – als altsteinzeitliche Speisekarte!

Das Abri von Cap Blanc macht die besondere Beziehung von Pferden und Frauen augenfällig. Hier blickten einst fünf Pferde, herausgehauen aus der sandsteinartigen Felswand, über das Tal. Vor Jahren waren auf den dargestellten Tundrenponys noch Reste von rotem Ocker erkennbar. Die Halbreliefs hatten jahrtausendelang gut geschützt unter Erde und Geröll gelegen; bei der Ausgrabung wurden sie allerdings beschädigt, da niemand ein derartiges Kunstwerk dort vermutet hatte.

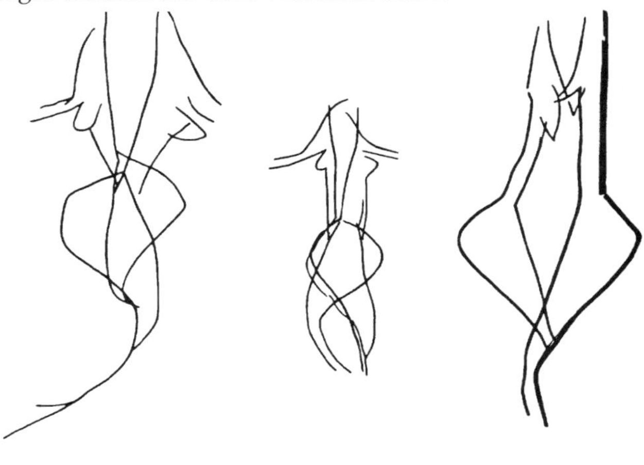

Stilisierte »tanzende Frauen« aus Gönnersdorf

Ein Pferd tritt aus der Wand – Cap Blanc

Die Tierformen wurden vor etwa 16.000 Jahren aus der Felswand herausgearbeitet, auf einem Fries von zwölf Metern Länge, zu dem auch, jeweils am Ende, ein Wisent und ein Bison gehören. Die steinernen Pferde sind jeweils bis zu zwei Meter lang und über 30 cm tief aus der Wand herausmodelliert. Unter dem Hauptpferd in der Mitte des Frieses befand sich die Grabstätte einer Frau. In dem Museum, das inzwischen schützend vor das wertvolle Kunstwerk gebaut wurde, ist folgerichtig auf einem nachempfundenen Bild eine Steinzeitfrau dargestellt, die das Fries künstlerisch bearbeitet.

Einen Pferdekopf mit denselben Werkzeugen wie damals nachzuarbeiten, dauert übrigens zehn Stunden …

Nicht weit von Cap Blanc liegt eine Höhle, in der sich Frauen, Weiblichkeitssymbole und Pferdedarstellungen häufen, sich gleichsam abwechseln: die Grotte von Commarque. Sie ist für die Öffentlichkeit nicht zugänglich. Wir bekamen durch einen glücklichen Ausnahmefall Zutritt zu ihr.

Die Höhle liegt am Fuß eines Felsmassivs, das einst ein gewaltiger Fluß ausgespült hat, von dem heute noch zwei liebliche Flüßchen übriggeblieben sind: die große und die kleine Beune, Nebenflüsse der Vézère. Noch ruht diese Höhle wie vor 17.000 Jahren, ungestört von täglichen Touristenströmen, ohne begradigten Boden und künstliche Ausleuchtung.

Draußen ist es bereits dämmrig, als wir sie betreten, aber als unsere Führerin drinnen die Lampe löscht, umfängt uns tiefes Dunkel. Es ist sehr eng hier drinnen, und auch über unseren Köpfen bleibt stellenweise nur wenig Raum.

Im schlauchartigen Gang grüßt uns als erstes ein geritzter Pferdekopf und ihm gegenüber ein Weiblichkeitssymbol, eine Vulva neben einer natürlich vorhandenen Felsöffnung. Diese Kombination findet sich öfter – interessanterweise immer dort, wo sich die Höhle neu verzweigt. Ein Durchguck in einen anderen Höhlenteil wurde ebenfalls mit einer Vulva geschmückt, und wer durch das Loch späht, erkennt ein Pferd auf der anderen Seite! Vorbei an stilisierten tanzenden Frauen, wie wir sie schon aus anderen Höhlen kennen, tasten wir uns voran. Allein schon die engen Durchgänge und tiefen Gänge lassen an einen Frauenkörper denken, an einen Weg hinein, immer tiefer ins Dunkle eines steinernen Uterus.

Tief im Inneren löscht unsere Führerin das Licht. Atemlos warten wir im Stockdunklen, an die kühle Felswand gelehnt. Da! Wir staunen ergriffen. Vor uns, im Kegel der aufscheinenden Lampe, erscheint ein lebensgroßer Pferdekopf! So echt, und so weich die Nüstern aus Felsgestein, daß wir uns nur mühsam beherrschen können, darüberzustreichen! Als unsere Begleiterin die Lampe langsam hebt und senkt, treten die Gesichtszüge des Pferdes aus dem Dunkel und beginnen sich im Schattenspiel zu bewegen. Auch sein Körper ist nun gut und vollständig zu erkennen, unter Nutzung natürlicher Buckel und Senken wurde er aus dem Felsgestein herausgearbeitet. Das Pferd ähnelt dem Przewalski-Typ. Es sieht so lebendig aus, als würde es gleich aus dem Stein heraustreten, um draußen vor dem Abri zu grasen. Die Mähne steht hoch, erinnert ein wenig an Sonnenstrahlen und macht in dieser dunklen Höhle nachvollziehbar, daß so ein Pferd vielleicht, wie Marie E. P. König vermutet, für ein Sonnensymbol gehalten wurde.

Im tiefsten Innern dieser besonderen Höhle befindet sich das zugleich unwirklichste und lebendigste Pferd der Urzeit, das wir bei unserer ganzen Forschungsreise zu Gesicht bekamen!

Daß in der Höhle »Les Combarelles« ungefähr fünfzig Frauenfiguren, dazu noch mehr Pferde und Bisons vorkommen, legt ebenfalls nahe, Pferde und Frauensymbole in eine enge Verbindung zu bringen. Ein Blick auf die Weide zeigt: Stuten blitzen mit ihren Vulven, und erst dann wird der Hengst der Herde aufmerksam. Vielleicht besteht hierin ein Hinweis auf den Zusammenhang von Frauensymbolen und Pferden – und mehr: auf eine frühzeitliche, von Frauen bestimmte Sexualität?

Im gleichen Tal, wo sich die Grotte von Commarque, das Fries von Cap Blanc und die Höhlen Les Combarelles befinden, ist der Fundort der berühmten, mehr als 20.000 Jahre alten »Venus von Laussel«. Sie hält ein mondsichelförmiges Bisonhorn mit dreizehn Einkerbungen in der erhobenen Hand – dreizehn ist die Zahl der Mond- oder Menstruationszyklen in einem Jahr. Mit der anderen Hand weist sie auf ihren Nabel. Nahe bei ihr wurden drei weitere Frauenreliefs und – das Relief eines Pferdes gefunden.

Die »Venus von Laussel«

Es gäbe noch viele Darstellungen zu beschreiben, in denen Frauen und Pferde in Beziehung stehen. Wahrscheinlich weisen all diese Abbildungen auf komplexe Zusammenhänge von religiösen und kulturellen Vorstellungen hin, die uns bisher größteils verschlossen sind. Eines steht fest: In den Kulten der rund 35.000 Jahre währenden Ur- und Frühgeschichte spielten sowohl Frauen als auch Pferde eine herausragende, symbolisch höchst beziehungsreiche Rolle.

Eine Frau, so wird allgemein angenommen, hat den Wolf gezähmt und, so nehmen wir an, wohl auch das Pferd. Selbst die Mythen der GriechInnen legen das nahe, indem sie davon berichten, daß einst die Göttin Athene den Menschen die Zügel schenkte. Doch vorher mußte das Pferd den Menschen erst einmal sein Vertrauen schenken. Das Volk der Amazonen hatte dieses Vertrauen ganz sicher früh erworben …

Amazonenkönigin. Abbildung auf einer Vase, um 1200 v. Chr.

4. »Mutig wie Löwinnen ...« Was eine Vase dir erzählt

Geschichte und Geschichten der Amazonen

»Wir führen Bogen und Speer und sitzen zu Pferde. Weibliche Arbeiten aber haben wir nicht gelernt.«[1]

NACH DER REITSTUNDE saßen wir alle noch verschwitzt in unserem Aufenthaltsraum, müde, mehr oder weniger glücklich nach den Erlebnissen der Stunde. Wie immer sprachen wir lautstark noch einmal den Morgen in der Reithalle durch – »Und dann hat er plötzlich einen Satz gemacht, und ich hing völlig schief im Sattel, wie sollte ich da durch die Bahn wechseln!« ereiferte sich Beate. Britta wollte eine Vorhandwendung üben, und immerzu lief ihr der Schwarzbraune von Katrin in den Hufschlag, und dann hat sie den Steigbügel verloren und plötzlich ... Auch ich mischte eifrig mit: »Und ich hab noch zu Christine gesagt – paß auf, der lahmt, aber Christine wollte ja nicht hören, und jetzt ...«

Also ein ganz normaler Sonntagvormittag auf dem Hof, was trieb mich denn so um? Ich war unruhig wie das Pferd, das ich zuvor geritten hatte, stand auf, blickte durchs Fenster auf den Hof. Am Anbindeplatz liefen noch einzelne Mädchen hin und her, betreuten ihre Lieblingspferde, verteilten Möhren, putzten bereits glänzendes Fell wieder und wieder.

Wie viele Sonntage hatte ich schon so verbracht? Als ich die

Wie viele Sonntage hatte ich schon so verbracht? Als ich die Mädchen ansah, langweilte mich all das plötzlich ganz entsetzlich. Ich kniff die Augen zusammen und träumte mir andere Zeiten herbei, vergangene Zeiten vielleicht, in denen es auch Pferde gab und Mädchen und meine Freundinnen … aber einfach alles anders wäre.

Heute springe ich besonders schnell nach der Arbeit in meine Reithosen und fahre zum Stall. Donnerstags haben wir in unserem kleinen Reitverein Theorie-Unterricht, ich bin gespannt, was Elvira sich heute für uns ausgedacht hat. Sie ist eine gute Reitlehrerin, selbst ihr Theorieunterricht ist nie langweilig, wenngleich ich sie auch nicht immer verstehe …

»Heute befassen wir uns mit der Geschichte des Reitens«, begrüßt sie uns. »Dazu habe ich einen Gast eingeladen: Egee aus Griechenland.«

Wir mustern mehr oder weniger unauffällig den Gast, und einige wundern sich über ihr Äußeres: Die Frau trägt einen kurzen Rock, steckt barfüßig in Sandalen – »Bißchen kühl im Oktober, oder?« wispert Ute mir zu –, hat einen Reifen um den Hals und dazu Schmuck an den Armen. Sie sieht nicht aus wie eine Reiterin, sie sieht aus wie … ja, wie denn nur? Ich versuche mich zu erinnern, wo ich sie schon einmal gesehen haben könnte, es fällt mir so schnell nicht ein.

Elvira spricht fließend griechisch, wer hätte das gedacht! »Bitte stellt unserm Gast Fragen«, fordert sie uns auf. »Egee hat viel mit Pferden zu tun, soviel wird verraten.«

Frage eins stellt Maja: »Reiten Sie beruflich, und was ist Ihr Beruf?« Die Antwort lautet: »Ich bin Kriegerin und Rossebändigerin, ich reite, um zu jagen und zu töten.« Plötzlich wachen alle auf und reden durcheinander, die Griechin verzieht keine Miene und wartet ab.

Plötzlich weiß ich, wo ich sie gesehen habe, und stelle laut die nächsten Fragen: »Egee«, frage ich aufgeregt, »sind Sie vielleicht auf einer Vase abgebildet?« Und schnell weiter: »Sind Sie eine Amazone, Egee? Lebten Sie etwa 1500 vor Christus? Ist heute der erste April?«

Ich lachte laut auf, und die Träumerei war damit zu Ende, ich befand mich plötzlich wieder in der Sattelkammer, betrachtete nachdenklich die Mädchen und Frauen draußen im Hof. Zu Hause würde ich in einigen Büchern nachsehen, was es mit diesen Amazonen genauer auf sich hatte. Mit diesem Entschluß schüttelte ich den Traum ab, und der ganz normale Sonntagmorgen ging seinen Gang ...

Mutig wie Löwinnen, schnell wie der Blitz, schön wie die Himmelssterne

Von der kriegerischen Amazone zur heutigen Amazone als *der* Reiterin überhaupt ist es ein weiter Weg. Und doch gehören sie zusammen – auch wenn die Amazonen von heute längst nicht mehr furchteinflößend und kriegerisch wirken. Und es immer mehr werden, während uns von den ›alten‹ Amazonen nur einige wenige Namen geblieben sind, viele Legenden und zahlreiche Abbildungen auf Fresken und Vasen, Standbilder, Plastiken und Statuen.

Kämpfende Amazone

So mächtig waren diese Frauen, und als Nachlaß sollen nur Legenden geblieben sein?! So ist es. Von ihnen selbst gibt es keine Zeugnisse. Sie sind zwar häufig, aber eben immer von anderen, genauer gesagt: von männlichen Autoren beschrieben worden, diese »Frauen, die Männern gleichen«, wie es bei Homer in der Ilias heißt.

Dichtung oder Wahrheit? fragt sich daher manche Leserin bei der Lektüre der oft blumigen und auch reißerischen Geschich-

Zenobia

Thalestris

Tomyris

ten. Womöglich ist so manchem männlichen Geist bei der Beschreibung eines kriegerischen Frauenvolks die Phantasie durchgegangen ... Den Mädchen soll zur besseren Führung von Pfeil und Bogen die Brust einseitig ausgebrannt worden sein? Auch dies gehört zu den Überlieferungen, die immer wieder vorgebracht und immer wieder bestritten werden.

Hat es denn Amazonen tatsächlich gegeben? Haben die fabelhaften Frauenvölker, die unabhängigen Frauenstaaten wirklich je existiert?

Sie haben! Amazonen sind jahrhundertelang die Erzfeindinnen der Griechen gewesen, und darum feierte ganz Attika alljährlich seinen Triumph in der Amazonenschlacht bei Athen. Doch wären die Taten dieser Kriegerinnen nicht so herausragend und ihre Lebensformen nicht so ungewöhnlich gewesen, hätten sich die Griechen wohl kaum ihrer Siege gerühmt und die Amazonen-Sagen sich wahrscheinlich nicht so lange erhalten.

Der realgeschichtliche Hintergrund der Amazonenlegenden wird mit unterschiedlichen Völkern verknüpft: Manche Historiker gehen davon aus, daß die Amazonen schlechterdings Hethiter-Frauen waren, die ihre Männer bei Kämpfen begleiteten. Auch mit den Skythen werden sie in Verbindung gebracht, sei's, daß sie sich von diesen abgespalten oder umgekehrt erst mit ihnen zusammengeschlossen haben. Die Sauromaten gelten als mögliche Nachfahren der Amazonen.

Einschlägige Altertums- und Mythenforscher wie Bornemann und Ranke-Graves sehen in den Amazonen die reale Verkörperung des Kampfes der Frauen gegen das sich immer mehr durchsetzende Patriarchat in Kleinasien.

Die berühmten »Kriegerinnen und Rossebändigerinnen« lebten vor und um 1500 v. Chr. Den Überlieferungen nach verfügten sie über große Gebiete in Nordafrika, Anatolien und am Schwarzen Meer. Die Amazonen sollen einst einen großen Teil Asiens beherrscht haben und zeitweise das gesamte nördliche Afrika mit Ausnahme von Ägypten.[2] An der Nordküste der heutigen Türkei, nahe Sinop, soll ihre sagenreiche Hauptstadt Themiskyra gelegen haben.

Von ihrem Staat im Schwarzmeerbereich aus drangen die Amazonen auf Raubzügen weit nach Süden und Westen vor: südlich bis Lykien, Arabien und zu den Persern, westlich gelangten sie bis Athen. All diese Kriegszüge nahmen sie auf dem Landweg vor[3] – gefürchtete Frauen, die wie die Teufelinnen ritten. Nach Überzeugung der Alten waren die Amazonen überhaupt die ersten, die Pferde zähmten.[4]

Sophonisba

Tanaquil

Penthesilea

Bleiben wir bei den Überlieferungen: Aus den Namen, die die Sagenerzähler den Amazonen gaben, läßt sich buchstäblich ablesen, wie diese kämpferischen Frauen im antiken Griechenland gesehen wurden. Unter den über hundert erhaltenen Namen finden wir häufig solche wie Alkippe, Melanippe, Hippothoe, Dioxippe – Zusammensetzungen mit dem griechischen ›Hippos‹, das

›Pferd‹ bedeutet. Auch in dem Namen Xanthippe, der ›emanzipierten‹ Gemahlin des Sokrates, steckt ein Hinweis auf dieses Volk. Das Wort ›Amazone‹ dient eher als Sammelbegriff für kriegerische ›Weiberhorden mit Selbstverwaltung‹, deren Abneigung gegen Männerbeziehungen wie gegen jede Dauerbindung immer wieder überliefert wird. Diese Abneigung konnte allerdings recht unterschiedliche Formen annehmen – von nur flüchtiger Zusammenkunft mit Männern über die Verstümmelung von Knaben bis hin zur Tötung von Söhnen und manchmal auch Gatten.

Das nördlich des Schwarzen Meeres beheimatete Nomadenvolk der Skythen, dem sich die noch verbliebenen Amazonen gegen Ende ihrer Geschichte vermutlich anschlossen, nannte ›seine‹ Amazonen Aiorpatai: Männertöterinnen. Trotzdem besteht hinsichtlich des »Privatlebens« der Amazonen keine einheitliche Meinung. Das in der Ilias mit ihnen verbundene Adjektiv *antianeirai* wurde sehr verschieden interpretiert: als männergleich, diesen ebenbürtig oder auch männerfeindlich.

Silbe für Silbe betrachtet, steht das Wort ›Amazone‹ für *a-mastos* oder *a-mazos,* d.h. ›ohne-Brust‹. Oder wirkt das ›a‹ verstärkend? Dann hieße es: mit besonders großer Brust. Aber es kann auch *amazosas* = dem Manne abgeneigt bedeuten oder später *azona* = Keuschheitsgürtel.[5] In jüngeren Forschungen werden Amazonen als ›Mondfrauen‹ gedeutet[6], und weniger dramatisch klingt ›Aemetzaine‹ – das ist einfach eine gesunde, starke, heroische Frau. Darin schwingt allerdings auch Gegenteiliges mit: Das Wort ›Metze‹ steht für eine liederlich ausschweifende Weibsperson.[7] Wir sehen, die Buchstaben lassen sich nach Wunsch und Willen der jeweiligen DeuterInnen drehen. So kommen sehr unterschiedliche Berichte zustande, die sich in einem Punkt gleichen: Alle sind geprägt vom Weltbild späterer Gesellschaften, in das derart starke Frauen nicht mehr paßten.

Genug der Buchstabendeuterei, lesen wir weiter: Kühn und mutig wie Löwinnen sollen sie jedenfalls gewesen sein, schnell wie der Blitz, daneben aber auch schön wie die Sterne des Himmels, erzählt der Amazonenforscher Hammes.[8] Einverstanden, das ist der Stoff, aus dem Heldinnen gemacht werden! Und in dem Buch »Mütter und Amazonen«, der ersten Kulturgeschichte der Frau aus den 20er Jahren, beschreibt die Verfasserin Sir Galahad ganz genau das amazonische Aussehen: »Ihre Tracht und Erscheinung war nach früher Tradition immer original skythisch. Lange, enge Beinkleider und Joppe, weiche, hohe Russenstiefel, eine phrygische Mütze auf dem kleinen, kühnen Kopf, in dem achatne Augen stehen sollen, grünlich schillernd wie die Flecken auf Reptilienrücken. Die ganze Silhouette wirkt wie nordischer Skidreß mit Fliegerhelm.«[9]

Ob mit Russenstiefeln oder nicht, in der Reitkunst scheinen die Amazonen ihren Zeitgenossen um einiges voraus gewesen zu sein. Anders läßt sich kaum erklären, daß ihr reiterliches Können noch Jahrhunderte später in vielen Texten und Abbildungen häufig Erwähnung fand.

Kein Wunder, denn sie kamen aus Landschaften, die zu den Stammgebieten der Pferde zählten – die wasser- und grasreichen Ebenen am Schwarzen Meer mit dem sich anschließenden Kappadokien und den weiten Steppen der Skythen.

Amazone in skythischer Tracht

Und es wird berichtet, daß die kleinen Kinder mit Stutenmilch großgezogen wurden. Mit Stutenmilch, Honig, stürzendem Blut und Wildbret! Niemals Brot, und das heißt im Griechischen, um noch einmal ›buchstäblich‹ zu werden, *a-maza* – ›die ohne Gerstenbrot leben‹.[10]

In frühester Jugend setzte die Erziehung der Mädchen ein – mit leichtathletischen und gymnastischen Übungen wurde begonnen, später kam der Reitunterricht dazu, dann die Ausbildung an den Waffen: Schwert, Streitaxt und Bogen. Die Ausbildung einer Amazonenkriegerin dauerte bis zum 18. Lebensjahr.[11]

Die Pferdezucht bot in jener Zeit einen ungeheuerlichen strategischen Vorteil – die abendländische Welt war erst viele Jahrhunderte später in der Lage, Pferde kriegerisch zu nutzen. Besonders beeindruckend wird für die Griechen darum die Pferdehaltung der Amazonen gewesen sein, und zwar nicht nur, was den Umfang betrifft – man stelle sich vor: ein Heer von 20.000 Frauen zu Pferde! –, sondern auch die Qualität. Zu dieser Zeit begann die Zucht edler Araberpferde. Ob ein Amazonenmädchen davon träumte, Züchterin zu werden? Fürs erste galt es, 20.000 arabische Pferde in der Steppe zu hüten!

Bei Lysias, einem griechischen Redner etwa 400 v. Chr., heißt es bewundernd über die Kriegerinnen: »Sie allein unter den um sie Wohnenden waren mit Eisen bewaffnet, stiegen unter allen zuerst auf die Pferde, auf denen sie, wegen der Unerfahrenheit ihrer Gegner, unvermutet die Fliehenden einholten, die Verfolger hinter sich ließen. [...] Sie galten ihrer Tapferkeit wegen mehr für Männer, als wegen ihres Geschlechtes für Weiber.«[12]

Die gerühmte amazonische Reitkunst läßt sich durch Abbildungen rekonstruieren. Die Frauen ritten im Grätschsitz, mit langem Bein und schienen sich auf dem Pferd völlig sicher bewegen zu können. Auf dem Parthenon-Fries im Tempel der Athene auf der Akropolis führt eine Amazone in rasendem Galopp die ›Schere‹, eine Drehung auf dem Pferd, aus, ihr rechter Schenkel ist noch nicht ganz herabgeglitten, und schon zielt sie auf ihre Verfolger.

Egee, Marpessa, Penthesilea – und der Kampf um Troja

Über das alltägliche Leben der Frauen wissen wir leider kaum etwas, es gibt lediglich phantasievoll ausgeschmückte Geschichten über einzelne Frauen mit wohlklingenden Namen. Da wären – Egee. Hiera. Lampedo und Marpessa. Hippolyte. Penthesilea.

Egee war eine Befehlshaberin, wie wir heute sagen würden. Sie führte 30.000 Frauen an.[13] Hiera, um 1184 v. Chr. Heerführerin in Kleinasien, kämpfte mit einer Armee von mykenischen Frauen in der Kaikosschlacht im Trojanischen Krieg.

Lampedo und Marpessa waren Schwestern und Königinnen des thermodontischen Amazonenstaats, der seine Blütezeit im 13. Jahrhundert v. Chr. hatte. Jeweils eine von ihnen ordnete die inneren Angelegenheiten des Reiches, während die andere das Heer führte, um die Grenzen zu verteidigen oder zu erweitern. Marpessa soll ein Gesetz erlassen haben, »durch welches die Weiber zu den Werken des Kriegs bestimmt, die Männer aber zu Dienst und Knechtschaft erniedrigt worden waren.«[14]

Hippolyte, ebenfalls Königin, wurde von Theseus, dem König von Attika entführt, ihre Schwestern vermutlich erschlagen. Zornig drangen daraufhin die Amazonen in Griechenland ein, plünderten Küstenstädte und belagerten Athen.[15] Und Penthesilea, von der wir noch hören werden, führte die Amazonen in die berühmte Schlacht um Troja.

Die Sage vom kriegerischen Volk der Amazonen bildet einen der beliebtesten Erzählstoffe der Antike. Besonders die Schlachten sind immer wieder Thema der griechischen Plastik und Vasenmalerei. Auch ihr Ansehen als Gegnerinnen war beträchtlich. Stolz rühmt schon Herodot, Dichter und zugleich griechischer Geschichtsschreiber: »Rühmlich haben wir auch gegen die Amazonen gehalten, als sie einst vom Thermodonfluß herkamen und in Attika einfielen.«[16]

In all den Erzählungen treten stets die großen Helden der Griechen wie Herakles, Achill oder Theseus auf. Das Prinzip ist bekannt: Je stärker der ›Feind‹, desto größer der Ruhm des eigenen Helden nach dem Sieg. So auch in der bekanntesten Schlacht: Im zehnjährigen Kampf um Troja und um die geraubte ›schöne Helena‹ erfuhren die Trojaner kurz vor dem Sieg der Griechen noch Unterstützung: Angeführt von ihrer Königin Penthesilea, zogen die Amazonen in die Stadt und in den Kampf ein. In ihrer Goldrüstung erschien die Königin den Trojanern wie eine Siegesgöttin und mobilisierte damit noch einmal zur Schlacht.

Am Tag der Schlacht wappnet sich die gerade zwanzigjährige Penthesilea[17]: Als Tochter des Kriegsgottes Ares legt sie ihre Rüstung an, ein Geschenk des Ares, nimmt die Waffen auf, ein gewaltiges Schwert, zwei Wurfspeere und die legendäre doppelschneidige Axt, ein Geschenk der Eris. Auch ihr Streitroß ist eine Göttergabe, eine halbe zumindest. Die Gattin des Nordwindes, Oreithya, hatte ihr das Pferd überlassen, »das im Laufe sich maß mit dem reißenden Sturm der Harpyien.«[18] Harpyien – laut Homer nichts geringeres als eine Personifikation der Orkane und Sturmwinde!

In der vielbeschriebenen Schlacht kämpft die Amazonen-Königin, »wie die Löwin nur nach Blute sich sehnend«[19], kämpft, treibt die Griechen bereits zurück und wird doch letztlich im Zweikampf von Achilles getötet.

Wäre es dem Helden nicht gelungen, Penthesilea im Zweikampf zu besiegen, dann hätte es kein von den Griechen erobertes Troja gegeben und die europäische Geschichte des klassischen Altertums wäre gewiß anders verlaufen! Mit dem Tod der Penthesilea endet die Geschichte der kleinasiatischen Amazonen. Und unmittelbar nach dem Sieg der Griechen über die Amazonen begann die Verehrung der Besiegten: Jeder Fleck, der an sie erinnerte, wurde Weihbezirk, jedes Grab eine heilige Stätte.

Die Nachkommen der Amazonen

Ein Teil der besiegten Amazonen wurde vermutlich nach Skythien verschlagen und verband sich dort mit skythischen Männern, eine vielleicht naheliegende – Skythen wie Amazonen besaßen in der Hauptsache Waffen und Pferde und lebten von nichts anderem als Jagd und Raub –, aber bestimmt nicht konfliktfreie Verbindung.

Herodot erzählt über den Zusammenschluß aus der Perspektive der Amazonen: »Wir führen Bogen und Speer und sitzen zu Pferde. [...] Eure Weiber aber tun nichts von dem, und wir könnten uns daher nicht mit ihnen vertragen.«[20]

Dennoch – die Verbindung gelang, der Stamm siedelte sich nordöstlich von Skythien an, und seine Angehörigen wurden später Sauromaten genannt. Seit jener Zeit, heißt es, reiten Sauromatenfrauen wie -männer gleichermaßen zur Jagd, ziehen in den Krieg und tragen die gleiche Kleidung. Hippokrates beschreibt sie: »Die Frauen in jenem Volksstamm reiten, schießen mit dem Bogen, schleudern den Wurfspeer vom Pferde herab ...«[21]

Wenn auch meist nur von den Amazonen am Thermodon die Rede ist – auch in Nordafrika wird von Amazonen berichtet. Durch das ganze Mittelalter hat sich das Wissen um amazonische Zustände erhalten, die Gründung vieler kleinasiatischer Städte wie Myrina, Ephesus und Smyrna wird auf sie zurückgeführt. In Myrina und Smyrna wurden Münzen gefunden, auf denen Abbildungen von Amazonen eingeprägt sind. In einem Reisebericht[22] ist die Rede von zwei Stämmen zwischen Schwarzem

Meer, Kaspisee, Kaukasus – dem »Volk der Jungfrauen« und dem »Volk der blauäugigen Osseten«. Der Autor stellte bei dieser Entdeckung so viele Übereinstimmungen mit den antiken Überlieferungen fest, daß er zu dem Schluß gelangte, er sei direkten Nachkommen der Amazonen begegnet. Nur Frauen trugen dort Waffen, jagten, ritten, nahmen sich Männer nach Bedarf auf Zeit und verstießen sie wieder.

In den Ländern um das Schwarze Meer sollen die Frauen einige amazonische Gebräuche bis ins 18. Jahrhundert hinein bewahrt haben: Sie trugen Männerkleider, saßen rittlings im Sattel und kämpften neben Männern im Krieg.[23]

Und zur Freude aller, die nach ›Beweisen‹ suchten, entdeckten sowjetische Archäologen 1978 in der Nähe eines moldauischen Dorfes das Grab einer Amazone, die dort im 4. oder 5. Jahrhundert mit ihrem Pferd, ihren Speeren und Pfeilen bestattet worden war.[24]

Was der Geschichtsschreiber Herodot für den Stamm der Sauromaten beschrieb, findet sich in vielen nomadisierenden Gesellschaften bis heute wieder: Diese fordern von Männern wie Frauen die gleichen Leistungen und bieten ihnen dafür die gleichen Rechte.

Die weitere Geschichte unserer ›Vorreiterinnen‹ zeigt, daß eine nomadisierende Gesellschaft vielleicht keine Garantie für völlige Bewegungsfreiheit ist, aber doch häufig eine ihrer Grundbedingungen erfüllt, denn dort, wo das Zusammenleben mit Pferden nicht zwingend notwendig ist, wird es den Frauen häufig verwehrt. So selbständig wie die Amazonen und so unbelastet von weiblichen Klischees lebten in den folgenden Jahrhunderten hin und wieder einzelne, aber nie mehr eine so große Gruppe von Frauen – mit so vielen Pferden!

Amazonenforschung kann übrigens in jedem Bücherregal fortgesetzt werden! Spuren der von Anfang an mythologisierten

Reiterinnen setzten sich in der Literatur fort. Es gilt, sie als ›Motiv‹ beim Lesen zu entdecken! Kriegerinnen, Regentinnen, androgyne Gestalten, Mannweiber – in vielen Figuren steckt ein wenig Amazone.

Ende des 16. Jahrhunderts blieb von der ›edlen‹ Amazone früherer Literatur noch eine konstante Figur: die der kämpfenden Frau in Männerkleidung. Mit Begeisterung wurden in der Literatur des 16. und 17. Jahrhunderts Frauen wie Johanna von Orléans, die jungfräuliche Königin Elisabeth und die schwedische Königin Christine beschrieben – Frauen, die Regentinnen waren und sich zu Pferde durchs Land bewegten. Kleist befaßte sich mit antiken Mythen und schrieb daraufhin das Stück »Penthesilea«. In manchen Erzählungen ziehen Mädchen in Männerkleidung in den Krieg, andere Werke kreisen um einen Amazonenstaat nach antikem Vorbild, und im 19. Jahrhundert wandelte sich das Amazonenmotiv in Richtung einer im weitesten Sinne verstandenen Frauenemanzipation.

Wie so oft, findet sich etwas Passendes bei Goethe: Im Roman ›Wilhelm Meisters Lehrjahre‹ wird Wilhelms Ideal Nathalie von ihm als Amazone bezeichnet, weil sie dem Verwundeten zu Pferde und in ›Amazonenkleidung‹ erscheint. Die von Wilhelm bewunderte Landwirtin Therese nimmt an Jagden teil und geht ihrer Arbeit im Gewand eines Jägerburschen nach. Auch Hebbel schuf mit »Judith« sein Bild einer Amazone, und in Grillparzers Stück »Libussa« beklagt diese die Männerherrschaft als eine naturferne, gewaltsame Epoche.[25]

Im Verlauf dieses Buches werden wir ihnen wiederbegegnen, den Kriegerinnen, Königinnen und anderen Befehlshaberinnen, die nicht mehr von einer gänzlich anderen Gesellschaft künden, aber von einer uns heute staunenswert anmutenden Macht und Durchsetzungskraft.

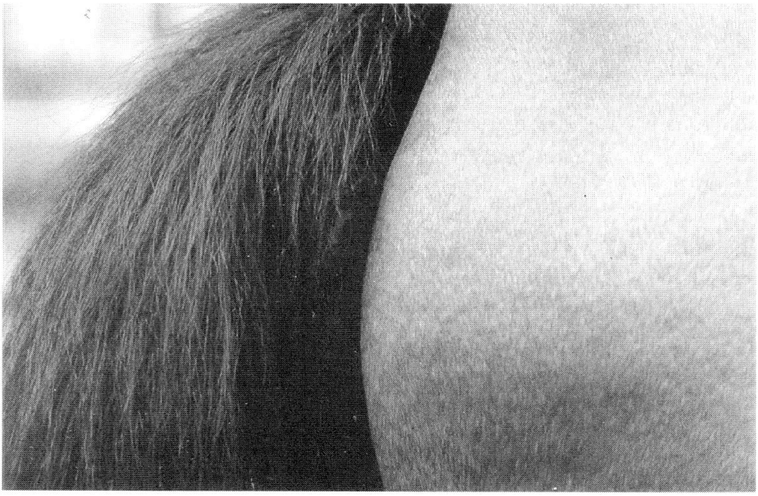

5. »... mit stürmenden Rossen, Kyniska ...«

Frauen zu Pferde im alten Orient und im klassischen Altertum

»Sie flog so leicht dahin, daß sie über die Felder ritt, ohne ein Hälmchen zu rühren, ohne eine Ähre zu knicken, und über die Flüsse, ohne ihre Sohlen zu netzen.«
Vergil über Kamilla, die Königin der Volsker[1]

Kaum war das erste Pferd gezähmt, wurde schon allerorten geritten und gefahren, wohin das Auge blickt – dabei hatte das Zähmen und Züchten von Pferden erst um 3500 v. Chr. in den südosteuropäischen Waldsteppen Eurasiens begonnen,[2] weit nach dem Domestizieren anderer Haustiere.

Die Geschichte der Reiterei nahm ihren Lauf, zu kriegerischen Zwecken, aber auch zwecks Reise und Transport, für die Jagd und zum Vergnügen wurde das Pferd nun eingespannt.

Reiter auf einer keltischen Vase des 11. Jahrhunderts

Das früheste uns bekannte Bild eines Reiters, nur 3,3 cm groß und eingeritzt auf einen Knochen, stammt aus der elamischen Hauptstadt Susa und wird auf ca. 2800 v. Chr. datiert.

Eine ägyptische Tonscherbe trägt eine der ältesten bekannten Abbildungen einer reitenden Frau. Sie wurde in Theben gefunden und um 1300 v. Chr gefertigt. Vermutlich zeigt sie die Göttin Astarde mit

Reitende Göttin, um 1300 v. Chr.

langen Ohrringen und Halskette im Grätschsitz auf einem kleinen braunen Hengst. Die Göttin trägt einen Bogen in der rechten erhobenen Hand.[3]

Über die Germaninnen und Keltinnen finden wir leider nur selten direkte Berichte. Und auch von den Frauen der nomadischen Völker Nord- und Südeurasiens fehlen eigene Aufzeichnungen. Schriftliche Zeugnisse über all jene existieren, wie schon bei den Amazonen, wieder nur bei ihren griechischen »Nachbarn«, den ersten »Historikern« wie Herodot, Homer, Tacitus und anderen.

Das Reiterinnen-Leben der Frauen stand in Abhängigkeit zu ihrem gesellschaftlichen Status und natürlich den Lebensgewohnheiten ihres Volkes. Das bei den Kelten und Germanen nachgewiesene hohe Ansehen der Frauen spiegelte sich schon in deren Sagen und Legenden wider und fand natürlich auch Ausdruck in der Reitkunst.

Schon die Kinder, Mädchen wie Jungen, lernten zu reiten, denn auch die Germaninnen waren an den Kämpfen beteiligt. Wie Tacitus berichtet, erhielten die neuvermählten Töchter Germaniens bezeichnenderweise ein gezäumtes Pferd, einen Schild, ein Schwert und einen Speer als Geschenk. Es wurden Gräber gefunden, in denen Frauen in voller Rüstung beigesetzt worden waren, und es gab Frauen, die in männlicher Rüstung kämpften, was sich häufig erst bei ihrer Gefangennahme herausstellte.

Die Keltinnen nahmen ebenfalls am Kampfgeschehen aktiv teil. »Es entsprach z.B. einem aus frühkeltischer Zeit überlieferten Brauch, daß Frauen mit der Ausbildung für das Kriegshandwerk betraut wurden. [...] Diese Frauen scheinen eine Art Kriegsschule geführt zu haben und bildeten dort junge Männer [und Frauen? Anm. d. A.] in den Waffenkünsten und auch im Reiten aus.«[4]

Für ein Wandervolk wie die Kelten war es notwendig, daß

Frauen und Männer die Reitkunst gleichermaßen beherrschten. So soll auch bei ausgesprochenen Reiternationen wie den Magyaren z.B. oder den Araberstämmen der Wüstenregionen Arabiens und Afrikas die Reitkunst der Frauen und Männer gleich gewesen sein.[5] Und besonders in Zentralasien existierten viele Reitervölker – die Mongolen beherrschten z.B. im 13. Jahrhundert weite Teile Eurasiens.

Betrachten wir zuerst die Hochkulturen des Altertums, die uns Schriften hinterließen, aus denen sich heute viele Einzelheiten nachvollziehen lassen. Zu diesen Kulturen zählen das Hethiterreich, Babylon, das ägyptische Pharaonenreich, das sich später bis zum Nil ausbreitende Reich der Assyrer und Persien, das die Erbschaft der orientalischen Weltreiche antritt; weiter östlich Indien und das chinesische Reich. Hinzu kommen die uns bekannteren (Hoch-)Kulturen: das minoische Kreta und Sparta, die beide später zum griechischen Reich gehörten, das antike Griechenland, welches sich unter Alexander dem Großen 336-323 v. Chr. bis Persien erstreckte, und schließlich das Römische Reich, das sich bis ins 3. Jahrhundert n. Chr. von Britannien bis Ägypten ausdehnte und viele der Hochkulturen unter seine Herrschaft zwang.

Vom fernen Osten und alten Orient

Der Streitwagen mit Pferdegespann wurde vermutlich im 2. und frühen 1. Jahrtausend v. Chr. im alten Orient entwickelt.[6] Allerdings gibt es auch Vermutungen, wonach Pferdewagen in China bereits im 3. Jahrtausend v. Chr. in Gebrauch waren. Jedenfalls enthält schon das älteste Schriftsystem Chinas ein Zeichen für Wagen und Pferd.[7] In China wurde das Pferd seit dem 2. Jahrtausend v. Chr. genutzt.[8] Die chinesische Mythologie kennt das zweiköpfige Pferd – und daß es als weibliches Symboltier galt, überrascht uns kaum.[9]

Ab dem 6. Jahrhundert n. Chr. erfreuten sich die chinesischen Kaiser und Kaiserinnen des Polospiels, das bei persischen Prinzessinnen bereits ab dem 7. Jahrh. v. Chr. beliebt gewesen war.

Ab dem 9. Jahrhundert n. Chr. spielten es auch die ÄgypterInnen.

Daß eine ägyptische Tonscherbe eines der ersten Reiterinnenmotive trägt, ist eher erstaunlich: Ägyptische Göttinnen bzw. Herrscherinnen ließen sich stolz stehend, den Jagdbogen im Anschlag, im zweirädrigen Wagen mit einem äußerst kunstvoll geschmückten, dynamisch hochsteigenden Pferdegespann davor darstellen, aber selten reitend. Obwohl der Gebrauch des Pferdes auch schon vor der Zeit der großen Pharaonin Hatschepsut, die 1523–1472 v. Chr. regierte, belegt ist, ist doch anzunehmen, daß die Ägypter nicht selbst die Pferdezucht und Reitkunst entdeckten und sie erst von anderen Völkern übernahmen.

Die GegenspielerInnen des Volkes am Nil waren in jenen Zeiten die BewohnerInnen des unruhigen, von Gegensätzen geprägten Mesopotamien. Auch die babylonischen und assyrischen Keilschriften des alten Orient erwähnen das Pferd sehr früh und geben Auskunft über seine Verwendung. Auf Reliefs oder Wandbildern sind auch immer wieder reitende Frauen abgebildet.

Die semitischen Geschichten berichten von Semiramis, der sagenhaften Frauengestalt, der ein realgeschichtlicher Hintergrund nicht aberkannt werden kann, auch wenn sich ihre Taten den Erzählungen nach über einen Zeitraum von eineinhalb Jahrtausenden erstrecken. Semiramis, die assyrische Königin babylonischer Abstammung, lebte von 844 bis 783 (?) v. Chr. und einte das Assyrische Reich. Während ihrer Regierungszeit (811–806) führte sie Kriege in alle Himmelsrichtungen und war wohl selbst teilweise mit den Kampftruppen unterwegs.

In der Semiramis-Sage wurde sie mit der großen babylonischen Kriegs- und Liebesgöttin Ishtar (Astarde) vermischt. Viele Legenden ranken sich um ihre Person. So soll sie bei ihren Feldzügen eine Kleidung kreiert haben, die es unmöglich machte, Männer und Frauen zu unterscheiden: die Hosentracht der Meder und Perser. Schon eher zu den geschichtlichen Tatsachen zählt der Zug der Semiramis nach Indien mit drei Millionen Fußvolk, einer halben Million Reiter(inne?)n und zehntausend Wagen.

Semiramis-Motiv. Miniatur aus der persischen Dichtung

Wie ritten Homers Schwestern, Tanten und Freundinnen durch die antike Welt, die Zeit des klassischen Altertums? Träumte auch die Tochter des Reitlehrers Xenophon vom Pferdesport?

Die Situation der Frauen Griechenlands kennzeichnete ein einschneidender Umbruch: In Anatolien wie auf Kreta und den Kykladen, in Makedonien und in Mittelgriechenland bestanden um 2000 v. Chr. noch Kulturkreise, die stark mutterrechtlich geprägt waren. Auf dem Festland dagegen führte der Sieg der indoeuropäischen »Griechen« um 1950 v. Chr. zu einer vaterrechtlich organisierten Gesellschaft, in der der Status der Frauen sich zusehends verschlechterte. In der späten Bronzezeit (1600–1200 v. Chr.) entfaltete sich auf Kreta die letzte und schönste Blüte der stark weiblich geprägten minoischen Kultur, während sich auf dem Festland nach Verbindung der frühen Griechen mit der Urbevölkerung bereits das mykenische Griechentum bildete. Seine Ritterkultur mit den Streitwagen breitete sich schnell über ganz Griechenland aus und griff letztendlich auch nach Kreta über.

Das Ansehen der Frauen nahm zum Glück nicht ›spurenlos‹ ab. Die Verehrung der Pferde bestand weiterhin, vermutlich noch stark beeinflußt von den ursprünglichen Kulten und ablesbar in der Reitweise der umgebenden Reitervölker, ganz gewiß auch der Hethiter, die als das Stammvolk der Amazonen gelten.

Gewiß waren auch die griechischen Frauen Pferdekennerinnen, denn es heißt in der Odyssee von Nausicaa, daß sie »allein den Wagen und die Rosse« regierten. Von Celeus' vier Töchtern wird dort berichtet, daß »Arete ... ohne männliche Begleitung« zur Wäsche an den Fluß fährt. Und ganz ›Pferdefrau‹ scheint die Gattin des Herkules: Von ihr wird in der Ilias behauptet, »daß Andromache eher die Pferde ihres Mannes als ihren Mann verpflegt habe«.[10]

Auf Kreta fanden sich Abbildungen einer »Herrin der Pferde«, auf denen die dargestellte Göttin von zwei sich aufbäumenden Pferden umgeben ist, dazu von Bäuerinnen, Fischerinnen und Jägerinnen, Boxerinnen und Stierkämpferinnen.

Die so alltäglich scheinende Fahrt der minoischen und mykenischen Damen auf pferdegezogenen Wagen deutet auf einen selbstverständlichen Umgang mit Pferden hin.[11] Und in der Tat finden sich selbst im sogenannten ›Heldenzeitalter‹ – hier sind mit Helden schon Männer gemeint – Frauen, die Wagen lenken. Auch Kallisto und Artemis werden noch häufig jagend und reitend dargestellt. Denn bei der Urbevölkerung stand die Verehrung der Pferde hoch im Kurs – ebenso wie bei den um 900 v. Chr. eindringenden Etruskern.[12] Es wurden Gräber etruskischer Kriegerinnen gefunden, in denen Trensen und zweirädrige Kampfwagen beigegeben waren.

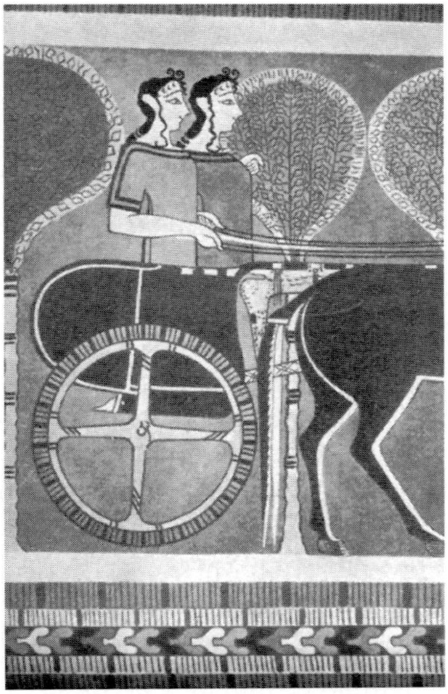

Mykenische Damen bei der Ausfahrt

Das älteste heute bekannte hippologische Werk der Weltliteratur ist von einem Hethiter namens Kikkuli um 1400 v. Chr. über das Training von Streitwagenpferden verfaßt worden. Die Pferdeliteratur und die klassische Kunst des Reitens haben jedoch ihren Ursprung in Griechenland. Bessere Reiter und Reiterinnen als die Assyrer, Perser oder Kelten waren die Griechen deshalb wohl nicht, aber durch die hinterlassene Literatur können wir über sie weitaus mehr erfahren als über andere reitende Nationen. Die bekannteste, heute immer noch häufig zitierte Reitlehre stammt von dem griechischen Historiker und Reitergeneral Xenophon (430–334 v. Chr.).

Sein Werk läßt auf einen hohen Stand an Ausbildung bei Reitern und Pferden der damaligen Zeit schließen. Von Frauen ist dort allerdings nicht die Rede … Im weiteren Verlauf des griechischen Kulturlebens wiesen die ›neuen Väter‹ den ›alten Müttern‹ eine untergeordnete Rolle zu, und der Frauensport, zu dem auch

Pferde aus mykenischer Zeit, 13. Jahrhundert v. Chr.

das Reiten gehörte, spielte für sie bald keine Rolle mehr. – Mit Ausnahmen, versteht sich! Der Stadtstaat Sparta, der 250 Jahre lang mit den Griechen im Streit lag und sich auf dem Peloponnes immer mehr ausbreitete, stellte eine solche dar. In Sparta wuchsen Mädchen und Jungen bis zum 7. Lebensjahr gemeinsam auf, und die Mädchen kämpften auch noch als junge Frauen in sportlichen Wettkämpfen mit den jungen Männern. Sie lernten reiten, tranken ihre berühmte Blutsuppe, übten sich im Starkwerden und wußten genau, wer im Staate das Sagen hatte – zwei Drittel des gesamten Grund und Bodens lag im 4. und 3. Jahrhundert v. Chr. in Sparta noch in Frauenhand![13] Da braucht es nicht viel Phantasie, sich vorzustellen, was für Frauen mit Pferde- und Landbesitz, olympischem Ehrgeiz und Reichtum, versteht sich, möglich war ... Die Pferdezucht natürlich!

Und so war Kyniska, die Tochter des Spartanerkönigs Archidamos, den PferdekennerInnen um 392 v. Chr. gewiß gut bekannt. Sie war es, die eine berühmte Pferdezucht aufbaute und, genau wie die ZüchterInnen heute, darauf brannte, ihre Pferde bei den Olympischen Spielen brillieren zu sehen. Ihr Vierergespann gewann das Wagenrennen auch gleich zweimal hintereinander – 396 und 392 v. Chr. Dies war kein alltäglicher Sieg – ein

Triumph in Olympia bedeutete in der griechischen Gesellschaft mehr als alles andere, mehr als der Sieg in einer Schlacht.

Kyniska ließ das Siegerrennen sehr kostspielig in Kalkstein meißeln und alle wissen: »[…] da zu Wagen ich siegte mit stürmenden Rossen, Kyniska, stell' ich das Bild hier auf, und es hat den Kranz von Frauen.«[14] Darstellungen von Pferden, besonders von ihren eigenen, muß sie sehr geschätzt haben: Die Vorhalle des Zeustempels verzierte sie mit Bronzepferden als Weihegeschenk und verehrte dem Göttervater darüber hinaus ein steinernes Abbild ihres Vierergespanns, mit Wagenlenker und der Züchterin selbst.

Der Stolz auf die Siege läßt auf ebenso großen Ehrgeiz schließen, der Wettkampf war keine Spazierfahrt: »In dicke Staubwolken gehüllt, jagten die Viergespanne durch den tiefen Sand der langgestreckten Bahn. Diese wird sechsmal, achtmal, zwölfmal durchmessen. […] Zuruf und eigener Ehrgeiz der Pferde, häufiger wohl noch das gute Glück, brachte den niedrigen zweirädrigen Wagen, auf dem der Rosselenker in gefahrvollster Neigung sich stehend halten mußte, um die gemauerten Kehren der Rennbahn, die, eng umfahren, häufig genug die Nabe des Rades erfaßten und den Wagen zum Sturz brachten. In das stürzende Gespann, über Lenker, Wagen und Pferde hinweg stürzten andere Gespanne, lose Pferde liefen zwischen den übriggebliebenen, man hatte Mühe, die Knäuel rasch bis zur Wiederkehr der Weiterrasenden, die das Schicksal verschonte, zu entwirren und beiseite zu schaffen. Das alles besagt nichts. Wichtig war das Rennen nur als Bestandteil des Agon, des altgriechischen Wettkampfes. Dieser aber erfüllte das Leben, war Sinnbild, war selbst der Sinn.«[15]

Das Besondere an Kyniskas Stolz war allerdings nicht nur ihr Aufwand um den Sieg, sondern auch der Hintergrund ihrer Teilnahme: Frauen war es grundsätzlich verboten, persönlich an Sportwettkämpfen teilzunehmen. Selbst das Zuschauen war den verheirateten Frauen bei Strafe nicht erlaubt. An den berühmten Olympischen Spielen konnten sich nur einige wenige Angehörige der *upper class* beteiligen, was nicht nur eine große Ehre, sondern auch mit erheblichen Kosten verbunden war. Aber seit etwa 575 v. Chr. geschah es – von den einen begrüßt, von den anderen als

Sittenverfall gegeißelt – immer häufiger, daß Söldner der reichen Familien oder anonyme Jockeys Ehren und Preise gewannen. Mittels Stellvertreter konnten so auch die Besitzerinnen der Pferde ›gewinnen‹. Und wie wir wissen – wenn Frauen zu den Pferden wollen, gelangen sie auch dorthin. Andere Frauen folgten bald Kyniskas Beispiel, züchteten oder kauften Pferde, ließen sie laufen und gewannen. Die Spartanerin Euryleonis lief Kyniska einige Olympiaden später den Rang ab: ihre Pferde belegten den ersten Platz im Zweier-Gespann-Rennen. In der 128. Olympiade 268 v. Chr. siegte Berestiche und angeblich auch Berenike Ernergetes, die Gattin von Ptolemaios III.[16]

Noch zu Platos Zeiten, im 4. und 5. Jahrhundert v. Chr., hatten unsere Vorreiterinnen ungehindert aufsitzen dürfen. Plato schrieb, »daß nämlich auch die Frauen die gleichen Übungen durchführen müssen; und diesen Vorschlag möchte ich äußern, ohne wegen des Reitens und der Gymnastik Bedenken zu haben, daß diese zwar Männern, aber nicht Frauen angemessen sein könnten.«[17]

Stute mit Füllen aus Olympia

Zu dieser Zeit zeigte ›man‹ sich schon gerne hoch zu Roß, so wie heutzutage im offenen Sportwagen. Aus der feierlichen Verehrung der Pferde und der anspruchsvollen Reitkunst war längst die praktische Reiterei entstanden. Mit einem einfachen Zaum ausgestattet, saßen Frauen – übrigens selten nur im Seitsitz – und Männer auf dem blanken Pferderükken! Erst ab dem 5. Jahrhundert wurde es etwas bequemer, gelegentlich wurde eine Decke, das Epihippion, aufs Pferd gelegt.[18] Nur eine Decke als Sitzhilfe auf feurigen Pferden? mag die heutige Reiterin ungläubig fragen. Doch selbst diese Decke fand die Verachtung der großen Meister. Xenophon mokierte sich über die Perser, denn die »häufen mehr Decken auf ihre Gäule als auf ihre Betten«.[19] Die GriechInnen ritten meistens ganz ohne Hosen und andere Unterkleidung! »Die nackte Menschenhaut«, notiert Trench, »vorausgesetzt, sie ist abgehärtet und daran gewöhnt, gewährt einen guten Schluß am Pferdeleib, namentlich wenn beide, Mensch und Tier, leicht transpirieren ...«[20] Eine frühe Form von Ganzleder-Reithosen, gewissermaßen? Verständlich, daß es den Reitenden schwerfiel, Xenophons Reitanweisungen zu folgen und mit langem Bein zu reiten. Die meisten Abbildungen zeigen Reitende mit leicht angewinkelter Beinhaltung. – Und welche Damen gaben die Vorbilder für die vielen Abbildungen von Amazonen ab, die so vorbildlich entspannt auf dem Pferd sitzen? Womöglich entspannt reitende Griechinnen?!

Droschke, bitte! Die Frauen im alten Rom

Von den reitenden Spartanerinnen und Griechinnen zu den Römerinnen ist es in den Geschichtsbüchern quasi ein Pferdesprung, und doch begegnen uns grundverschiedene Sitten. Die Römer waren in der Hauptsache ein wagenfahrendes Volk mit einem viel sachlicheren Verhältnis zum Pferd: Es galt nicht als vorwiegend edel, schön und verehrungswürdig wie bei den Griechen, sondern als ein vielseitig verwendbares Tier, geeignet zum Kauf, Tausch, als Waffe und als Repräsentationsmittel.[21]

Auch in den Kriegszügen und Schlachten der Römer spielten Pferde eine gewichtige, wenn auch nicht ganz so dominante Rolle wie bei anderen Völkern. Hatten die Pferde zu den Kriegserfolgen nicht viel beigetragen, so waren sie dafür bei den Festlichkeiten um so wichtiger – und Festtage gab es nicht selten über hundert im Jahr!

Nach griechischem Vorbild hatten die Römer eine ganze Anzahl von Rennbahnen, vor allem für Wagenrennen. Die größte, mit 600 m Länge und 150 m Breite, befand sich im Circus Maximus in Rom und bot 200.000 ZuschauerInnen Platz. Die siegreichen Fahrer und Fahrerinnen wurden gefeiert wie große Helden. – Fahrerinnen? Ja, die römischen Frauen griffen viel stärker als die griechischen in das intellektuelle und politische Leben ein, nahmen auch an soldatischen Dingen Anteil und griffen durchaus zu den Waffen.

Nicht nur als Reiterinnen: Die Gattin des brutalen Caligula

Römische Wagenlenkerin

gab ihrem Gatten das Aphrodisiakum Hippomanes – Schleim von der Stirn neugeborener Fohlen oder aus der Scheide von Stuten –, worauf der Berühmtberüchtigte in geistige Umnachtung fiel.[22] Ob sie das beabsichtigt hatte?

Vielleicht haben die römischen Reiterinnen sich die etruskischen Frauen zum Vorbild genommen, die für artistische Reitkunst bekannt und für ihre selbstbewußte Lebensart berüchtigt waren. Stolz kutschierten sie im Carpentum umher, einem zweirädrigen Karren mit gewölbtem, vorn geöffnetem Verdeck, der von zwei Pferden oder Maultieren gezogen wurde. Aber wer sich Etruskerinnen zum Vorbild nahm, sagte das lieber nicht laut: Die römischen Männer waren entsetzt vom etruskischen Gebaren. Diese Frauen setzten sich bei Tisch nicht an die Seite ihres Ehemannes, wurde empört festgestellt, sondern freimütig neben jeden, der ihnen gefiel, und prosteten ihm auch noch dreist zu!

Auf jeden Fall mag es die leicht zum Luxus zu verführenden römischen Frauen verlockt haben, das Carpentum zu benutzen. Fahren und Reiten waren für die Bürger und Bürgerinnen Roms neben leichter Gymnastik die beliebtesten Sportarten.

So ließen die römischen Damen sich stets nur kurze Zeit und unter viel Protest vom Fahren abhalten, wenn wieder einmal Fahrverbote über sie verhängt wurden. Die berühmte »Lex Oppia« von 213 v. Chr., mit der die Römerinnen mit Blick auf die Kriegskasse zum Luxus-Verzicht verdonnert worden waren, »hatte bestimmt, daß Frauen nicht mehr als eine halbe Unze Gold besitzen, kein buntes Kleid tragen und außer zu religiösen Zwekken innerhalb Roms (oder einer Landstadt) und Umgebung nicht im Wagen fahren durften.«[23] Der Vorschlag, all dies zwanzig Jahre später wieder zu erlauben, stieß bei vielen männlichen Römern auf Ablehnung, woraufhin die römischen Frauen das Haus zweier Volkstribunen, die für das Gesetz waren, belagerten, die Straßen der Stadt und die Zugänge zum Forum Romanum besetzten und die zum Forum gehenden Männer belästigten, auch die hohen Staatsbeamten und Konsuln! Die renitenten Römerinnen hatten Erfolg, das Gesetz wurde wieder aufgehoben.

Vornehme römische Damen bei der Ausfahrt, entspannt zurückgelehnt, auf weichen Kissen in dem schaukelnden leichten Einachser oder, mit mehr Gepäck, im Pilentum, einer prunkvollen vierrädrigen Kutsche: Das Umherfahren war vermutlich der Inbegriff des luxuriösen Straßenlebens. Zudem war das Sehen und Gesehenwerden garantiert, denn feiertags stand man in Rom überwiegend im Stau: die Straßen waren ständig verstopft.

Aber wehe, sie wurden von ›niederem Fußvolk‹ aufgehalten, die schönen Eleganten – da soll doch, um nur eine zu nennen, Claudia, die Schwester des Konsuls Claudius Pulcher, im Jahre 246 n. Chr. laut ausgerufen haben, ihr verstorbener Bruder möge wieder lebendig werden und im Krieg Flotten verlieren! Grund: Sie war, wie so oft, mit dem Wagen im Trubel der Stadt steckengeblieben und wünschte sich eine »Dezimierung des Gesindels«.[24]

Etliche Frauen zogen den etwas beweglicheren Ausritt vor und ließen sich im Schritt durch die Menge tragen. Das beliebteste Reitpferd war der »Mannus«, ein gallisches Pony, zierlich und temperamentvoll. Die Frauen saßen auf seinem bloßen Rükken. Erst ab 340 n. Chr. kamen kräftige Sättel mit hohen Holzbögen auf, und Steigbügel folgten noch viel später. Ohne Sattel auf einem temperamentvollen Pferd mitten in einer unberechenbaren Menge zu sitzen, das bedarf häufiger Übung, um ein Genuß zu sein!

Von Cloelia und anderen mutigen Reiterinnen

Das erste römische Reiterstandbild, zu dem sich später die ›verweichlichte Jugend‹ in Sesseln tragen ließ, wie es bei Seneca heißt, galt einer Frau, der Römerin Cloelia. Sie war mit anderen Mädchen 507 v. Chr. dem Rom belagernden Etrusker Porsenna als Geisel gegeben worden. Aber Cloelia akzeptierte ihre Lage nicht und trat schon bald die Flucht durch den Fluß an. Ob nun mit allen Mädchen gemeinsam, zu Pferde oder allein: sie flüchtete aus dem Lager der Etrusker, schwamm, von Pfeilhagel verfolgt, durch den Tiber und gelangte zurück in die Stadt. Dort wurde sie zwar bejubelt, aber – versprochen ist versprochen! – zurückgebracht. Cloelias Äußerungen an dieser Stelle sind nicht überliefert ... Immerhin war Porsenna selbst so entzückt über diese Kühnheit, daß er ihr ein Pferd mit Geschirr schenkte.[25]

Römische Pferde-Mädchen hatten gewiß mehr als ein Idol – aber alle sprachen mit Sicherheit von Kamilla, der Königin der Volsker, jenes indoeuropäischen Stammes, mit dem wahrscheinlich die Pferde einst auf die römische Halbinsel kamen. In Vergils »Äneis« können wir über die kühne Kamilla lesen und mit den römischen Mädchen von ihren Reitkünsten nur träumen: Sie ritt wie eine Amazone, mal mit Pfeil und Bogen, mal mit Lanze und Streitaxt bewaffnet: »Wenn sie auch einmal mit ihrem Rosse umlenkte und weichend über den Plan hinflog, so wendete sie doch noch den Bogen rückwärts und schickte im Fliehen einen Pfeil ab.«[26]

Andere standfeste Frauen begaben sich direkt in die Arena: Zeitgenössische Schriftsteller berichten von Gladiatorinnen. Eine von ihnen, Essedria, kämpfte direkt von einem Streitwagen herunter. Dies ging jedoch etwas über das gängige Frauenbild im alten Rom hinaus und fand keineswegs einhelligen Beifall. Es entrüstete sich nicht nur Tacitus über die Damen, die sich »mit der Schande des öffentlichen Auftretens beflecken«. Aber wo viel Geschrei, da ist erfahrungsgemäß auch viel los! Die Gladiatorenkämpfe, in denen Frauen gegen Frauen und auch gegen Männer antraten, waren nicht das einzige bestaunenswerte Ereignis: Versteht sich, daß die Frauen Roms auch als Wagenlenke-

Kamilla, die kühne Königin der Volsker

rinnen und Rennreiterinnen in die Arena preschten! Wie die Männer zusätzlich mit Sturzhelm ausgestattet, ein Messer am Gürtel. – Ein Messer? Um im Notfall die am Gürtel befestigten Zügel durchschneiden zu können! Die ZuschauerInnen liebten Nervenkitzel, und dafür wurde fast alles getan.

Für die FahrerInnen bei den Reiterwettbewerben der Saturnalien des Jahres 90 n. Chr. waren aufeinanderprallende Gespanne, Unfälle und Stürze an der Tagesordnung und durchaus gewollt. Nach dem Passieren einer weißen Linie ging es keineswegs um Schnelligkeit, wie man beim Wagenrennen meinen könnte, sondern eher um größtmögliche Gemeinheit und Brutalität.

Nach so viel brachialem Getümmel erholen wir uns ein wenig beim vermutlich ältesten Ballspiel der Welt, vom Dichter Nizami beschrieben …

»ritten wie Löwinnen in flammendem Eifer ...« Persische Reiterinnen beim Polospiel

»Dann kam sie heraus wie der Frühling, schön wie ein türkisches Götterbild, mit glänzenden Narzissenaugen, ein reicher Strauß üppiger Rosen und an Behendigkeit und Beschwingtheit dem Flug des Vogels nichts nachgebend. Ja, so gewandt war die Anmutige, daß sie zehn Schritt hoch in den Sattel sprang. Und dann ritt sie so rasch, daß sie, der Himmelssphäre gleich, die Erde zu umzirkeln und mit den Hufen ihres Rosses den Wind an den Boden zu nageln schien ...«[27]

Polo...

Die Sonne brennt heiß, wir suchen uns einen Schattenplatz. Der Klang der Instrumente, des Elefantenspiegels und der Tuben hebt an, Muschel- und Signalhörner ertönen und dann die heiteren Flöten. Aha! Da applaudiert schon das begeisterte Publikum, das ganze Heer ist angetreten, alle mit gekrümmten Schlägern und vergoldetem Zaumzeugschmuck, und begrüßt mit Zurufen – die schöne Königin Humai. Ihre Majestät bedurfte heute der Zerstreuung, sie hatte befürchten müssen, daß ihr eigener Sohn, Darius II., gegen sie mobil machen würde.[28] Der Hofstaat hatte ihr höflichst Vor-

...spielerinnen

Sport unter Hochdruck: Polospiel persischer Prinzessinnen

schläge unterbreitet: mit dem Falken zur Rebhuhnjagd oder vielleicht mit dem Panther die Gazelle jagen? Oder ob die Königin nicht mit dem Hunde auf Hasenjagd will oder vielleicht doch lieber Polo spielen?

Im Galopp erscheint sie nun zum Spiel, in kostbarer Kleidung und mit einer Krone auf dem Kopf, sitzt auf dem wendigen scheckigen Turnierpferd, welches prächtig gezäumt – herrlich bäumt sich der Hengst, setzt die Hinterhand tief unter, schnaubt vor Aufregung. Königin Humai reitet mit kurzen Bügeln, steht fast, wie eine Bogenschützin. Und sogleich fängt es an: Von ihrem Pferd aus schlägt sie mit einer Stange nach einer Holzkugel, dem Zieltor entgegen. Selbst für die geübte Spielerin ist das anstrengend. Polo ist gleichsam ein Sport unter Hochdruck: Galopp, plötzliches Anhalten, Richtung wechseln und wenden, und das alles auf einmal, ist unerhört schwer für Roß und ReiterIn. Gute Reitkünste sind noch nicht genug, es bedarf eines scharfen Auges und des nötigen Kampfgeistes. Und der Sitz muß absolut sicher sein, wie sonst sollte die Königin den plötzlichen Angriffen standhalten oder den heftigen Stopps? Jedes Wettspiel zerfällt in vier oder sechs sogenannte Chukkers von jeweils nur sie-

Persische Prinzessinnen beim Polospiel

beneinhalb Minuten, mit Pausen dazwischen. Im Hintergrund begleiten Musiker mit Trommeln das Geschehen. Heute ist Humai nicht zufrieden: nach zwei schnellen Chukkers muß sie ihr Pferd auswechseln, mehr als drei kann auch das gut trainierte Lieblingspony nicht schaffen. Das Spiel ist zu Ende. Die Musik klingt aus, das Publikum zerstreut sich, und wir lassen uns noch etwas von Literatur zerstreuen:

Der große persische Dichter Nizami (1140–1202) beschreibt ein Polospiel der siebzig Mädchen, die »ritten wie Löwinnen in flammendem Eifer vor ihrer Königin Schirin aufs Feld; an Mut glich eine jede dem Isfandiar, in der Kunst des Bogens waren sie dem Ritter Rustam ebenbürtig, im Schießen wäre Sijawusch nicht wert gewesen, ihre Pferdedecke zu tragen, und sie spielten Polo so gut, daß sie den Ball von der kreisenden Welt mausten.« Aber selbstverständlich waren sie auch wunderschön: »Die zypressenschlanken Mädchen banden die Köcher um ihre Hüfte, zypressengleich saßen sie in ihren Sätteln, ihre Gesichter waren wie vom Schleier des Mondlichts übergossen ...« Als Chusrau, der König, »diese zwitschernden Vögel gleich Tauben auf der Wiese, bei ihren Angriffen aber den Falken ähnlich«, erblickte, sagte er zu seiner Gemahlin Schirin: »Laß uns galoppieren ...«[29]

Die damalige Sportwelt war gewiß im Polofieber. Es gab Polo auf Eseln, es spielten Männer gegen Frauen, eigens spielten Frauen-Polo-Musikkapellen, deren Tanzmädchen auch auf dem Spielfeld vertreten waren. Polo erfreute alle Herzen, aber es dichtete die chinesische Kaiserin Yang um 1270: »Das Polo ist nicht ein Spiel zum Vergnügen, der Reitkunst tiefster Sinn ist unvergessen.«[30]

Ja, wo liegt der Reitkunst und des Reitens tiefster Sinn? Wie es in der alten Sprachwurzel des Wortes ›reiten‹ noch anklingt, ist es »in Bewegung sein, reisen, fahren.«[31] Und in Bewegung waren sie schon vor Jahrtausenden und sind es bis heute – die nomadischen Völker.

> *»Dirsse Chans Weib wandte sich ab und kehrte um. Aber sie beruhigte sich keineswegs, sondern bestieg, gefolgt von ihren vierzig Mädchen, ihr Beduinenroß und machte sich auf die Suche nach ihrem Sohn. Sie ritt dem Berge Kasilik zu, dessen Eis und Schnee weder im Sommer noch im Winter schmelzen, und gelangte im Eilritt aus der Tiefe hinauf zu höheren Gegenden. Als sie dort umherspähte, sah sie Raben und Krähen in ein Tal hinabstoßen und wieder emporfliegen, sich niederlassen und wieder aufsteigen. Da spornte sie ihr Beduinenroß und ritt in diese Richtung ...«*[32]

Hunnen, Skythen, Kirgisen und Mongolen sind wohl die bekanntesten zentralasiatischen Reitervölker. Für das alte Zentralasien ist eine unabhängige Stellung der Frau ausdrücklich belegt; der Perserkönig Kyrus verlor gegen eine Königin der Massageten Schlacht und Leben. Ebenso ausdrücklich belegt ist der selbstverständliche Umgang mit Pferden. Auf Jahrmärkten saß alles Volk zu Pferde, Kaufende wie Verkaufende. Hoch zu Roß wurde gehandelt, dazu der unverzichtbare Tee und die Stutenmilch getrunken, und die Waren, selbst wenn es Schafe und Kälber waren, vor oder hinter dem Sattel transportiert.

Ein großer Teil der Reiternomaden durchwanderte Osteuropa, vermischte sich mit den dort ansässigen Völkergruppen und beeinflußte auf diese Weise die östliche Kultur.

Statt wie in Westeuropa mit relativ lang nach vorn gestrecktem Bein zu reiten, saßen OsteuropäerInnen locker, entspannt und beweglich. In der Hauptsache bewegten sie sich im Schritt und Galopp, bevorzugte Gangarten, um die langen Wanderungen zu überstehen.

Bei allen diesen ›wilden‹ Völkern ritten die Frauen genauso wie die Männer, bereits die Kinder waren von klein auf mit Pfer-

Darstellung des Spiels »Baige« oder »Kyz-buri«

den vertraut. »Mütter reiten mit dem Säugling an der Brust.«[33] Noch um 1800 wird von einer nomadischen Wanderung berichtet, bei der eine Torgotin wegen einsetzender Wehen zurückblieb. Sie gebar ihr Kind, wickelte es in Stoff ein, saß wie gewöhnlich auf und ritt zum nächsten Lagerplatz.[34]

Auch fürs Flirten gab es Varianten zu Pferde: »Das Mädchen springt auf ein schnelles Pferd, nimmt ihre Reitpeitsche in die Hand und ruft dem jungen Hirten zu: ›Ich will das Wolfsmädchen (Kyz-beri) sein; wer mich haben will, muß mich fangen.‹ Die Mädchen pflegen bei diesem Spiel bis zum letzten Rest ihrer Kraft zu reiten. Sie haben es jedoch jederzeit in der Hand, die Jagd abzubrechen. Sie brauchen nur ›danke‹ zu sagen, und die Burschen lassen sie sofort allein und begeben sich achtungsvoll von dannen.«[35]

Der Alltag von Nomadenfrauen hat sich seit Jahrhunderten kaum geändert und rückt uns durch Forschungsberichte heutiger EthnologInnen etwas näher. Wir können uns anhand der Berichte das Lagerleben gut vorstellen:

Ein Nomadenlager im Altaigebirge. Da hütet eine knapp

achtzigjährige Viehzüchterin noch immer stolz vom Kamelrükken aus ihr Vieh. Morgens hat sie gewiß wie gewöhnlich bereits zweimal ihre Stuten gemolken, wie sie das alle zwei Stunden zu tun hat in der ›Pferdemelkzeit‹, die allerdings nur etwa dreißig Tage dauert. Dann wird das begehrte ›Airak‹ hergestellt, ein leicht alkoholhaltiges Getränk aus fermentierter Stutenmilch. Aber die alte Frau trinkt ebenso gern den mit Salz und Butter zubereiteten Tee, er wärmt am besten bei den rauhen tibetischen Temperaturen. Die Teeblätter reicht sie zum Schluß noch den Pferden als Futter.

Die alte Frau mag nicht mehr mithelfen beim Grasschneiden, das sollen die Jüngeren tun. Heu ist ein Luxusgut, das den kostbaren Pferden als Winterfutter dient. Gerade nähert sich eine junge Verwandte, sie trägt eine spitze Kopfbedeckung, viele bunte Perlen und etwa hundert Zöpfe, in die sie Perlen aus Türkis, Korallen und Glas eingeflochten hat. Diesen Schmuck trägt sie immer, aber an manchem Tagen legt sie zusätzlich ein für unsere Vorstellungen erstaunliches Make-up auf: es bedeckt Wangen, Schläfen und Augenbrauen und wird hergestellt, indem man Molke in einer kleinen Schale so lange kocht, bis sie schwarz geworden ist und sich verdickt.

Als nächste in der Frauenrunde galoppiert vielleicht ein Mädchen auf einem Pferd vorbei. Die Kleine ist etwa sieben Jahre alt und hütet mit ihrem nicht wesentlich älteren Bruder schon eine Herde. Ihre Mutter ruft ihr etwas zu, das Mädchen steigt vom Pferd, lassoschwingend fängt es eine ältere Ziege aus der Herde. Der Haushalt braucht heute Fleisch … Vor wenigen Tagen erst ist die Gemeinschaft an diesen Platz gezogen – manche Hirtengruppen ziehen bis zu zwanzig-, bis zu dreißigmal im Jahr um. Unvorstellbar schnell geht so ein Umzug: In weniger als einer Stunde können Nomadenfamilien ein Lager abbrechen und alle Habseligkeiten verladen.

Dann nehmen die Erwachsenen die größeren Kleinkinder vor sich in den Sattel, während die Säuglinge in einem Korb transportiert werden. Aber die Kleinen lernen früh, sich im Sattel zu halten, blinzeln aus braunen Gesichtern in die Sonne und sind stolz, schon ein Packpferd führen zu dürfen. Nein, diese Menschen gehen nicht viel zu Fuß, die meisten Haushalte besitzen mehrere Pferde, und mindestens eines davon bleibt den ganzen Tag über gesattelt neben der Wohnstatt angebunden, damit es sofort zum Hüten, Einkaufen und Besuchemachen verfügbar ist.

Die alte Frau schlurft zurück ins Lager. Nach alter Sitte begrüßt sie einen Gast, indem die beiden gegenseitig ihre Stirn berühren und fragen: »Du hast hoffentlich keine Schwierigkeiten gehabt?« Sie setzen sich in die Abendsonne und genießen die letzte spärliche Wärme.

So mögen junge und alte Frauen durch die Jahrhunderte ihre Tage verbracht haben. Weniger ruhig und friedlich ging es allerdings zu, wenn Raubzüge unternommen wurden. Frauen beteiligten sich ebenfalls daran, wie Historiker immer wieder erstaunt anmerken.

Die Skythen beispielsweise gelten unter anderem als die ›ErfinderInnen‹ des Caravan, des Wohnwagens. Die nomadischen ViehzüchterInnen unter ihnen hatten in vier- oder auch sechsrädrigen Wagen ihren ständigen Wohnsitz; die Wagen waren mit Fellen gedeckt und innen mit zwei oder drei Abteilen ausgestattet.[36] Die Frauengräber dieses sehr künstlerischen Volkes sind ebenso reich ausgestattet wie die der Männer und zeugen von besonderer Ehrung durch die Beigabe von Reitpferden. Die bisher entdeckten Skythengräber im Altai zeigen eindrucksvoll die enge Verbindung von Frauen und Pferden: geschmückte Sarkophage und Grabgaben, bestehend aus gleichfalls reich geschmückten Pferden, manchmal mit Masken und gesattelt und geschirrt. Das Grabmal Kurgan tuekta II enthielt einen geschmückten Baumsarg und die Leiche einer Frau mit Schmuck und Lederkleidung und acht Pferden.[37]

Auch wenn uns heute suggeriert wird, Frauen blieben, wenn's gefährlich wurde, dicht am Herd – sie blieben nicht! Sie ritten los, sie ritten mit, sie kämpften, offen oder verkleidet für ihre Interessen oder für das Volk, zu dem sie gehörten. Auf im Galopp ins nächste Kapitel, zu den Soldatinnen und Revolutionärinnen zu Pferde!

Marfisa Guerriera

6. »Das Schlachtroß steigt, und die Trompeten klingen«

Kriegerinnen und Revolutionärinnen hoch zu Roß

»Und wie ich sie so die Lanze schwingen sah, schenkte ich ihr ein Pferd.«[1]

DIES BERICHTET der Herzog von Alençon, tief beeindruckt von der jungen Reiterin. Die nahm das Angebot gern an und ergriff Pferd, Lanze und Wort – Jeanne d'Arc. Wie sie griffen viele Frauen reitend und mit Waffen streitend ins Weltgeschehen ein und verblüfften damit ihre Zeitgenossen.

Dieses Kapitel durchkreuzt die Mär von der weiblichen Friedfertigkeit und offenbart zugleich den Beitrag der Frauen zu einer langen und traurigen Epoche in der Geschichte der Pferde: ihrer Nutzung im Krieg. Entsprechend unfriedlich geht es zu, wenn im folgenden auftreten: Germaninnen, Keltinnen und eine italienische Freiheitskämpferin, die Gründerinnen Prags, französische und deutsche Revolutionärinnen und ein englisches Amazonenheer im Ersten Weltkrieg …

In welcher Epoche sie auch ritten und stritten, die bewaffneten Frauen fanden nur selten den Beifall der ›Herren Kameraden‹. Gerichtsurteile, viele Karikaturen und diffamierende Darstellungen zeugen davon. Denn den Zusammenbruch lange gewohnter Geschlechterrollen hielt auch der stärkste Revolutionär nicht aus! Kaum etwas hat die zeitgenössischen Schriftsteller und Chronisten mehr irritiert als eine Frau in Waffen. Aber solange sie bei der Verteidigung befestigter Orte oder revolutionärer Ideen auf der ›richtigen‹ Seite kämpfte, verehrten die Zeitgenossen mit großem Respekt ›ihre‹ Heldinnen – und scherten sich nicht um Widersprüche.

Mailändische Schriftsteller sprachen so mit Hochachtung von ihrer »Virago«, der Amazone Bianca Maria Sforza, die 1452 mit einem kleinen Heer die Aufrührer gegen ihren Mann, den Herzog von Mailand niederwarf.[2]

In diesem Kapitel geht es nicht darum, einen Überblick über kriegerische Auseinandersetzungen zu geben, sondern Frauen zu Pferde vorzustellen, die sich in der Geschichte bewegten, sie mitbewegten an ihrem jeweiligen Ort, für ihre jeweiligen Ideale.

Amerikanerin, gegen den Alkoholkonsum anreitend

Von Heerführerinnen und einem Mädchenkrieg

Lärm schallt aus Germania: Soeben fordert die mutige Brunhilde den mächtigen Wodan zum Kampf heraus. Die Germaninnen waren allesamt als recht kriegerisch bekannt. Nomen est omen – wer Brunhild, Gerburg, Helmdrud oder ähnlich heißt ...

Dabei war die germanische Gesellschaft mit der Zeit eher eine Männergesellschaft geworden. Das öffentliche Leben war eine Angelegenheit für Germanen männlichen Geschlechts, auch zur Volksversammlung hatten Frauen keinen Zutritt. Doch das war nur eine Seite des Lebens; Religion und Spiritualität blieben weiterhin Wirkungsbereiche der germanischen Frauen, die nach wie vor großes gesellschaftliches Ansehen genossen. Die Germaninnen wurden gar von den Männern verehrt, »doch nicht aus Schmeichelei, noch als machten sie Göttinnen aus ihnen«, schreibt Tacitus verwundert. »Ja, sie schreiben den Frauen etwas Heiliges, Seherisches zu und verschmähen nicht ihren Rat, überhören nicht ihren Bescheid.«[3]

Verschmähten nicht den Rat und nicht die tatkräftige Unterstützung – auch andere römische Autoren verweisen ausdrücklich auf die germanischen Frauen, die mit Waffen in der Hand am Kampfgeschehen teilnahmen oder zuschauten und durch Schreie und Rufe den Kampf unterstützten. ›Körperliche‹ Beweise dafür fanden in den Markomannenkriegen (166–180 v. Chr.) die Legionäre: Unter den gefallenen Germanen entdeckten sie auch die Leichen bewaffneter Frauen; ein Jahrhundert später wurden im Kampf gefallene Gotinnen in Waffenrüstung gefunden.

Tacitus schreibt gleich mehrfach über die »germanischen Weiber«, über ihre Zaubergesänge bei der Schlacht, ihren im Angesicht drohender Gefangennahme gewählten Freitod ... und darüber, daß die Kampfesstimmung dieses Volkes sich selbst auf die Aussteuer der Braut auswirkte: Die frisch vermählten germanischen Gattinnen erhielten von ihren Ehemännern ein gezäumtes Pferd und Waffen, nämlich Schild, Schwert und Speer. Das alles fiel später nicht der Familie zu, sondern blieb im Besitz der Braut. »Damit die Frau nicht wähne, sie stehe außerhalb der Wechselfälle des Krieges, wird sie durch die feierlichen Wahrzeichen gleich

Königin Boadicea mit Streitwagen, 1. Jahrhundert n. Chr.

zu Beginn der Ehe gemahnt, sie komme als Gefährtin der Mühsale und Gefahren; im Frieden wie im Kampfe werde sie dasselbe zu dulden und zu wagen haben wie der Mann. So soll sie leben, so in den Tod gehen«,[4] erklärt Tacitus die Bedeutung der Hochzeitsgaben. Eine Variante des heutigen »Bis-daß-der-Tod-uns-scheide« – oder eine frühe Form der Lebensversicherung? Der passende Fund: unter den sogenannten »Moortoten« um 350 v. Chr. befanden sich auch Frauen in voller Rüstung.

Die germanischen ReiterInnen waren allesamt wegen ihrer Kriegskunst sehr gefürchtet. Caesar berichtet, deren Schnelligkeit sei so groß gewesen, »daß sie, mit den Händen in die Mähne der Rosse greifend, so schnell liefen wie die Pferde«[5]. Besonders gefürchtet waren die »Doppelkämpfer« – Reiter, die zu zweit angriffen und sich gegenseitig deckten. Und all das begleitet vom Kampfgeschrei der Frauen in der Schlacht ... Wer jetzt im Geschichtsbuch blättert, wird das Hermannsdenkmal doch mit ganz anderen Augen betrachten, oder?

War denn nur Germanien mit solchen Heldinnen versehen? Keineswegs – »Wir Briten sind an Frauen als Heerführerinnen gewöhnt«, erklärt stolz Boadicea[6], die Anführerin der Icener, eines Stammes im Osten Englands. Wenn sie dabei vor allem an die keltische Geschichte denkt, hat sie mehr als recht: Die Geschichtsschreiber berichten von den Kriegerköniginnen Tomyris, von Boadicea und Cartismandua. Boadicea, die bekannteste von ihnen, »war hochgewachsen«, notiert der griechische Schriftsteller Dio Cassius, »gar furchterweckend in ihrer Erscheinung, und ihr Auge blitzte. Dazu besaß sie eine rauhe Stimme. Dichtes hellblondes Haar fiel ihr herab bis zu den Hüften, den Nacken umschlang eine große, goldene Kette und der Leibrock, den sie trug, war buntfarbig ...«[7] Sie befehligte im Jahre 60 n. Chr. den Aufstand der Briten gegen die Römer. Nachdem Boadicea von römischen Beamten brutal mißhandelt und ihre Töchter vergewaltigt worden waren, lehnte sie sich gegen die Römer auf und wurde von allen britischen Stämmen als oberste Anführerin im Kampf anerkannt. Der schon erwähnte Dio Cassius schreibt: »Die Person indessen, welche die Briten vor allem aufreizte und zum Krieg gegen die Römer beredete, welche ihrer Führung für würdig erachtet wurde und das gesamte Kampfgeschehen leitete, war Boudicca, eine Britin aus königlichem Geschlecht und klüger, als Frauen gewöhnlich sind.« Klug oder nicht – für die patriarchalischen Römer war das Schlimmste, daß ihre Niederlagen von einer Frau verursacht wurden: »All das Unglück aber brachte ein Weib über die Römer, was an sich schon ärgste Schmach für sie bedeutete.«[8]

Scheinen diese berittenen und bewaffneten Frauen schon ungewöhnlich, wieviel erstaunlicher klingen da die Geschichten von kriegerischen Reitermädchen, die nichts weniger als einen unabhängigen Staat zu gründen versuchten!

Zu Beginn des achten Jahrhunderts n. Chr. begab sich die folgende Geschichte von der tschechischen Königstochter Libussa und dem ›Mädchenkrieg‹. Der tschechische Häuptling Krok hinterließ drei Töchter: Teta und Kascha waren Priesterinnen und Seherinnen, Libussa, die jüngste, wurde von den Böhmen zur Herzogin auserkoren. Ihren herzoglichen Gemahl wählte Libussa auf sehr romantische Weise: Sie schickte, einer Weissagung folgend, ihr weißes Roß aus, das den ›Richtigen‹ finden sollte. Das Tier führte die ungeduldigen Fürsten lange und weit fort, bis zu einem Feld, an dem ein Bauer saß, der dort sein Mittagsmahl verspeiste, nicht ahnend, wie sehr das Pferd, das plötzlich vor ihm auftauchte, sein Leben verändern würde.

Zusammen mit dem so erwählten Mann, dem Bauern Przemysl, regierte Libussa fast vierzig Jahre und wurde die Gründerin der Stadt Prag.[9] Sie hielt sich eine nur aus jungen Mädchen bestehende berittene Leibwache, die sie oft auf der Jagd begleitete. Diese Frauen ließ sie im Sport, aber auch im Lesen und Schreiben ausbilden.

Nach Libussas Tod wollte Przemysl die Leibwache auflösen, doch das ließen die Mädchen sich nicht gefallen. Wortführerin Wlasta sammelte die Schar um sich und verfügte bald über eine Truppe von 800 gut trainierten jungen Frauen. Unter der Führung von Wlasta begann im Jahre 736 der Mädchenkrieg, der manchen Quellen zufolge acht Jahre dauerte, nach anderen sogar zwölf. Zwei Festungen wurden dafür errichtet, und nachdem die Beziehungen sich weiter verschlechtert hatten, kam es zu schweren Kämpfen.[10]

Die Gruppe um Wlasta war offensichtlich eng verbunden mit Pferden, und ihr Reitstil scheint dem ostasiatischen geähnelt zu haben. »Vor der Burg richten sie einen großen Platz für ihr tägliches Training ein; dort reiten sie wilde Pferde, üben sich im Bogenschießen …«[11], notiert ein entsetzter Zeitgenosse.

Wlasta tat noch etwas Ungewöhnliches, das eigentlich wert wäre, am Reiterinnenstammtisch erwähnt zu werden: Sie erließ ein Gesetz, heißt es, in dem den Männern vorgeschrieben wurde, nur mit geschlossenen, auf der linken Seite herabhängenden Beinen zu reiten … Na, der Abreiteplatz wäre ein schönes Ausflugsziel für die heutigen Reiterinnen geworden – leider endete diese Ära der Reitermädchen mit ihrer Niederlage. Fünfzig Reiterinnen hatte Wlasta in eine Verhandlung entsandt, die alle niedergemetzelt wurden. Es folgten erbitterte Kämpfe, beim letzten fiel die Burg der Mädchen.

Vielleicht hat Ibrahim Ibn Jakub, ein arabischer Geograph, die Urenkelinnen dieser Mädchen kennengelernt. Er reiste um 970 n. Chr. durch Ost- und Mitteleuropa und schrieb über die Bewohnerinnen einer geographisch nicht genau bestimmbaren »Stadt der Frauen«: »Sie reiten zu Pferde, führen selbst Krieg und besitzen Mut und Tapferkeit.«[12]

Die Legenden um die Frauen im Gefolge der Libussa nehmen in den östlichen Legenden beträchtlichen Raum ein, doch auch im Hochmittelalter werden im Osten Europas nicht selten Reiterinnen und Kriegerinnen besungen.

Wie beispielsweise im Loblied auf Johanna von Flandern, die

im 14. Jahrhundert nach der Gefangennahme ihres Gatten die Führung der Truppen übernahm: »Sie zeichnete sich durch persönliche Tapferkeit aus ebenso wie der beherzteste Mann. Sie schwang sich auf jedes Pferd weitaus geschickter als jeder Stallmeister. Inmitten einer Schar bewaffneter Männer schlug sie sich wie der mutigste Feldherr ...«[13]

Vielleicht auch nicht wortwörtlich zu nehmen, aber im Kern gewiß immer noch beeindruckend genug sind die Geschichten über Margarete die Schwarze, die 1283 gestorbene Königin Dänemarks. Pferdefrau mit Pferdetrick: Sie ließ die Hufeisen ihres Pferdes verkehrt herum anbringen, um ihre Verfolger zu täuschen. In so mancher Schlacht focht sie an der Spitze ihrer Truppen. Und beim Aufbruch zur Schlacht von Bornhöved hatte sie es mehr als eilig: da schwang sie sich mit solcher Kraft auf ihr Pferd, daß ihr Fußabdruck auf einem großen Stein noch heute sichtbar ist ... Eine 45 Kilogramm schwere Goldkrone soll sie getragen haben, und selbstverständlich war sie sehr schön, sehr kräftig und sehr groß![14]

Ein Bauernmädchen bewährt sich

Legenden und Wunderbares in großer Anzahl finden sich über jene weltberühmte junge Französin, die 1412 geborene »Jungfrau von Orléans«, »das Mädchen«, wie sie sich selbst nannte – oder einfach: die Jungfrau, ›la Pucelle‹. Jeanne d'Arc ist zweifellos die am häufigsten behandelte historische Frauengestalt der Weltliteratur – mehr als 2500 Werke beschäftigen sich mit ihr, Dichtungen, Dramen und Opern. Die Nationalheldin und Heilige der Franzosen wirkte für ihre Zeit eher wie ein junger Mann. Das sprengte die Vorstellungen vom weiblichen Geschlecht und gab Anlaß, ihre geschlechtliche Identität gleich mehrere Male von höchster Stelle aus untersuchen zu lassen. Der Befund lautete jedoch immer: Jeanne ist eine (Jung-)Frau.

»Wer bist du, mächtig Wesen?« fragt der König das Mädchen in Schillers berühmtem Drama »Die Jungfrau von Orleans«. Das »mächtig Wesen« trat im letzten Viertel des sogenannten

Ein Bauernmädchen greift ein: Jeanne d'Arc

Hundertjährigen Krieges, der von 1338 bis 1453 zwischen England und Frankreich tobte, in Frankreichs Geschichte ein

Das dreizehnjährige Bauernmädchen hatte Stimmen gehört, Stimmen, die ihr befahlen, dem französischen König zu Hilfe zu eilen, die Engländer aus Frankreich zu vertreiben und Karl den VII. nach Reims zur Krönung zu führen. Das Mädchen vertraute nicht nur dem Gehörten, sondern offenbar auch der eigenen Kraft, alle Aufgaben zur göttlichen Zufriedenheit erledigen zu können. Als ersten besiegte Jeanne den Kommandanten der nahegelegenen Stadt Vaucouleurs: In Windeseile setzte sie bei ihm durch, daß sie im Januar 1429 vom König in Chinon empfangen wurde. Obendrein stellte man ihr dafür ein Pferd mit Sattel und Zaum, ein Schwert und auf ihr ausdrückliches Verlangen auch Männerkleidung.

Jeanne d'Arc inmitten von Kriegern

Johanna zog tatsächlich an die Front, begeisterte die städtische Bürgerwehr und die Männer der königlichen Armee, und bald gaben die Engländer eine Bastille nach der anderen auf. In den Schlachten führte sie zwar nicht das Kommando, aber ihr Angriffsgeist riß die Soldaten mit und bestimmte so militärische Entscheidungen. Ein Augenzeuge berichtet, Jeanne sei in weißem Harnisch, eine kleine Streitaxt in der Hand, auf einem schwarzen Kampfroß gesessen.[15] Das Tragen von Männerkleidung hat sie bis zu ihrem Tode beibehalten.

Johanna wird in vielen Quellen als leidenschaftliche Reiterin beschrieben. Als Bauernmädchen konnte sie natürlich mit Pferden umgehen; ein schweres Schlachtroß zu führen, mußte sie allerdings erst lernen. Es scheint ihr wenig Mühe gemacht zu haben, denn Probleme mit schwierigen Pferden löste sie bald auf ihre ganz persönliche Weise: »Und ich sah sie«, schreibt ein Chronist, »auf einem großen schwarzen Kampfroß. Dies führte sich aber an der Tür ihres Logis sehr wehrig auf und litt nicht, daß sie aufsaß. Da sagte sie: ›Bringt es zum Kreuz!‹, das sich vor der Kirche nahebei am Wege befindet. Und da saß sie auf, ohne daß sich (das Roß) bewegt hätte, als ob es gefesselt wäre …«[16]

Beobachter wundern sich darüber, daß Johanna tagsüber fast nie vom Pferd stieg. Auch von den Kampfhandlungen um Orléans ist zu lesen: »Und es ist wahr, sie hatte in voller Rüstung, vom Morgen bis zum Abend, ohne abzusteigen, ohne zu trinken und zu essen, zu Pferde gesessen …«[17] Die einzige Marscherleichterung, die sich Jeanne d'Arc gönnte, bestand offensichtlich darin, daß sie den schweren Helm unterwegs abnahm.[18]

Die Jungfrau schwingt das Schwert

Im Kampfgetümmel erwies sie sich als Kriegerin, sicher auf dem Pferd und im Umgang mit den Waffen. Reiterlich eindrucksvolle Szenen schildern die Chronisten: »Man führte das Pferd – eines der edelsten – vollständig gesattelt und gezäumt zu ihr. Vor aller Augen schwang sie sich in den Sattel, ohne den Fuß in den Steigbügel zu setzen.«[19] Und eines Abends, beim Umritt in Orléans, setzte ein Fakkelträger die Standarte Johannas in Brand. Da gab sie »ihrem Pferd die Sporen und wendete es so elegant zu dem Feldzeichen, um das Feuer zu ersticken, als ob sie seit langer Zeit im Kriege gestanden hätte. Darüber wunderten sich die Kämpfer gewaltig und die Bürger von Orléans auch.«[20]

Wer oder was Jeanne letztendlich die Kraft zu alledem verlieh, bleibt trotz zahlloser Quellen offen. Vielleicht hat der Dichter ihr Motiv gut erahnt, wenn er sie sprechen läßt: »Es treibt mich fort mit Sturmes Ungestüm/ Den Feldruf hör ich mächtig zu mir dringen/ das Schlachtroß steigt, und die Trompeten klingen …«[21]

Ihr »Ungestüm«, ihre Überzeugungskraft und Begeisterung, trieb die Franzosen in eine energische Vorwärtsstrategie, so daß in rascher Folge weitere Loire-Städte befreit und am 18. Juni 1429 die englische Armee entscheidend geschlagen wurde. Kurz darauf wurde Karl VII. in der Kathedrale zu Reims zum rechtmäßigen König gekrönt. Kleine reithistorische Anmerkung: Die Gemahlin des Königs saß auf dem Weg zur Krönung hinter dem Thronfolger auf der Kruppe des Pferdes unter einem geschmückten Baldachin ...[22]

Das Ziel Johannas und der ›Stimmen‹ war erreicht, doch das Ende der Geschichte ebenso spektakulär wie sein Beginn: Die Siegesserie riß ab. Von den Burgundern gefangen und den Engländern ausgeliefert, wurde ›la pucelle‹ als Ketzerin verurteilt und am 30. Mai 1431 auf dem Scheiterhaufen verbrannt.[23]

Das Bauernmädchen Jeanne folgte wie viele andere, weniger bekannt gewordene, ihrem Gewissen. In den Bauernkriegen standen Frauen mit Roß und Wagen bereit. Ein Holzschnitt von 1548

zeigt deutlich, daß das aufständische Volk nicht nur aus Männern, sondern auch aus Frauen und Kindern, teils zu Pferde, bestand. Die namenlosen reitenden Kämpferinnen und unsere wenigen bisher entdeckten Geschichten von Reiterinnen lassen ahnen, wie viele da noch zu entdecken wären.

Im Dreißigjährigen Krieg waren Marketenderinnen zu Pferde dabei. Sie griffen nicht in den Kampf ein, gehörten aber mit zum kriegerischen Geschehen. Manche kamen zu zweifelhafter Ehre, wie die berüchtigte Gaunerin Katherine Ilsabe B. oder Anna Sophie Meyers, Falsette genannt; am bekanntesten wurde die »Erzbetrügerin und Landstörzerin Courage«.

Titelblatt der Erstausgabe von Grimmelshausens »Die Landstörzerin Courage« von 1683/1684: »Nimm hier das Huren-Weib in Acht/ die ihren Männern Hörner macht/ und freie klüglich mit Bedacht«

Wer hätte gedacht, daß Frauen in Waffen zu späteren Zeiten sogar *en mode* kommen würden: Am 4. März 1791 berichtete das ›Journal des Luxus und der Moden‹: »Beynahe könnte ich Ihnen jetzt etwas von neuen Moden in Taschen-Gewehren, Dolchen, Sack-Pistolen, Säbel- und Degen-Stöcken, als in den schönen Außenseiten unsrer Herren *und Damen* melden. Wer hätte denken sollen, daß unsre frohmütigen, singenden Pariser dahin kommen würden, bei ihrem Flakon, goldnem Souvenir, Necessaire, Fausse-Montre und Bonbonniere, auch einen Italienischen Dolch und ein Paar Sack-Pistolen zu tragen ...«[24]

Wir schreiben die Zeit der Französischen Revolution, und obwohl in ihr ständig Frauen mitkämpften, wirkte es weiterhin provokativ, wenn eine Waffen trug, und wenn sie sich dazu mit ihrer

Karikatur einer frz. Amazone: »Generalkommandantin der Sansculottes oder ›ohne Hosen‹ bei der Frz. National Garde«

Marsch der Frauen nach Versailles

eigenen Überzeugung profilierte, um so mehr. »Einige Dirnen«, hetzt der Schatzmeister Fougeret, »darunter Mademoiselle Théroigne, gehen mit Vorliebe in den Tuilerien und im Palais-Royal im Reitkleid, mit Pistolen am Gürtel, spazieren.«[25]

Dirnen? Bewaffnete *Amazonen* waren die Frauen der Jahre 1789–1799! Zumindest ein Großteil von ihnen wollte die Feinde der Freiheit das Fürchten lehren. Théroigne de Méricourt und der Klub der »Revolutionären Republikanerinnen« bemühten sich darum, weibliche »Amazonenheere« aufzustellen.

Wer war denn diese Théroigne im Reitkostüm, deren Name heute noch für Widersprüchliches steht? ›Hure‹ und ›Heilige‹, die zwei bekannten Grobklischees für eine geschichtemachende Frau, wurden auf sie stets angewendet. Ihr Amazonenkostüm allein hätte sicher kein solches Aufsehen erregt, ein Reitkleid dieser Art war üblich. Es hatte den Vorteil, mehr Bewegungsfreiheit zu bieten als andere Kleider und galt sogar als ideale Reisegarderobe. Nur: Die Zeitgenossen, die Théroignes Amazonenkostüm beschrieben, begegneten im Jakobinerklub oder bei den Sitzungen der Nationalversammlung einer politisch begeisterungsfähigen, heftig diskutierenden jungen Frau. Eine Dame aber macht keine Politik – erst recht nicht im Reitkleid! Ein ungewöhnliches Element ihrer Kleidung kam hinzu – der umgeschnallte Säbel!

Gerüchte und Diffamierungen prägten Théroigne de Méricourts Ruf. Der französische Schriftsteller Lamartine schrieb ihr eine Führungsrolle in der Revolution zu: »In den Oktobertagen hatte sie die Pariser Weiber nach Versailles geführt. Sie war zu Pferde neben dem schrecklichen Jourdan [...] hergezogen und hatte den König nach Paris zurückgeführt; ohne zu erbleichen war sie hinter den Köpfen der Gardes du Corps, die als Siegeszeichen auf Piken getragen wurden, hergeritten.«[26]

Théroigne, die zwar Aufsehen erregte mit ihrem Säbel und »operettenhaften« Aufzug, hat an diesem Marsch nicht teilgenommen, das Pferd ist dieser Amazone angedichtet worden!

1792 hatte der Kampf um die Revolution die Grenzen des Nationalstaats überschritten, Frankreich erklärte den Gegnern, die sich längs der französischen Ostgrenze aufgebaut hatten, den Krieg. Auch viele Frauen eilten zu den Waffen – und den Pferden, versteht sich.

Weibliche Soldaten waren historische Realität: In den Quellen lassen sich zweiunddreißig Frauen finden, die regulär in der französischen Armee dienten; ihre wahre Zahl dürfte aber weitaus höher gelegen haben. Erstaunlicherweise überwogen die jungen Frauen, die aus patriotischer Begeisterung am Krieg teilnehmen wollten, gegenüber den Gattinnen, die ihren Männern nachfolgten.

Bereits 1792 hatte die legislative Versammlung eine von über 300 Frauen eingereichte Petition dankend abgelehnt. Ihr Inhalt: die Frauen wollten zu den Waffen und die Sache der Revolution verteidigen. Etliche von ihnen setzten sich über die Ablehnung hinweg, indem sie als Männer verkleidet in den Reihen der Soldaten mitkämpften. Solange dies nicht offiziell wurde, waren sie geduldet. Häufig genug zeichneten sie sich auch aus, wie die erst 17jährige Reine Chapuy, die auch nach ihrer Entdeckung als Frau unverzüglich in der Kavallerie weiterreiten wollte.[27]

Auf dieselbe Weise trat Mademoiselle Anne Quatresold aus dem Departement Loire mit sechzehn Jahren in die Armee ein und nahm von 1791 bis 1794 an vielen Schlachten teil: »Bei der Führung der Pferde der Artillerie in der Armee der Vendée und im Norden, bei den Belagerungen von Lille, Aachen, Namur, Maastricht, Dünkirchen, bei der Schlacht von Hondschoote, wo zwei Pferde unter ihr getötet wurden.«[28] Eine Petition im Konvent am 19. Januar 1794 zeigt den drastischen Einsatzwillen der jungen Soldatin. »Der Lärm der Kanonen, das Pfeifen der Gewehr- und Haubitzenkugeln haben, weit davon entfernt, mich einzuschüchtern, meinen Mut nur verdoppelt [...]. Mein einziger Ehrgeiz besteht darin, daß meine Dienste positiv vom Konvent aufgenommen werden, und daß ich von ihm die Zustimmung erhalte, diese beim 24. Kavallerieregiment fortsetzen zu dürfen, das ich mit einem unausdrückbaren Bedauern verlassen habe. Möge mir meine Bitte gewährt werden. Ich fliege an meinen Posten zurück. Ich werde, wenn es möglich ist, Mut und Einsatz noch verdoppeln. Und ich werde der Republik beweisen, daß der Arm einer Frau genausoviel wert ist wie jener eines Mannes.«[29]

Denkmal Anita Garibaldis

In Italien wurde zu Beginn des 19. Jahrhunderts Anita Garibaldi (1817–1849) zur verehrten Heldin des italienischen Freiheitskampfes. Sie war Adjutantin ihres Mannes. Die Schriftstellerin Ricarda Huch schildert sie: »Sie trug den schwarzen Filzhut mit der schwarzen Straußenfeder der italienischen Legion, einen weißen Mantel, wie Garibaldi, über ihrem Reitkleide, ihre Gestalt war eher klein als groß, in dem braunen Gesicht fielen die dunkeln fragenden Augen und der leidenschaftliche Mund auf. Infolge ihrer Schwangerschaft erschien sie weniger zierlich und geschmeidig als sonst, aber sie bewegte sich mit der sinnlichen Anmut und dem unbewußten Stolz ihres Volkes.«[30]

Ihr Mut und ihre Tapferkeit in gefährlichsten Situationen wurden immer wieder hervorgehoben. »Anita legte unglaubliche Beweise ihres Muthes und ihrer Kaltblütigkeit an den Tag«, schrieb die ebenfalls berühmt gewordene spätere Gattin Garibaldis, Elpis Melena, in dem zweiten Band der Erinnerungen Garibaldis. Die Adjutantin Garibaldi hatte sich zu Pferde einem Hauptschauplatz eines Gefechtes genähert, »als ein Trupp feindlicher Reiter, die einige Flüchtlinge verfolgten, sie überholte und auf die Hüter des Trosses losstürzte. Anita hätte ihren Ritt beschleunigen und bald einen Raum zwischen sich und ihren Verfolgern lassen können; doch ihre Seele schien jeder Furcht unzugänglich und erst dann, als der Feind sie umzingelte und jede Rettung unmöglich war, spornte sie ihr Pferd zu einem kühnen Sprung an. Schon glaubte sie sich durch seine Behendigkeit gerettet, eine Kugel hatte ihr Haar nur leicht gestreift, – doch als eine zweite Kugel das tapfere Tier unter ihr zu Boden streckte, war an Entkommen nicht mehr zu denken. Sie mußte sich ergeben.«[31] Der Heldin gelingt, natürlich, die Flucht, die Verfolger lassen sie, ihrerseits erschrocken, ziehen ... »Und in der That es war ein übermenschlicher Anblick, jenes beherzte Weib auf einem feurigen Rosse – das sie irgendwo von einem Bauern erbeutet hatte – in jener stürmischen Nacht beim Schein der Blitze im sausenden Galopp die jähen Abhänge und Pässe hinauf- und hinabsprengen zu sehen!«[32] Anita liebte »jenes schöne Soldaten-, jenes köstliche Reiterleben«, und die Reiterstatue, die in Rom für sie errichtet wurde, zeigt sie mit hocherhobener Waffe in der Hand und einem Säugling im Arm.

... ritt eine üppige Weibsperson mit roter Feder am Heckerhut

In der deutschen Revolution von 1848 gab es mehrere berittene Kämpferinnen. Elise Blanker kämpfte an der Seite ihres Mannes und ritt »vor der Legion, in Hose und Stiefeln, in brauner Bluse und Ledergurt«. Und dann war da noch Amalie Struve, von der es heißt, sie habe trotz ihres ausdrücklichen Wunsches kein Pferd erhalten ... Die berühmteste Reiterin in der deutschen Revolution ist aber Mathilde Franziska Anneke. Die Soldatin, Journalistin und Pionierin für Frauenrechte lebte von 1817 bis

1884. »Mein Leben soll mehr sein als nur ein Schatten von Glück«, schrieb sie entschlossen, und im Jahre 1849 ritt die junge Frau bereits mit im badisch-pfälzischen Revolutionsheer.

Als Kind war die kleine »Tilly« stadtbekannt und fast nur zu Pferde zu sehen gewesen, andere neideten ihr das und redeten hinter ihrem Rücken über sie. Das Mädchen kannte jeden Weg, jede Anhöhe, jeden Bachlauf in der Umgebung von Blankenstein, ritt auf ihrer ›Isabella‹ kreuz und quer durch ihre Heimat Westfalen und entwickelte bei diesen Ritten genug Selbstvertrauen und Mut, um ihr Leben in den späteren Jahrzehnten entschlossen in die Hand zu nehmen.

Mathilde Franziska Annecke

Sie ließ sich aus der ersten unglücklichen Ehe scheiden und ist damit eine der ersten Frauen, die das seit 1794 gesetzlich verankerte Scheidungsrecht wahrnahmen. Sie versuchte, sich und ihr Kind mit Schreiben zu ernähren, veröffentlichte Gebetbüchlein und Gedichtsammlungen, Reisebeschreibungen, Erzählungen und Gedichte.

Im Winter vor der 1848er Revolution gibt sie eine Schrift zur Frauenfrage in Druck: »Das Weib im Conflict mit den socialen Verhältnissen.« 1847 geht sie ihre zweite Ehe ein, mit dem revolutionär eingestellten Fritz Anneke. Mathilde unterstützt in den nächsten Jahren die revolutionären Bestrebungen, arbeitet doppelt und dreifach, als der Mann im Gefängnis sitzt, schreibt und zieht ihre – mittlerweile sieben! – Kinder groß.

Als Fritz Anneke sich Ende 1848 dem pfälzischen Revolutionsheer anschließt, bringt sie die Kinder bei Freunden unter, besorgt sich Reitkleider und zieht mit. »So bin ich denn«, schreibt sie an eine Freundin, »auf dem vier Wochen langen Zug in manchem Kugelregen, insbesondere in dem heißen Gefecht bei Übstadt, gewesen, ohne von einer Kugel getroffen zu sein.«[33]

Reiten konnte sie »wie ein Kerl«, heißt es, und so war es ihr möglich, mitzuhalten, als »Freischärlerin« für ihre Ideale zu kämpfen. In ihren »Memoiren einer Frau aus dem badisch-pfälzischen Feldzuge« notiert sie über ihre erste Nacht beim Volksheer: »Ich ritt an der Seite meines Gatten neben unseren Kanonen das Pferd des Adjutanten. Es ging mit tiefem Schweigen durch die Nacht; nur das Gerassel der acht bis zehn Geschütze und das Murmeln des Felsbachs, welcher unzählige Mühlenräder hier trieb, lies sich auf unseren Wegen vernehmen, so wie alle hundert Schritt das ›Werdarufen‹ der Feldwacht haltenden Volkswehr. Meine Erscheinung mußte den Männern des Gebirges etwas fabelhaft vorkommen ...«[34]

Als Meldereiterin überbringt sie Informationen. Ein Augenzeuge schreibt über sie: »Vor einer Legion, ich weiß nicht mehr, vor welcher, ritt eine üppige Weibsperson, eine rote Feder auf dem Heckerhut, Brille auf der Nase, angetan mit einem Reitkleide aus schwarzem Samt.«[35] Sie wurde bestaunt, mißtrauisch beobachtet und als Blaustrumpf, als Mannweib verspottet, ihre Tapferkeit und Reitkunst fanden in der Öffentlichkeit keinerlei Anerkennung.

Noch im Ersten Weltkrieg ist übrigens die Rede von englischen Amazonenheeren. In der »Sittengeschichte des Ersten Weltkrieges« verzeichnen die zeitgenössischen Sozialhistoriker Hirschfeld und Gaspar tatsächlich ein solches Heer – es setzte sich aus Frauen und Mädchen aller Klassen im Alter von achtzehn bis vierzig Jahren zusammen, unter ihnen Stenotypistinnen, Lehrerinnen, Verkäuferinnen. Die Frauen wurden von Unteroffizieren der Armee gedrillt. So wie Mrs. Haverfield, Witwe eines Kavallerieoffiziers und die eigentliche Begründerin der Frauenarmee. Gefragt, ob sie denn glaube, daß ihre weiblichen Krieger im Kampfe zum Einsatz kämen, antwortete sie: »Ich hoffe stark, daß es dazu kommen wird. Es kommt natürlich darauf an, ob sich die Gelegenheit hierzu bieten wird. Im übrigen aber sind diese Übungen auch für die Frauen selbst sehr gut; denken Sie nur an die Tausende, die an Reiten und Jagen gewöhnt sind. Alle diese müßten eigentlich im Felde, in den Lagern als Meldereiter und zu vielen anderen Zwecken verwendet werden. Und würden es auch, wenn wir nicht so furchtbar konservativ wären.«[36] Auf jeden Fall, so äußert sie entschieden, seien sie imstande, einer deutschen Landungsarmee einen ›warmen Empfang‹ zu bereiten …

Im Ersten Weltkrieg machte auch die Engländerin Flora Sanders von sich reden, die ihre Erfahrungen als »Englischer weiblicher Feldwebel in der serbischen Armee« in einem Buch mit demselben Titel veröffentlicht hat. Flora Sanders war den ganzen serbischen Feldzug über an der Front, zu Pferde.

Auch in den achtziger Jahren unseres Jahrhunderts planten Reiterinnen ihren Beitrag zu Märschen, wenn auch mit anderem Ziel. Die Frauen versahen ihre Pferde mit Plakaten und begleiteten sommers die »Friedensmärsche« dieser Zeit. Wie all die anderen Amazonen zogen sie engagiert für ihre Ideale durchs Land, machten reitend Geschichte – zu unserer Erleichterung diesmal für Frieden und Völkerverständigung.

»Der Mai«; aus dem Stundenbuch des Duc de Berry, nach 1400

7. Es krachten die Lanzen beim Damen-Turnier

Von der ritterlichen zur akademischen Reitkunst – vom Mittelalter in die Neuzeit

»Man hieß die Frauen von den Pferden heben, ich nahm das Hebeeisen und hob manche klare Fraue ab.«[1]

Es KRACHTE GANZ SCHÖN beim Damen-Turnier; Brüche gab's, Prellungen und Quetschungen, etliche Pferde gingen lahm, und die Lanzen splitterten nur so. Die siegreichen Damen waren stolz und ließen sich feiern, den anderen war die Lust auf Turniere erstmal vergangen! In Abwesenheit der Männer, so berichten Quellen, habe das Frauen-Turnier stattgefunden ... Die Frauen einer Stadt am Rhein nahmen sich die Rüstungen ihrer Gatten und kämpften heftig gegeneinander. Eine »Jungfrau«

wurde eindeutige Siegerin, die anderen waren »übel zugerichtet«. – Vereinzelte Hinweise auf weitere Turniere von Frauen finden sich zwar gelegentlich, auch ein Bericht über eine Frau, die die Rüstung anlegt und ihrem Mann folgt, »ritterliche Kämpfe nicht vermeidend, sondern sich in ihnen auszeichnend«.[2] Die Hauptbeschäftigung der Damen beim Turnier lag jedoch eher darin, sich besingen und bedichten zu lassen und tapferen Turnier-Recken ihre Gunst – oder doch mehr? – zu gewähren … Die Rede ist vom Minnesang, denn wir sind im Mittelalter, einer Zeit, die sich immerhin über rund ein Jahrtausend erstreckte.

Nicht zuletzt die Angriffslust und Schlagkraft der östlichen Reitervölker hatte die abendländischen Ritter in ihre eisernen Rüstungen genötigt; hauptsächlich aus militärischen Gründen entstand der ›Berufskriegerstand‹ der Ritter. Dazu prägten die Dichtkunst des Orients und seine philosophischen Anregungen die höfische Kultur.

Alte Balladen und Ritterromane schildern eine Gesellschaft, in der männliches Streben offenbar dahin geht, die Bewunderung von Frauen zu erringen. Die nordischen Skalden erklären sogar, überhaupt alles, was Männer tun, diene dazu, die Dame zu beeindrucken![3] Wenn Frauen zusahen, ließen sie den Motor aufheulen, pardon, gaben ihren Pferden die Sporen, damit »die Damen und Mädchen bereitwillig aufschauen, wenn wir vorüberreiten«.[4] Die ›edlen Damen‹ wurden wegen ihres Geistesreichtums und selbstverständlich wegen ihrer Schönheit verehrt (und wegen ihrer irdischen Güter strategisch verheiratet). Für jeden ihrer Liebesbeweise verlangten sie Zeichen der Tapferkeit und des Mutes. Zeitweilig hieß es sogar, kein Mann vermöge ohne die Inspiration, die er durch die bloße Verheißung (!) der Liebe seiner Dame erhielt, zu kämpfen, und der Minnesänger Wolfram von Eschenbach schrieb gar vom ›Liebestaumel‹, der einen Ritter so unbesiegbar mache wie einen Berserker.[5]

Unbesiegbar? Berserkerhaft? Zumindest im Wettstreit wollten die Damen solche Helden in Augenschein nehmen: Sie reisten von Turnier zu Turnier, zu Pferde, versteht sich, applaudierten und ließen sich huldigen, ganz so, wie der Chronist Keighton aus dem 14. Jahrhundert berichtet: »Eine große Anzahl Damen höchsten Ranges und von ausgezeichneter Schönheit wohnten diesen Turnieren bei ... Sie reiten prachtvolle Pferde mit reichem Sattel und Zaumzeug, und in einem solchen Aufzug begeben sie sich von einem Ort zum andern, Turniere aufsuchend.«[6]

Die etwas skurrile Turniergeschichte einer ›Dame‹ läßt sich bei Gottfried Keller nachlesen: Darin nahm die Jungfrau Maria die Gestalt eines jungen, trägen, aber frommen Ritters an, der im Turnier um die Hand einer schönen jungen Witwe kämpfen wollte. Sein Gegner rannte mit angelegter Lanze auf ihn respektive Marien ein. »Unbeweglich erwartete ihn die Jungfrau, Mann und Pferd schienen von Erz, so fest standen sie da, und der arme Kerl, der nicht wußte, daß er mit einer höheren Gewalt stritt, flog unversehens, als er auf ihren Speer rannte, während der seinige wie ein Halm an ihrem Schild zerbrach, aus dem Sattel und lag auf der Erde. Unverweilt sprang die Jungfrau vom Pferde, kniete ihm auf die Brust, daß er unter der gewaltigen Stärke sich nicht rühren konnte, und schnitt ihm mit ihrem Dolche die beiden Schnäuze mit den Silberglöcklein ab, welche sie an ihrem Wehrgehänge befestigte, indessen die Fanfaren sie oder vielmehr den Zendelwald als Sieger begrüßten ...«[7]

Was auch immer der Autor uns hiermit sagen wollte, wir nehmen die kleine Erzählung als deutlichen Hinweis auf die Kraft ritterlich kämpfender Frauen. Zeitgenössischer werden in den »Chansons de geste«, den altfranzösischen Heldenliedern, die Aktivitäten der Rittergattinnen nach dem Auszug ihrer Männer in den Kampf besungen – wobei wohl keine Damen-Turniere gemeint waren: Die stolzen Recken wußten genau, daß sie ihren Edeldamen nicht nur gestickte Gobelins zu verdanken hatten, sondern die Verwaltung der Güter während der häufig längeren Abwesenheit des Hausherrn. Versteht sich, daß das Reiten für die Adelsfrau eine unerläßliche Voraussetzung war, um den Überblick über das Territorium zu wahren.

In der Blütezeit des Rittertums war der Umgang mit Pferden für Männer wie Frauen ein alltäglicher, dennoch gab es keinen Reitsport im eigentlichen Sinn. Trotz Minnesang und hehrer Ideale war ein Turnier mehr kriegerisches Manöver als Sportfest! Ein Ritter mußte sein Pferd nicht nur ohne Schenkelhilfen, sondern zeitweise auch ohne Hilfe der Hände, mit denen er ja Schild und Lanze oder das Schwert zu führen hatte, sicher beherrschen. Erleichternd war gewiß die Tatsache, daß die schweren Pferde beim Angriff meist nur geradeaus liefen. Der Sitz war anfangs ein gemäßigter ›Stuhlsitz‹, die Ausrüstung militärisch streng, aber zunächst nicht brutal. Doch die immer schwerer werdende Bewaffnung und die oft selbstmörderische Taktik des frontalen Rammstoßes in der Schlacht führten vom 11. bis zum 16. Jahrhundert zu einer sich steigernden Brutalität der Reitweise und Ausrüstung. Diese zunehmende Brutalisierung, merkt auch der Reithistoriker Gelbhaar an, darf nicht nur dem militärischen Einsatz angelastet werden. Sie entspricht vielmehr dem Zeitgeist des Mittelalters, der Epoche der KetzerInnenverfolgungen und Hexenverbrennungen, öffentlichen Hinrichtungen und Folterungen.

Man teilte die Pferde hauptsächlich in drei Gruppen: Schlacht-, Marsch- und Paradepferde. Die Schlachtrösser waren extrem schwere Pferde – ausschließlich Hengste übrigens, der Einsatz einer Stute für den Ritterdienst wurde als der Ritterwürde nicht zuträglich erachtet![8] Die Hengste trugen mit eigener und des Ritters Rüstung manchmal bis zu 220 Kilogramm auf ihrem Rücken. Sie wurden ausschließlich zum Kampf und bei Turnieren geritten und bis zum Kampfplatz von Knappen geführt. Auf dem Weg zur Schlacht wurden leichtere Pferde bevorzugt, Zelter beispielsweise, auf denen Männer wie Frauen ritt-

»Die gute Regierung«. Fresko von Lorenzetti, 14. Jahrhundert

lings saßen; diese Pferde beherrschten die weichen Gangarten Paß und Tölt und waren für unterwegs gut geeignet. Das Paradepferd, ein stattliches und gewandtes Rassepferd, hatte nur zu repräsentieren, wurde für Zeremonien gebraucht und diente den Damen und den Rittern für mutige ›Reiterstückchen‹.

Geritten wurde ständig in diesen Tagen. Da saßen reiche adelige Damen in schweren Luxusgewändern auf kostbar geschmückten Pferden und ließen sich sicherheitshalber von einem Knappen führen, im Volke ritten Braut und Bräutigam zur Trauung. Sie saß hinter ihm, er lenkte vielleicht ein wenig besorgt das geliehene Hochzeitspferd zur Kirche. Ein Leihpferd und auch der erwähnte ›Soziussitz‹ waren durchaus üblich zu Zeiten, in denen es zwar viele Pferde gab, aber durchaus nicht für jede und jeden eines ›privat‹. Was heißt hier auch privat? Das Freizeit-Reiten war ja noch nicht ›erfunden‹ …

Die Pferde auf dem Land arbeiteten vor dem Pflug oder dem Wagen, mal saßen Knechte und Mägde auf, mal liefen sie hinter dem Tier. Aus einer englischen Verordnung aus dem Jahre 1388 geht hervor, daß Mädchen wie Jungen bereits im Alter von zwölf Jahren mit dem Pflug oder als Fuhrleute arbeiten konnten. Aber wenn ein harter Arbeitstag vorüber war, konnte der nächste Morgen ja immerhin ein Feiertag sein, einer mit einem richtigen Umzug oder einer Prozession. Dann waren immer Pferde dabei, schön geschmückt, geführt oder geritten von Frauen und Männern und wahrscheinlich auch von begeisterten Mädchen und Jungen.

Der alltägliche Umgang mit Pferden beim Transport von Heu, von Waren und Menschen wurde selten auf Gemälden festgehalten. In Frankreich beispielsweise lebte der größte Teil der Bevölkerung auf dem Lande, und auch das Stadtleben wies enge Verbindungen zur Provinz auf. Ununterbrochen wurden Waren und Menschen hin- und herbewegt, Pferde gab es viele in der Stadt: Die Pferdeställe nahmen ebensoviel Platz ein wie heutzutage Parkplätze und Garagen.[9]

Einigen wenigen Textstellen aus Briefen oder Bildern ist zu entnehmen, daß Frauen sich auch in traurigen Momenten des All-

Zöllner: »Gebet Zoll!« – Antwort: »Studentengut ist gabenfrei!«
Eine ledige Mutter verläßt die Stadt.

tags auf Pferderücken schwangen: Eine unglücklich verheiratete Frau schrieb 1458 aus Neapel: »In jener Woche, als ich Mantua verließ, brach er mir drei Rippen, und am Tag darauf zerschlug er mir den ganzen Körper vom Kopf bis zu den Füßen. [...] Und als ich dann am selben Tag ein Pferd bestieg, ließ er mich von vier Dienern festhalten ...«[10] Und unser Bild zeigt eine ledige Mutter, die ein Kind von einem Studenten bekommen hat, wie die Bildunterschrift unmißverständlich nahelegt. Sie reitet zum Stadttor hinaus – auf ihrem Pferd, samt Wiege darauf!

Krimhilde reitet in Passau ein.

Wenn eine eine Reise tat, so bediente sie sich ganz gewiß eines Pferdes, Wagen waren viel zu unbequem. Die holprigen Straßen und Wege ließen das Rumpeln der starren Achsen zu einer Tortur werden. Die Fahrt wurde erst erträglicher, als man um 1350 den Wagenkasten an Riemen, Ketten oder Seilen aufzuhängen begann. Bei der Reiterei war und blieb das Reglement streng. Historiker Buesching notiert: »Die Ritter hoben die Frauen auf die Pferde und von denselben, wobei sie sich bisweilen einer Art von kleinem eisernen Schemel bedienten, der leicht mitzunehmen war, und worauf die Frauen vom Sattel traten, damit sie keinen zu großen Sprung zu machen oder sich zu sehr den Armen der Ritter anzuvertrauen hatten.«[11]

Nicht nur über Tage und Wochen, häufig über Monate und Jahre hinweg erstreckte sich die Teilnahme an der gewaltigsten Reisebewegung des Mittelalters: den Pilgerfahrten und ihrer bewaffneten Version, den Kreuzzügen. Als Pilgerinnen zogen Frauen aller Schichten gen Osten, viele einfache Frauen, aber auch Adelige, etliche Regentinnen. Um das Heilige Land zu befreien, machten sich nicht nur Heere, sondern Männer, Frauen, Kinder, Alte auf den Weg. Im Kreuzzug Kaiser Konrads galoppierten eifrig voran: dreihundert berittene Jungfrauen.[12] Gen Jerusalem ritten Margarete von der Provence mit ihrem Mann, Ludwig dem Heiligen, und selbstverständlich die große Eleonore von Aquitanien mit dem ihren, Ludwig VII.

Manche Dame zog es unterwegs allerdings vor, im Wagen zu bleiben. »Nicht so Alienor. Sie ritt an der Seite ihres Gemahls, und den Soldaten, die sie beobachteten, schien es ein seltsames Spiel der Natur: die schlanke, zarte Gestalt, die mit einer Leichtigkeit ihr Pferd beherrschte, die dem besten Ritter wohl angestanden hätte.«[13]

Manche von Unwohlsein geplagte Wageninsassin verfolgte die Reiterin kritisch: »›Euer Gnaden scheinen die Reise nichts auszumachen‹, meinte die Gräfin von Flandern säuerlich. Ihrer Meinung nach hatte eine Frau kein Recht, bei all dieser Unbill so gesund und lebendig auszusehen. Die Königin hatte ihre edle Blässe verloren und war sonnengebräunt, doch das schien Alienor, die bei Hofe doch stets so vollkommen gewirkt hatte, nicht im geringsten zu stören. Die Gräfin beobachtete sie und mußte sich eingestehen, daß auch Alienors androgynes Äußeres, das durch die Bräune noch verstärkt wurde, nicht ohne Reiz war. Sie glich aber, fand die Gräfin mißbilligend, einem hübschen Knaben, wie sie nun lächelnd rief: ›Niemand hindert Euch daran, die Wagen zu verlassen und mir ein Gleiches zu tun, Dame!‹«

So ein Kreuzzug war für manch fromme Natur eine Gelegenheit, mal das feine Reitzeug aus dem Schrank zu holen, bis sie von höchster Seite einen Rüffel bekam: Ein Erlaß des Trierschen Konzils verbot im Jahre 1227 Nonnen ausdrücklich die Benutzung vergoldeter Sättel und Zäume![14]

Meine Hobbys? Jagdreiterei und Hohe Schule, hätte sinngemäß eine junge Adelige geantwortet, als endlich das Freizeit-Reiten ›erfunden‹ war. Der Rückgang der ritterlichen Reiterei und die Wiederentdekkung der Antike in der Renaissance brachten auch die Vorstellungen des Griechen Xenophon wieder ans Licht. Dessen Ziel war es ja gewesen, ein Pferd heranzubilden, das ebenso zum Kriegsdienst taugte wie auch zum prächtigen Paraderoß mit vornehmer Haltung und hohen, eleganten Gängen. Die Regeln der Dressur und des modernen Geländereitens sind zum erstenmal in Italien um 1600 systematisch entwickelt worden. Das Pferd wurde nun als intelligentes Tier betrachtet, das jedoch gegebenenfalls strenger Strafen bedurfte. In Neapel wurde von Federigo Grisone die erste von vielen Reitschulen gegründet, Schüler aus aller Welt ließen sich dort unterrichten. Berühmte französische Meister wie Pluvinel wurden in Italien ausgebildet. Und sie verfeinerten den neuen Reitstil, der – im Gegensatz zum noch herrschenden Zeitgeist – das Pferd als Lebewesen und das Reiten als reine Kunst begriff, noch weiter: Aus den militärischen Trainingseinheiten wurden die Kunstsprünge der Hohen Schule entwickelt, die grausamen Gebisse wurden weicher, der Reitstil Westeuropas begann sich aus seiner Steifheit zu lösen. Reiter und Reiterin stützten sich nicht mehr so stark im Bügel ab, sondern ließen den Schenkel natürlich herabhängen.

Doch inzwischen war er aufgetaucht und ab dem 13. Jahrhundert immer häufiger ›ins Bild‹ gesetzt – der Damensattel. Mit ihm kam der Anstand aufs Pferd. Die pure Lust am Körper, der man im frühen Mittelalter noch ohne jede Prüderie gefrönt hatte, wurde zunehmend eingedämmt, Schönheit galt nun alles. Die Körperhaltung sollte gefördert werden, durch Spiele und nicht zuletzt durch Reiten. Auch der höfische Tanz wurde als Körpererziehung angesehen. Die Reitbekleidung, allerdings nicht nur die der Damen, der Sitz, das Auf- und Absteigen vom Pferd wurden zum Spiegel zunehmender gesellschaftlicher Reglements.

Überhaupt sollten die Frauen sich endlich heraushalten aus den »Männerangelegenheiten«: »Kehrt in eure gemalten und vergoldeten Gemächer zurück, setzt euch in den Schatten, trinkt, eßt, stickt, färbt eure Seiden, aber befaßt euch nicht mit unseren Angelegenheiten!« Es müssen de Montauban bei seiner »vrouwen torney« viele unbescheidene Frauen vor Augen gestanden haben, Frauen, die nicht brav in ihren Gemächern saßen!

An den Gemälden der Neuzeit, vom 16., 17. bis zum 18. Jahrhundert, sind Repräsentationswunsch und Körperreglement gut ablesbar. Es dominieren Bilder des Adels und damit auch der

Prunkvoller mittelalterlicher Ausritt

adeligen Frauen zu Pferde, die in solch edler ›Erhebung‹ zugleich ihren gehobenen Stand sinnfällig vor Augen führen.

Mit dem Zerfall des Rittertums änderte sich auch der Reitstil der Frauen. Der Damensattel wurde verbessert und bot mehr Sicherheit, was andererseits den Zwang verschärfte, ihn zu benutzen. Bei der Jagd wurde dennoch lange Zeit eher zum ›Herrensattel‹, wie er fortan hieß, gegriffen.

Erst mit dem 18. Jahrhundert löste sich das Reiten aus seiner vorrangigen Zweckbestimmtheit für Krieg und Fortbewegung und wurde vermehrt auch als bloßer Zeitvertreib betrieben. Damensattel und Damenreitkleid kamen nun ins Gespräch und verschwanden nicht mehr daraus – bis heute. Von nun an beschäftigen die adelige, später auch die reiche bürgerliche Frau hauptsächlich Fragen der freiwilligen und erzwungenen Grazie in der Freizeit-Reiterei: Wie halte ich mich gut – und gut aussehend – im Damensattel, beim Promenieren und auf der Jagd? Und wie stelle ich es an, ohne den verflixten Damensattel loszureiten?

Jagdreiterei und Hohe Schule wurden von den vornehmen Damen gern ausgeübt, den unteren Schichten blieb dieser vornehme Umgang mit dem Pferd lange Zeit verschlossen. Der Versuch, in Paris eine Reitschule für Bürgerliche aufzubauen, scheiterte noch im Jahre 1788. Erst nach 1800 wurde Reiten breiteren Kreisen möglich. Abgesehen vom klassischen Pferdeland England, wo der Zugang zur Reiterei für Männer und Frauen ohnehin leichter war, folgten die Veränderungen der Reitsitten den großen Umwälzungen der Epoche: der Aufklärung und dem mit der Französischen Revolution eingeleiteten Untergang des Adels. Aus der Orientierung am französischen Adel und der Reitweise der Hohen Schule entwickelten sich demokratische Reitsitten, ein verbreitetes Interesse an der Jagd und der bewundernde Blick nach ›drüben‹: auf die englischen Jagdreiter und -reiterinnen.

Das bürgerliche Frauenleben war mit großen Einschränkungen verbunden. Empfindsam und behütet, sollten Mädchen vorwiegend im Haus aufwachsen. Die »Notwendigkeit der Leibesübungen für das weibliche Geschlecht«[15] wurde zum Ausgleich bereits dringend empfohlen – in der Regel meinte man damit Spazierengehen, leichtes Ball- und Billardspiel und Tanz. Manche empfahlen indessen auch das Reiten. Und wir wissen ja, Frauen, die reiten wollen ...

Die Zeit der Revolutionen bricht an, die Welt ist im Umbruch – doch erst wollen wir die Damen des achtzehnten und neunzehnten Jahrhunderts in den Sattel heben und ihnen noch mal gehörig Auslauf gewähren: das Halali ertönt! Frauen jagen hinter der Meute und springen querfeldein, sie reiten zur Jagd!

8. »Im Rausch der Jagd«

Frauen hinter der Meute vom Mittelalter bis ins 20. Jahrhundert

»Ich komme nun zu dem schönsten, was unsere Kunst darbietet, wenn wir sie ordentlich gepflegt und uns draußen nach Kräften mit allem vertraut gemacht haben, nämlich zu dem Jagdreiten.«[1]

Und sie selbst fährt. Ja, die Frau hat eine Hand für Pferde! Federleicht und kräftig wie Rohleder und trotzdem zum Küssen hübsch. Schade, daß nicht eine von euch solche Hände hat‹, fügt er mit einem vorwurfsvoll-zärtlichen Blick auf seine Töchter hinzu. – ›Nun jedenfalls bin ich noch nie abgeworfen worden.‹ Scarlett war empört. ›Und Mrs. Tarleton stürzt auf jeder Jagd.‹ – ›Und bricht sich das Schlüsselbein wie ein Mann‹, sagte Gerald. ›Ohne Ohnmacht, ohne Getue. Nun aber still, da kommt sie.‹«[2]

Da kommt sie herangeprescht, und auch wir können uns Mrs. Tarleton und all die anderen Jagdreiterinnen vorstellen, können sie durch die Zeiten galoppieren sehen, immer hinter den Hunden, mit kräftigen Jagdpferden, in Reitkleidern oder roten Röcken, in raumgreifendem Galopp über Stoppelfelder, Hecken und Zäune setzend, das aufgeregte »Where are the hounds?« der englischen Jagd auf den Lippen ... ›Master‹, ›Huntsman‹, ›Whipper‹ und ein Riesenfeld, alle wollen nahe bei den Hunden sein, aber nur die Besten kommen nah genug heran. Die Hunde sind schnell, und sie müssen es sein, um ihr Leben vor den ihnen hinterdrein stürmenden Pferden in Sicherheit zu bringen.

Im Herbst ist auch heute noch das »Halali« zu hören. Doch längst schon wird kein Wild mehr gejagt, Hunde sind nur noch selten dabei, und die Jagdsaison ist auch nicht mehr das größte gesellschaftliche Ereignis. Frauen riskieren keine zahlreichen und häufig gefährlichen Stürze im Damensattel (und die Bauern keine zertrampelten Felder). Die große Zeit der Jagd ist vorbei und damit auch die Exklusivität der Teilnahme, doch es lohnt, einen Blick auf die Frauen hinter der Meute der letzten Jahrhunderte zu werfen, die wie der Blitz mit dem Feld an uns vorbeigaloppieren,

von Hunden, Falken und ihren Kavalieren begleitet. Denn die Frauengeschichte war von Beginn an mit der Jagd verknüpft, daran erinnern uns die alten Jagd-Göttinnen wie Diana, Athene und Artemis. Ihre ›Meute‹ waren Priesterinnen mit Jagdhundmasken. Vielleicht nahm die Jagdleidenschaft bei den frühgeschichtlichen Jägerinnen, die wir im dritten Kapitel kennenlernten, ihren Anfang? Vielleicht waren diejenigen, die die Pferde zuerst einfingen und zähmten, auch die ersten Jagdreiterinnen!

Das bleibt Vermutung. Seit der Antike ist die weibliche Jagdlust jedenfalls belegt, da die römischen Frauen für ihr übergroßes Interesse am Jagen getadelt wurden … Zur Übung im Querfeldeinreiten hatte auch schon Xenophon die Jagdreiterei empfohlen, der Adel Frankreichs, Englands und ganz Europas jagte im Verlauf der Jahrhunderte leidenschaftlich gern Rot- und Damwild, Wildschwein und Wolf, der einfachere Landadel meist den schnellen Hasen. Besonders in England stand das Ansehen der Jagd unglaublich hoch. So notierte beispielsweise der Herzog von York im 14. Jahrhundert über die Jagd: »Um es mit einem Wort zu sagen, alle gute Sitte und Art rührt daher, und alles Heil des Menschen und seiner Seele.«

Selbstverständlich jagten die Damen mit: Im Mittelalter war es für adlige Frauen obligatorisch, auf die Jagd zu gehen und gern auch zur Falkenbeize, die als einfacher zu reiten galt. Aus dem 11. Jahrhundert sind Frauen bekannt, die mit ihrer eigenen Meute jagten, so – mit offizieller Erlaubnis Heinrichs III. – die »Ehrhochwürdige und Gottesfürchtige Lady Mary de Boxham«, Äbtissin von Barking.[3]

Elisabeth, Tochter von Heinrich VIII., ritt auch noch als Siebzigjährige zur Jagd. Jeden zweiten Tag soll sie ausgeritten sein und das Vergnügen daran nicht verloren haben. Ihr Vater war ebenso vernarrt, er ritt allerdings dabei drei bis vier Pferde pro Tag zuschanden![4] Im Ruf leidenschaftlicher Jagdreiterinnen standen, um nur einige zu nennen, Königin Maria von Ungarn, Markgräfin Anna von Brandenburg und die Landgräfin Anna von Hessen. Auch die Töchter Karls des Großen waren gute Reiterinnen und verzichteten nicht auf ihre täglichen Ausritte und die Teilnahme an Jagden mit dem Kaiser. Die beiden Ehegattinnen Kaiser Maximilians, Maria von Burgund und Blanka Sforza, wurden als Reiterinnen eher tragisch-berühmt: beide Gattinnen, eine nach der anderen, starben durch einen Sturz bei der Jagd.

Zweiunddreißig Jahre lang, 1777–1812, jagte sie mit ihrer Meute über Land und wurde berühmt als erster weiblicher »Master of Foxhounds«: Gräfin von Salisbury, scherzhaft ›Old Sarum‹ genannt. Eine mächtige Gestalt war diese Reiterin, die auf kräftigen Pferden mit Riesensätzen über die Hindernisse ging. Sehr viel später, 1909, wurde eine leidenschaftliche Jagdreiterin in den USA erster weiblicher ›Master of Hounds‹: Die erst fünfzehnjährige Miss Poly Page sprang und jagte an die Spitze!

Ein schleierhaftes ›Suivez-moi‹

Zur Zeit Ludwig des XV. im 18. Jahrhundert galt der Forst von Compiègne als das beliebteste Jagdgebiet Frankreichs. Ein malerisches Bild von »unübertrefflicher Eleganz« schildert ein Beobachter, »besonders reizvoll durch die schärpenartigen Schleier, die als duftige Tüllschleppe an den Glanzzylindern der Amazonen wehten …«[5] Diese wurden seit einem aufregenden Ausritt der Marquise de Paiva ironisch »Suivez-moi« – Folgen Sie mir! – genannt. Die Marquise hatte zwei jugendlichen Begleitern diese Aufforderung zukommen lassen, ihrem Pferd die Sporen gegeben und war davongaloppiert. Die Zurückgelassenen konnten nur noch den wehenden Zylinderschleier in der nächsten Seitenallee verschwinden sehen.

Immer mehr Frauen ritten in den sechziger und siebziger Jahren des 18. Jahrhunderts zur Jagd oder fingen auf ihren Ausritten im Park bewundernde Blicke ein. Viele bürgerliche Familien waren zu Wohlstand gekommen und konnten es sich leisten, »Freizeitpferde« zu halten. In den großen Städten Europas entstanden folglich nicht nur exklusive Reitakademien, sondern riesige Reitbetriebe, in denen zahlreiche Pferde und ReiterInnen ausgebildet wurden. Dennoch stand nicht der sportliche Aspekt im Vordergrund, sondern der Status – sehen lassen mußte man sich zu Pferde. Und Anlaß zum Sehen und Gesehenwerden gab es häufig – beim Ausreiten zum Promenieren, beim Musikreiten in großen Reithallen oder eben bei den beliebten Jagdausflügen. Jährlicher reiterlicher Höhepunkt war die Hubertusjagd. Kurz: Reiten war bei den oberen Schichten ›en mode‹ – was nebenbei Kleidungs- und Schicklichkeitsvorschriften zeitigte. Über den richtigen Eindruck entschied der richtige Dress, und waren Frauen bis zum späten Mittelalter in der Regel im Grätschsitz ausgeritten, so wurde dieser nun langsam für nicht mehr ›tragbar‹ erklärt.

Während der ›Goldenen Zeiten‹ der Fuchsjagden, etwa von 1800 bis 1850, wurde es für Frauen im Damensattel mit den immer luxuriöser werdenden, langen Gewändern und dem Kopfputz, der ›unübertrefflichen Eleganz‹ eben, zunehmend schwieriger, die Jagd im schnellen Feld unbeschadet zu überstehen.

Aber man sah die Damen sowieso lieber bei den Jagdgesellschaften für das leibliche Wohl der Jäger sorgen als im Galopp hinter der Meute herjagen. Lady Greville konstatiert in ihrem 1880 erschienenen Buch: »In ihrem tiefsten Innern verärgert die Anwesenheit der hübschesten Reiterinnen die Männer ganz ungemein – obwohl sie dies niemals offen eingestehen würden.«[6] Wenn die Frauen aber jagten, stellt auch Reithistoriker Trench verwundert fest, »hatten sie meist sogar eine bessere Hand als die Herren.«

Eine feine Jagdgesellschaft

Nun wird es Zeit, sich so eine Jagd einmal genauer anzusehen. Wie wäre es mit dem heute für seine Steeple-Chase, sein Jagdrennen berühmten Pardubitz? Der Ort in der heutigen Tschechischen Republik war zu Beginn des 19. Jahrhunderts nur eine verschlafene Garnisonsstadt. Aber als Prinz Liechtenstein 1840 zur dortigen Kavallerie versetzt wurde, gründete er eine Parforce-Gesellschaft ›auf Hirsche‹. Von nun an kam jedes Jahr im Oktober – die Jagdsaison begann im Oktober und endete bei Frosteinbruch – Leben in die Stadt: dann reisten die hohen Herrschaften mit ihren Bediensteten an. Fast zweihundert Pferde kamen mit ihren Stallmeistern und ›Grooms‹, Reitknechten, nach Pardubitz. Kutschen und Viererzüge mit prachtvollen Gespannen und livrierten Kutschern belebten die Straßen. Die Ära dieser legendären Parforcejagden endete erst 1914 mit dem Ersten Weltkrieg.

Mischen wir uns unauffällig unter die zahlreichen Gäste und das neugierige Publikum – so erfahren wir gleich den neuesten Klatsch und Tratsch! Da kommt schon der Maler Albrecht Adam, er hat viele Bilder der Jagdgesellschaften hinterlassen und sich als Freund der kaiserlichen Familie gleich selbst mit aufs Bild gesetzt. Auch die Damen sind dabei – im Damensattel zu Pferde oder in der *Chase Volante*, dem zweirädrigen Kutschwagen sind

Cavalcade mit Fürst und Fürstin Fürstenberg; links der Maler

sie vor Beginn der Jagd unterwegs, um sich dort zu plazieren, wo sie die besten Sprünge sehen können. Daneben sieht man einige Läufer, welche die reitenden Damen begleiten. Und die Damen selbst, ganz reizend, in Reitkleidern aus dunkelgrünem Tuch mit roten Revers, das Oberteil mit Goldtressen besetzt, und als Kopfbedeckung einen dreieckigen Reitzylinder. Noch Fragen zur Kleidung? Vielleicht zum ›Darunter‹? Reitlehrer Filis rät 1918 ganz detailliert: »Bei einem langen Ritt, besonders bei der Jagd, empfiehlt es sich, dass sie kein langes Hemd, sondern nur ein kurzes Hemdchen von sehr feinem Stoff trägt, welches über den Hüften befestigt ist. Der Kragen und die Manschetten müssen an dem Hemdchen festsitzen und nicht mit Stecknadeln befestigt sein, welche leicht herausfallen und stechen …«[7]

Wer nicht reiten will, bleibt während der Jagd in der Kutsche und schafft es doch, zum Halali noch rechtzeitig anzukommen. In den Räumen eines nahegelegenen Schlosses gibt es ein Früh-

Überragende Männlichkeit: Fürst und Fürstin Liechtenstein

stück, und die allgemeine Stimmung ist so heiter, daß danach sogar getanzt wird. Zum Abschluß der Jagd überreicht dann der Kaiser einer Dame einen Lauf des erlegten Wildes! Und Damen wie Herren eilen zum Hubertus-Dinner und freuen sich auf den Ball am nächsten Tag. Doch wir erfreuen uns zusätzlich an der Ankunft der Damen Kinsky aus Chlumec: Die haben die dreißig Kilometer zum Jagdgelände zu Pferde zurückgelegt und werden am Abend nach der Jagd auch wieder nach Hause reiten – sich die Pferde von Grooms herbeibringen zu lassen, entsprach nicht ihrem sportlichen Stil.[8]

Über die Kinsky-Sippe kursieren herrliche Reiterinnengeschichten: Franz von Thurn und Taxis erzählt von seiner Mutter, die mit ihrer Schwester Marie gewiß die jüngste der ›Damen‹ bei einer Jagd war, daß die beiden jungen Reiterinnen früh und streng eingewiesen worden sind: Es existierte eine Karikatur ihres Vaters, hoch zu Roß die Töchter trainierend, mit einer großen Milchflasche und Schlauchleitung zu den beiden ...[9]

Ein anderer Kinsky, Graf Zdenko, ließ seine ganze Familie von Maler Reichmann hoch zu Roß malen – und nach einem großen Streit mit seiner Frau diese wie auch Sohn Feri und Tochter Ilona in einem Graben verschwinden, pardon, wegretouchieren. Auf dem Bild ist Graf Zdenko mit immerhin sechs verbliebenen Töchtern zu sehen, die gerade locker über den Graben hinwegsetzen.[10]

Der schöne Sprung einer Kinsky Jahre später in Pardubitz wurde in der Reiter Revue 1959 geschildert: Gräfin Gernilde, Tochter des Grafen Ra aus der Familie Kinsky, stürzte beim Großen Pardubitzer Steeple-Chase am Schlangengraben, saß wieder auf und mußte dann beim Doppelsprung den im Graben liegenden Sieger vom Vorjahr, den Oberleutnant Svoboda, überspringen ...[11]

Eine Reiterin namens Sisi

Die berühmteste Jagdreiterin des Jahrhunderts ist gewiß Kaiserin Elisabeth, die die Pferde wohl mehr liebte als die Politik ... Statten wir ihr einen Besuch ab? Die Hofdame wartet schon, winkt uns ungeduldig, leise einzutreten, denn die Kaiserin möchte bald aufbrechen und hat wenig Verständnis für den Wunsch ihrer VerehrerInnen, einen Blick auf ihre allseits gerühmte Erscheinung zu werfen.

Vor dem Spiegel reicht die Hofdame hastig die Bürsten an. Die Kaiserin reitet jeden Tag, und besonders gern geht sie, wie heute, zur Jagd. Voller Vorfreude lächelt sie ihrem Spiegelbild zu, fest stecken die Flechten, darüber wird hinterher der Zylinder befestigt. Auf Zehenspitzen verlassen wir den Raum, als das Korsett geschnürt werden soll. Diese herausragende, auch von kritischen Beobachtern für ihre Reitkünste gelobte Frau ritt tatsächlich meistens in Korsett, Damenreitkleid und Damensattel!

Den Fächer, den sie immer bei sich hat, wird sie gleich vorn in den Sattel stecken. Sie lacht zwar den Dörflern freundlich zu, wenn die zusammenströmen, um die schöne Kaiserin zu sehen, aber zieht es ansonsten vor, hinter dem Fächer und unerkannt zu bleiben.

Unerkannt? Ist sie doch gerade dafür bekannt und beliebt beim Reitervolk der Ungarn, daß sie dicht hinter der Meute über halsbrecherische Sprünge setzt, keinen ausläßt und nach jedem Sturz sofort wieder aufsitzt! Gräfin de Jonghe schrieb darüber: »Es soll großartig sein, sie an der Spitze aller Reiter und stets an den gefährlichsten Stellen zu sehen. Die Begeisterung der Magyaren kennt keine Grenzen mehr, sie brechen sich den Hals, um ihr näher zu folgen. Der junge Elemér Batthyány hat fast sein Leben gelassen, glücklicherweise ist nur sein Pferd getötet ...«[12]

Nach der Krönung zur ungarischen Königin wurde ihr von den Ungarn das vor den Toren Budapests liegende Landgut Gödöllö geschenkt, und dort, heißt es, lebte sie weniger im Haus als in den Stallungen, wohin sie direkt vom ebenerdigen Salon aus über eine Veranda gelangte. Elisabeth ließ sich eine Manege bauen und lernte von Zirkusreiterinnen und dem ehemaligen Zirkusdirektor Renz die hohe Schule des Dressurreitens. Von Budapest aus pilgern auch heute noch zahlreiche ›Sisi‹-Fans nach Gödöllö, wo der ehemaligen Hausherrin zu Ehren unter anderem ein Elisabeth-Reitturnier, eine Vorführung des Sisi-Damenkarussels und eine Schönheitswahl stattfinden.

Gern sah die Kaiserin gute Reiter und Reiterinnen an ihrer Seite, so ihre schöne Nichte Baronin Marie Wallersee, die tadellos zu Pferde saß. »Ach, es war herrlich!« schwärmt Marie, wenn es dreimal in der Woche zur Jagd aufzusitzen galt. »Elisabeth sah zu Pferde berückend aus. [...] Ihr Kleid saß wie angegossen; sie trug hohe Schnürstiefel mit winzigen Sporen und zog drei Paar Handschuhe übereinander ...« Nicht geheuer war der Nichte allerdings, wenn sie, als Knabe gekleidet, neben der ebenso kostümierten Elisabeth »unerkannt« durch die Dörfer reiten sollte. Im Gegensatz zur Kaiserin war das für Marie kein Vergnügen.

Die Kaiserin gilt als eine der besten Reiterinnen Europas, doch sie möchte – weiter springen können! In Ungarn ist ihr mittlerweile die Jagdsaison zu kurz, die dichten Wälder hindern beim Vorwärtspreschen, es gibt zu wenig Hindernisse und keine Gatter wie in England. Da fiel das Stichwort: Die englische Jagdreiterei, die dortige Parforcejagd galt als Herausforderung. Erfolge oder zumindest die Teilnahme an englischen Jagden waren unabdinglich; ein Muß für die österreichische Reiterinnen- und Reiter-Elite. So kam Elisabeth ein Schreiben ihrer Schwester Marie von Neapel, einer ebenfalls wagemutigen Reiterin, gerade recht: Marie hatte sich in England ein Landhaus gekauft und lud 1874 dorthin ein ...

Wie verbringt eine Kaiserin ihren Urlaub? Die preußische Kronprinzessin Viktoria, älteste Tochter der Queen, schien irritiert: »Die schöne Kaiserin ist eine sehr sonderbare Person, was ihre Tageseinteilung angeht. Den größten Teil des Vormittags verbringt sie schlafend auf dem Sofa. Sie diniert um vier und reitet den ganzen Abend ganz allein und niemals kürzer als drei Stunden lang und wird wütend, wenn irgend etwas anderes geplant ist. Sie will keinen Menschen sehen oder sich irgendwo sehen lassen.« In der Tat besichtigt Elisabeth, anstatt die Queen in England standesgemäß und formell zu besuchen, lieber tagelang Gestüte und bewundert englische Jagdpferde. Sie schreibt, ganz interessierte Reittouristin, an ihren Mann, den Kaiser: »Sehr schöne Pferde sah ich auch, aber alle sehr teuer. Das ich am liebsten haben möchte, kostet 25.000 Fl. Also natürlich unerreichbar.« Eine reiche englische Lady schenkt ihr das Ersehnte, ein großes englisches Jagdpferd.

Der österreichische Haushalt war knapp bemessen, doch Kaiser Franz Josef hatte großes Verständnis für Elisabeths Jagdleidenschaft, auch er entspannte sich gern hinter der Meute von seinen Tagesgeschäften. Auf ihrem englischen Jagdpferd, den

Kaiserin Elisabeth beim Sprung übers Hindernis

englischen Stallmeister Allen zur Seite, wird nach der Englandreise in Wien und Gödöllö nun täglich viele Stunden lang mit englischen Hindernissen intensiv Reiten und besonders Springen trainiert. »Die Kaiserin heute wieder beim Springreiten!« Die Wiener lassen sich das öffentliche Schauspiel auf dem Rennplatz in der Freudenau nicht entgehen. Aber die Beliebtheit dieser so privat und öffentlich zugleich lebenden Kaiserin wächst nicht, trotz kaiserlicher Pressezensur wird vermehrt Kritik an ihrer kostspieligen Leidenschaft laut.

Im Sommer 1875 fällt ein großes Erbe an den finanziell nicht gutgestellten Franz Joseph. Er macht seiner Kaiserin sofort große Geldgeschenke. Und was unternimmt Elisabeth? Einen Reit- und Badeurlaub in der Normandie, um für die Herausforderungen des englischen Parcours weiterzutrainieren. Die österreichische Botschaft in Paris muß bald die Nachricht dementieren, daß die Kaiserin von Österreich von französischen Bauern beschimpft worden sei, weil sie durch deren Felder geritten ist. Der englische Reitlehrer ermutigt zu immer neuen Bravourstückchen, bis ein schwerer Reitunfall mit zeitweiser Bewußtlosigkeit die Kaiserin zur Reitpause zwingt. Doch schon kurz darauf schreibt sie an ihren Gatten: »Ich freue mich schon sehr, wieder mehr Pferde zu haben. Ich hatte hier zu wenig für die Arbeit … Ich lege meinen Stolz darein, zu zeigen, daß ich eines solchen Rumplers wegen nicht das Herz verloren habe.«

Wenige Tage später erscheint sie schon wieder zu Pferde im Bois du Bologne und antwortet ihrer Hofdame und Freundin auf deren Ermahnungen: »Ihr wollt, ich soll nicht mehr reiten. Ob ich's thu oder nicht, ich werde so sterben, wie es mir bestimmt ist.«

Die einzigen Hindernisse, die diese wagemutige Reiterin scheute, waren – ihre gesellschaftlichen Pflichten: »Warum muß ich in den Käfig zurückkehren«, schreibt sie traurig. »Warum konnte ich mir nicht alle Knochen brechen, damit ein Ende ist – mit allem!«

Dennoch: Mit dem letzten Englandbesuch der Kaiserin 1882 verebbte ihre große Jagdbegeisterung. Ob die nun über Vierzigjährige, die gelegentlich unter rheumatischen Anfällen litt, fürchtete, nicht mehr bei den ersten im Feld sein zu können? Auf Spazierritte mochte sie sich wohl nicht umstellen. Im nächsten Jahr ritt sie nur mehr in Gödöllö und ab 1884 gar nicht mehr.

»... dann wird sie wieder hinaufgesetzt.«

In den sechziger und siebziger Jahren des 19. Jahrhunderts wurden die im Jagdgelände auf die Damenwelt lauernden Gefahren entschärft; eine ›light-Version‹ des Jagens entstand: Um den Reiterinnen das Jagdvergnügen so gefahrlos wie möglich zu gestalten, ritten die Begleiter voraus – und sägten überhängende Äste ab, beschnitten Hecken, preßten das Unterholz nieder und hielten sogar, wenn wir Werner Böhm hier Glauben schenken können, kleine Spiegel parat, mittels derer die Jägerin ihr Erscheinungsbild überprüfen konnte. Kaiserin Sisi soll ihre Begleiter ermahnt haben, in besonderer Weise Obacht zu geben: »Denken Sie daran, daß es mir nichts ausmacht zu stürzen, aber auf keinen Fall darf mein Gesicht zerkratzt werden!«[13]

Begleiter? Tatsächlich – die Jagdreiterinnen des 18. Jahrhunderts hatten, »unpraktisch gekleidet und zart besaitet, wie sie waren«[14], häufig einen solchen zur Seite beziehungsweise voraus.

Der berühmte Jagdreiter und Autor George John Whyte-Melville stellt in punkto Sicherheit zwei Bedingungen: Ein unbedingt sicheres Pferd soll die Dame unter sich haben und vor sich einen gewandten und sicheren ›Piloten‹, dem sie die Jagd hindurch folgt. Dieser Herr, der die »Ehre hat, im Jagdfelde einer Dame als Kavalier zu dienen«, sollte seinerseits auf einem absolut sicheren Pferd sitzen, damit er sich in jeder erdenklichen Lage um seine Begleiterin kümmern kann. Diese Aufgabe scheint nicht leicht – Whyte-Melville selbst erinnert sich »mit Grauen an einen Tag, an dem ich ein neues Pferd zum erstenmal hinter den Hunden ritt; plötzlich machte ich zu meinem Schrekken die Bemerkung, daß eine Dame – noch dazu die Gattin eines hohen Vorgesetzten – mich zu ihrem Wegweiser erkoren hatte. Alles Rufen und Winken war vergeblich, also«, fragt er sich besorgt, »was tun?« Er versuchte, den Abstand zu vergrößern, doch je schneller er wurde, desto schneller folgte ihm auch die Dame, bis zu einem kleinen Graben, der mit hohem Kraut zugewachsen war. »Und«, entrüstet sich Whyte-Melville, »ratsch – da lagen wir! Die Frau Generalin samt Pferd auf mir, und überflüssiger Weise wählten noch zwei Herren den gleichen Ruhepunkt ...«[15]

Dabei besteht für dergleichen Vorsichtsmaßnahmen gar kein Anlaß: »Übrigens braucht die junge Reiterin keine übertriebene Furcht zu haben. Auf ihrem Sattel sitzt sie fester wie der Herr

auf dem seinigen. Was soviel von der Gefahr des Hängenbleibens der Dame mit dem Kleide am Sattel gefabelt wird, ist eben eine Fabel. Geht es kopfüber herunter, und hängt das Kleid wirklich an einem Horn fest, so zerreißt es unter dem Gewicht der Dame. [...]

Ferner ist auch die soviel beschriebene Gefahr des Hängenbleibens im Bügel eine geringe. [...] Die Reiterin fällt nämlich immer an der rechten Seite des Pferdes herunter, da sie der Gabel wegen nach links fast gar nicht herunter kann, [...] Bei dem rechts Herunterfallen muß sich der Fuß nach oben aus dem Bügel herausziehen. Es kann also dabei gar kein Festklemmen auf dem Tritt stattfinden.

Kommt nun wirklich einmal auf der Jagd das Pferd zu Fall und die Reiterin aus dem Sattel, sieht es eigentlich auch immer nur für den Zuschauer gefährlich aus; für die fallende Reiterin ist es fast stets eine ganz einfache Sache. Sie liegt eben an der Erde, und wenn sie selbst und das Pferd sich aufgerappelt haben, dann wird sie wieder hinaufgesetzt und die Reise geht weiter.«[16]

In vollem Flug über eine der gefürchteten Hecken …

Wenn auch die Jagdreiterszene der Welt seit langem bewundernd nach Irland blickt, weil dort die schwersten Jagden geritten und die besten Jagdpferde gezogen werden, bleibt doch das klassische Land der Jagdreiterei England. Bis etwa 1940 bedeutete Reiten in England in der Hauptsache Jagdreiten. Als Reiter oder Reiterin galt dort eigentlich nur, wer mit der Meute über Land ritt und dabei alle Hindernisse nahm! In welcher Weise, war dabei übrigens nicht ausschlaggebend, Hohe Schule und Dressur spielten keine große Rolle. In der Tat erforderten Jagd- und Dressurpferd ganz unterschiedliche Reitweisen, die sich zu Ende des 18. Jahrhunderts als zwei althergebrachte Methoden gegenüberstanden. Der ›natürliche‹ Stil der Pferdeleute in Osteuropa und Asien bestand in einer Reitweise mit kurzen Bügeln und mit Trensenzügel ohne Versammlung, stark auf Vorwärtsdrang, wie bei einer Jagd oder beim Angriff vonnöten. Demgegenüber galt es im Reitstil des westlichen Europa »lang« zu reiten und zu versammeln mit Hilfe von Sporen und Stangengebissen.

Skeptisch beäugten die Anhängerinnen der verschiedenen Reitweisen einander, wenn die eine in der Bahn oder in ihrer privaten Arena eifrig Hohe Schule übte, während die andere begeistert im Jagdgalopp über unübersichtliche Hindernisse setzte. Um 1890 bemerkte Mrs. Alice Hayes, berühmte Reiterin und Gattin eines bekannten Zureiters, es sei »kein Wunder«, »daß sich diese Damen [der Hohen Schule] weder durch einen festen Sitz noch durch die kraftvolle Beherrschung eines ungebärdigen Pferdes auszeichnen. Ihre Anmut und Geschicklichkeit auf gut geschulten Pferden und in der Reitbahn sind jedoch sehr bewundernswert.«[17] Man muß dazu erwähnen, daß Mrs. Hayes ihre Reitkunst im Damensattel oft auf leicht bockenden Springpferden vorführte …

Noch drastischer äußerte sich Mrs. Power O'Donoghue, ebenfalls eine bekannte Pferdekennerin: »Man sollte eine Reiterin der ›haute école‹ einmal über irisches Jagdgelände reiten lassen und dann sehen, wie weit ihr der kleine Finger ihrer linken

Hand dabei weiterhilft.« Mrs. O'Donoghue hielt überhaupt nichts von einem Reitstil, der mit zartesten Bewegungen, denen der linken Hand beispielsweise, auskam. Ein Gelände wie das Irische mit hohen Steinmauern, aus fünfstängigen Gattern oder gähnenden Abgründen, fünf Meter breit und sechs Meter tief, erforderte eine mehr als feste Hand, »falls wir nicht«, so erhob sie warnend ihre Stimme, »stöhnend, mit gebrochenen Rippen und Nasenbeinen im Graben liegen und von diesen entsetzlichen Sattelhörnern bei jeder Bewegung der verängstigt um sich schlagenden Stuten übel zugerichtet werden wollen.«

Von Fall zu Fall: zur Kunst des sicheren Sturzes

Gebrochene Rippen und Nasenbeine? Übel zugerichtet im Graben liegen? In der Tat, keine Jagd ohne Sturz – manchmal sogar mehrmals verließen und verlassen auch heute Reiterin und Reiter bei einer Jagd ihre Sättel.

Reich an solcherlei Erfahrung, veröffentlichte die Jagdreiterin Lilian Bland ihren Artikel: »Die Kunst des Fallens«[18] Aus diesem Artikel geht hervor, daß die Verfasserin in ihren ersten beiden Saisons zweihundertfünfzigmal gefallen ist – und das, ohne ernstlich Schaden zu nehmen! Wenn sie von ihren ›unvergessenen Stürzen‹ erzählt, traut die Leserin manches Mal ihren Augen nicht! Lilian Blands Stute setzte beispielsweise einmal auf einem morschen Wall auf, blieb dabei mit einem Vorderfuß in einer Wurzel hängen und »stand wie umgeschossen auf dem Kopf«. Der plötzliche Ruck hatte die Reiterin »aus den Gabeln« geschleudert, und »das Gefühl, daß die Hinterhand sich unfehlbar auf mich überschlagen müsse, war nicht gerade angenehm. [...] Es ist unglaublich, wie lange ein solcher Sturz in unserer Vorstellung dauert, während er sich tatsächlich in Sekunden abspielt. Diesmal glaubte ich wirklich, es sei um uns geschehen; aber im entscheidenden Moment gab die Wurzel nach, und die Stute kam wieder auf die Beine.«

Mag sein, daß für manch eine Teilnehmerin eine Jagd zur Strapaze wurde, aber die Kritik von Agnes Hood 1899 an den

›sporting Ladies‹ klingt mehr bösartig als freundschaftlich: »Schaut sie euch an, jene sogenannten Sportsfrauen, nachdem sie einen Tag an der Treibjagd mitgeritten sind. Ihre Augen liegen tief eingesunken, die Gesichter sind gefurcht, gezeichnet von der kräftezehrenden Anstrengung und diversen Ausbrüchen ihrer unbeherrschten Launenhaftigkeit ... Nach dem ersten Amusement für die Dauer von knapp zwei Stunden hält sie für den Rest der Zeit nurmehr die Eitelkeit mit dabei und ein fatales Überschätzen ihrer eigenen Durchhaltekraft!«[19]

Ach was – die Tatsachen sprechen für sich. So ist anzumerken, daß die jagenden Damen, wenn sie nicht vorzeitig vom Pferd stürzen, ein enormes Alter zu erreichen scheinen. Hester Poland, die Veranstalterin der weithin bekannten Querfeldeinrennen in Downlands, starb 91jährig. Die von der Kappe bis zur Stiefelsohle von Fuchsjagdtradition durchdrungene Phyllis Straker brachte es ebenso wie Mrs. Ivy Madeleine Laura »Tabby« Yeomans auf 96 Jahre. Aber die echte Jagdleidenschaft kommt am drastischsten in den Nachrufen zur Geltung, etwa »wenn eine Lady Muck in ihrem 82. Lebensjahr in vollem Flug über eine der gefürchteten Hecken Leicestershires vom Pferd stürzt und im Rausch der Jagd ihr Leben aushaucht«.

Im Rausch der Jagd über eine der gefürchteten Hecken, im Damensattel und Schnürkorsett, mit flatternder Schärpe und Zylinder – kann das angehen, fragt die heutige Reiterin und klettert aus einer dagegen recht einfach gehaltenen Reithose. Wir möchten es jetzt endlich genau wissen: Damensattel und Reitkleid, *die* Attribute der Damen-Reiterei sollen untersucht werden. Ins nächste Kapitel reiten wir aufrecht sitzend, meine Damen – nur nicht das Gewicht nach links verlagern! –, in der rechten Hand grazil die Gerte.

Atemberaubende Wespentaillen – da staunt nicht nur der Hund.

9. Von Damensätteln, Schleifen und Schlaufen

Reiten im
18. und 19. Jahrhundert

»Diejenige Schöne, welche zur Erhaltung ihrer Gesundheit und zu ihrem Vergnügen, etwas beyzutragen gewillet ist, die reitet.« J. G. Prizelius

DER REITSPORT galt während des ganzen 19. Jahrhunderts als beliebte Freizeitbeschäftigung. Der Adel hatte seine Vorherrschaft auch in der Reiterei abgeben müssen, und das Reiten, zuvor nur einer privilegierten Schicht vorbehalten, interessierte nun ganz besonders die neue Schicht wohlhabender Bürgerinnen und Bürger. Durch die Einrichtung von Reitvereinen und ›Tattersalls‹ wurde einer großen Zahl von Menschen der Zugang zum Pferd ermöglicht. Zur gleichen Zeit trat der ›Frauensport‹ auf den Plan, in Deutschland entstanden die ersten Turnabteilungen – ein neuer Frauentyp, die ›sporting Lady‹ erschien in der Gesellschaft. Als mutige Reitsportlerin war sie nun ständig bei Jagd- und Geländeritten zu sehen.

Ja, die Damen ritten massenhaft, wenn auch unterschiedlich ambitioniert. Reitlehrer und Autor Schoenbeck stellt in seinem

Buch »Der Damenreitsport« beispielsweise den Typus der Promenadenreiterin vor, die hauptsächlich sich selbst gern zur Schau stellt, ein schönes Pferd und elegante Kleidung vorführt. Dagegen die Gesundheitsreiterin, die, weit davon entfernt, etwa aus Begeisterung aufs Pferd zu steigen, die als Heilmittel empfohlene Reiterei nur zur Heilung ihrer Leiden einsetzt und so schnell wie möglich wieder vom Pferd steigt.[1]

Gut bekannt, weil von uns in diesem Buch besonders häufig geschildert, erscheint diejenige, die Schoenbeck als »echte« Reiterin vorstellt: Diese reitet nämlich »um zu reiten, und nicht, um sich bewundern zu lassen« ... Tatsache! Diesen Reiterinnen lag natürlich viel daran, die richtige Technik des Reitens zu erlernen, sie ritten ebenso gut und besser als die Herren, erlernten die Hohe Schule, bildeten junge Pferde aus und stellten so allerlei an, was sich mit dem vorgeschriebenen Anstand, dem festgezurrten Korsett und der leidenden Blässe der Damenwelt jener Tage nicht so recht vereinbaren ließ.

Der männliche Blick auf die Reiterinnen war allerdings von gänzlich anderen Kriterien geprägt als denen der Reitkunst. Selbst ein Profi wie der Reitlehrer und Autor Prizelius schwärmt Ende des 18. Jahrhunderts in seiner Schrift »Für Liebhaberinnen der Reiterey« ganz entzückt von den schönen Händen, in die er seine Reitlehre legen möchte, und empfiehlt die Reiterei den Damen, damit sie den Wünschen der Männer entsprächen! Denn: »Wie mancher Ehemann wünschet seine geliebte Ehegattin neben sich an der Seite zu Pferde zu sehen, und wie mancher Jüngling seufzet danach, seine Geliebte reitend begleiten zu dürfen.« Und daß das Reiten einer schönen Frau hervorragend zu Gesicht stehen soll, läßt sich auch nachlesen, »es präsentiert auf das augenfälligste dem Betrachter die Vorteile ihrer Figur, bringt ihre Augen zum Leuchten, die Wangen zum Glühen [...]«[2], und »eine anmutig zu Pferd sitzende Dame gibt ein hübsches Bild«[3].

Der Hauch von Freiheit und Abenteuer kommt hierbei gewiß nicht auf, und auch unser zeitgenössischer Reithistoriker Trench weiß die Damen des neunzehnten Jahrhunderts gänzlich ohne solcherlei zweifelhafte Antriebe: »Die Frauen ritten also hauptsächlich wegen ihrer Gesundheit, wegen ihrer Figur und zur Unterhaltung der Herren.« Da hätte ihm wohl manche Reiterin der vorangegangenen Kapitel ihr Pferd von hinten gezeigt und wäre auf und davon galoppiert!

So oder so, Reiten war tatsächlich *en mode*, und es galt durchaus als *chic*, eine »Pferde-Connaisseuse« zu sein. Und was ist das, bitte? Eine Reiterin, die in der Lage ist, »über Kruppade, Extremitäten und Krankheiten etc. mit ›un petit air jockey‹[4] zu conversieren«, so notiert 1887 *The Lady's World*.[5]

Nachdem so viele reitende Frauen selbstbewußt durch die vergangenen Jahrhunderte und Jahrtausende gesprengt sind, müssen wir ernüchtert feststellen, daß im 18. und 19. Jahrhundert der Reitsport mancher Dame nahegelegt werden mußte, um deren Furchtlosigkeit und Courage erst zu wecken und Reiten – ernstgemeint! – als Nerventonikum einzusetzen! Besonders zur Stärkung von labilen und kränklichen Frauenzimmern sollte Reitsport sich eignen ...

Reiten gegen Veitstanz und Tuberkulose!

Die den Frauen nachgesagte Schwächlichkeit, Apathie und Atemnot kamen nicht von ungefähr – das Modediktat trug beträchtlich dazu bei. Das Wissen darum, durch das unvermeidliche Korsett körperliche Schäden davonzutragen, schien zwar allgemein verbreitet, wollte eine Frau jedoch den gängigen Idealen entsprechen, mußte ihr Korsett fest geschnürt getragen werden – eben so fest, daß die (Wunsch-)Taille möglichst mit zwei Händen umfaßt werden konnte. Selbst kleinen Mädchen wurde, wenn auch noch nicht mit festen Fischbein-Stäbchen, die Taille ein wenig geschnürt, »um den niedlichen Kleinen ein bißchen Halt zu geben« ... »Viele Frauen klagen schon nach einem kurzen Spaziergang über einen Zustand heftigster Erschöpftheit«, war im Jahre 1884 in einer medizinischen Zeitschrift zu lesen. Das wundert nicht, da sie doch ein Gewicht mit sich herumschleppten, das selbst trainierte Kraftprotze in die Knie gezwungen hätte. Die Taille einer mit einer Krinoline gekleideten Frau beispielsweise, heißt es an gleicher Stelle, »umgürtet ein Reifen, an dem ein Gewicht hängt, das schwerer als die Metallkette eines gefangenen Kapitalverbrechers wiegt. Schultern und Brust werden zusätzlich belastet: ihre Atmung geschieht nur unter größter Anstrengung.« Dazu kam ein Schuhwerk, das in der Regel zu klein, zu spitz und zu eng angepaßt war.

Kränkliche und labile Frauen gingen also mehr zwangsweise in ›Reittheraphie‹, wie wir es heute nennen würden. Für die größte Gruppe der Reiterinnen, Frauen der wohlhabenden Mittelklasse und Oberschicht, galt Schwächlichkeit als Zeichen von Vornehmheit. Körperdisziplinierung und eine karge intellektuelle Erziehung waren die Grundlagen eines Lebens, dessen Sinn und Zweck in einer möglichst vorteilhaften Eheschließung lag. Es schien damals gesellschaftlicher Konsens, daß Frauen von Natur aus dazu bestimmt seien, ihr Leben dem Wohle von Ehemann und Kindern und dem häuslichen Frieden hinzugeben. Doch trotz eines krankmachenden Alltags sollte natürlich keine Frau krank *sein*, kranke Frauen waren selbstverständlich nicht gefragt.

Für eben diese schwachen Geschöpfe sei Reiten »der ideale Sport«, argumentiert ein zeitgenössischer Arzt 1883, »da lediglich die Beine und die untere Körperhälfte aktiv involviert« seien ... Und nachdrücklich empfahlen einige Ärzte den Patientinnen mit Neigung zu Hysterie, Hypochondrie oder ersten Anzeichen von Veitstanz oder Tuberkulose, sich doch zu langen Ausritten aufs Pferd zu setzen.

Wie widersprüchlich diese vielen Anweisungen waren, zeigt die Warnung, die derselbe Reitlehrer schleunigst hinterherschickte: »Die ersten Erfordernisse für eine zu Pferd steigende Dame sind Mut und Selbstvertrauen. Zaghaften Damen soll man nicht zureden, den Reitsport zu betreiben.«[6]

Doch wir ahnen es schon, auch in dieser Zeit gelangten zahlreiche Reiterinnen aus eigenem Willen an und auf die Pferde.

Und als viele Frauen im Laufe der Jahrzehnte ein aktiveres Leben führten und sich die Welt des Sports eroberten, änderte sich schnell auch die Ausstattung des Kleiderschrankes – der letzte Schrei um 1880 war das heute eher bieder wirkende Schneiderkostüm als Ausdruck des Interesses der Damen für den Sport.[7]

Frauen vornehmlich aus dem niederen Landadel und der begüterten Bourgeoisie widmeten sich häufig ganz nach Laune dem Pferdesport, ritten zur Jagd und übten sich im Bogenschießen. Die Tochter eines Landgutbesitzers genoß gewiß größere Freiheiten als eine Städterin, doch wenn sie in Garderobefragen nicht alle Konventionen fallen lassen wollte, hatte die Amazone des 18. und 19. Jahrhunderts eine Menge Schleifen und Schlaufen im Gepäck. »Die Reiterin verletzt sich sehr leicht!«, notiert Reitlehrer Fillis, »die geringste Falte in ihren Kleidern veranlasst eine Hautabschürfung«[8] In der Tat: »Das Reiten der Damen wird ein wenig von der *Mode* behindert«, lautet die dezente ärztliche Einschätzung 1892, »die bestimmt, daß sich ein Reitkostüm so eng wie ein Handschuh an den Körper schmiegen sollte, und daß daher die Taille, um den modisch erforderlichen Proportionen zu entsprechen, eng korsettiert sein muß.«[9] Und die Ärztin Mitchell warnte ebenfalls 1892 vor den Folgen »viel zu enger Reitkorsettagen«, die den Vorteilen des Reitsports eindeutig im Wege seien.

Die Reiterinnen erfuhren ihre spezielle Festlegung auf das Bild der schönen Dame mit eigens gefertigtem Sattel und einer Menge Kostümierung als Zubehör. Denn die Allgemeinheit war sich darin einig, »daß das Gesetze der Schönheit noch über dem reiterlichen Gebot stehen« solle[10] – für die Damen, versteht sich. Die Ära der ›Herrenreiter‹ und ›Damensattel-Amazonen‹ endete erst nach dem Ersten Weltkrieg, als die Sportreiterei unserer Tage ihren Anfang nahm.

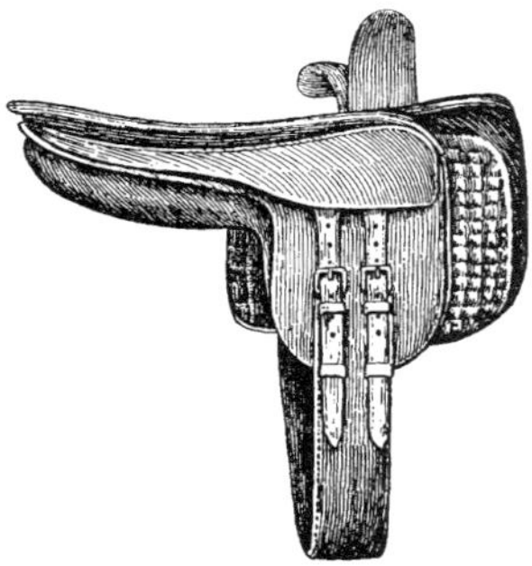

Zwei Riemen, zwei Hörner, zwei Lakaien – die Dame und ihr Sattel

Betrachten wir nun den ›Hauptgegenstand‹ der Damenreiterei; da wird er schon für uns aufs Pferd gelegt: der Damensattel! Zwei Riemen, zwei Hörner, zwei Lakaien, um die Dame hinaufzuheben, ein speziell ausgebildetes Pferd – was für ein Aufwand!

Lange hatte es gedauert, und dann war es doch geschehen – der Damensattel wurde gewissermaßen Pflicht und hatte sich gegen Ende des 18. Jahrhunderts so etabliert, daß die Dame fast ausschließlich auf ihm durch das nächste Jahrhundert galoppierte, und ritt sie nicht so, war sie keine solche.

»Als Bonnie vier Jahre alt war«, heißt es, korrekt bis ins kleinste Detail, in »Vom Winde verweht«, »fand Mammy es höchst unschicklich, daß ein kleines Mädchen im Herrensitz vor ihrem Pa im Sattel saß und das Kleid ihr in die Luft flog … das Ergebnis war ein kleines, braun und weiß geflecktes Shetland-Pony mit langer, seidiger Mähne und ebensolchem Schwanz, samt einem zierlichen Damensättelchen mit Beschlag … Bonnies Besitzerstolz wurde einzig dadurch getrübt, daß sie nicht mehr rittlings wie ihr Vater sitzen durfte. Als er ihr aber auseinandersetzte, wieviel schwerer es sei, im Damensattel zu reiten, gab sie sich zufrieden und lernte es rasch.«[11]

Der Damensattel hatte eine lange Geschichte hinter sich: Der einfache Seitsitz läßt sich bis zu ägyptischen Kriegern und Hunnenkönigen zurückverfolgen, denen dieser eine bessere Angriffstaktik ermöglicht hatte. Assyrische Reliefs zeigen in der gleichen Zeit die ersten Reiterinnen im Grätschsitz und vornehme, beleibte Frauen in Reitsesseln im Seitsitz.[12] Als die Sättel noch einfache Kissen oder Felle waren, war es relativ egal, ob man sich rittlings oder seitwärts darauf setzte. Auch die Einführung eines Sattelbaums änderte nichts daran, es gab nur einen Satteltyp für das Gepäck und die Reiterei. Erst nach Erfindung des Steigbügels lag ein beträchtlicher Unterschied zwischen Seitsitz und Grätschsitz. Am Seitsattel wurde dann ab dem 9. Jahrhundert ein Brettchen als Fußstütze angebracht, eine sogenannte »Planchette«.[13] Im 11. Jahrhundert soll die legendäre Lady Godiva, Gräfin von Chester, um die englische Stadt Coventry von einer hohen Geldstrafe zu befreien, nackt durch die Straßen geritten sein, eine eigens errichtete Statue zeigt sie genau so – im Seitsitz.

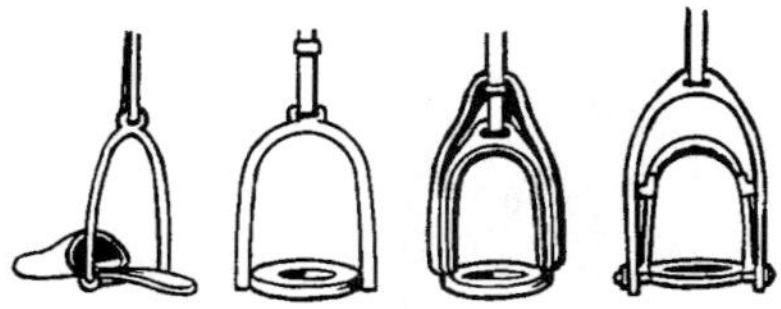

Pantoffel-Steigbügel und andere

Auch im 12. Jahrhundert bevorzugten einige vornehme Frauen den Seitsitz und thronten auf kostbar bestickten Reitkissen, auf die sie von edlen Herren oder eigens dafür bestimmten Knappen gehoben wurden. In mittelamerikanischen Ländern ist es heute noch üblich, daß Frauen bei Festen seitlich vor oder – auf der Kruppe des Pferdes – hinter ihrem »Galan« sitzen.[14] Dabei geht es dann allerdings eher um ein Sichtragenlassen als um aktives Reiten.

Die Verbesserung des ›gesitteten‹ Sitzes wird der begeisterten Jagdreiterin Katharina von Medici im frühen sechzehnten Jahrhundert zugeschrieben. Sie legte, durch Krankheit bedingt, das rechte Knie über das vordere Ende des Sattels, das Sattelende wurde zu einem gekrümmten Horn umgewandelt, und der gefährliche, zunächst nur Unsicherheit bringende Damensattel war erfunden. Richtig einsetzbar wurde er erst durch die Erfindung des »Leapinghead«, der für die viktorianischen, selbst durch einen Damensattel nicht von der Jagd abzuhaltenden Reiterinnen entwickelt wurde: Ein zweites Horn unterhalb des oberen hielt nun den linken Oberschenkel fest ...

Die Möglichkeit der Wahl ist entscheidend bei der Frage des Für und Wider, und auf die freie Wahl des Sitzes mußte die »öffentliche« Reiterin vom Ende des 18. Jahrhunderts bis zum Anfang des 20. Jahrhunderts verzichten. Bei soviel öffentlicher Mißbilligung wurden Frauen im Grätschsitz in diesen Zeiten ein seltener Anblick – sogar die gewiß privilegierte Prinzessin

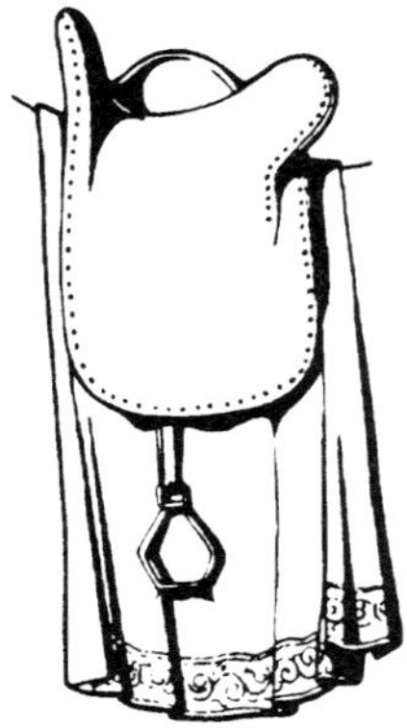

Der »Sambue«, ein Damensattel des 14. Jahrhunderts

Sophie Wilhelmine, Nichte Friedrichs von Preußen, zog sich bezeichnenderweise 1750 den Unwillen ihres Onkels zu, als sie im ›Herrensitz‹, wie er von nun an meistens genannt wurde, vorritt, und der Herzog von Newcastle notierte gar als Kuriosum, er habe »auch schon einmal eine Frau im Männersitz gesehen«.[15]

Dabei war es Mitte des 18. Jahrhunderts überhaupt noch keine Selbstverständlichkeit, daß die Frauen im Seitsattel ritten. Prizelius beispielsweise mokiert sich noch 1777 recht anzüglich über die Männer, die den Frauen diesen Sitz empfehlen: »Unter die Schmeichler, welche den Hakensattel empfehlen, gehöret vorzüglich der Hr. Oebschelwitz; ein Mann, der von der Reitkunst wenig mitbekommen [...] Ganz kürzlich wollen wir uns mit ihm unterhalten. Er sagt: – ›Es würde vielen von diesem liebreizenden Geschlechte, wo nicht unmöglich, jedoch sehr unbequem fallen, wie die Mannspersonen zu Pferde zu sitzen [...]‹ – Wenn der gute Mann die Unmöglichkeit zeigen sollte; so würde er ziemlich kurz reichen. Ob des Hrn. Oebschelwitz angetraute oder unangetraute liebe Hälfte mit solchem Fehler behaftet gewesen, weis ich nicht; das weis ich aber, daß mir noch keine vorgekommen, ob ich gleichwohl die Ehre habe, eine große Anzahl schöner Reiterinnen zu kennen, wel-

Sattel aus der Zeit Heinrichs II., sowohl rittlings als auch seitlich benutzbar

Damensattel mit Sitzlehne, Ende des 16. Jahrhunderts. Aufgestiegen wurde auf der anderen Seite.

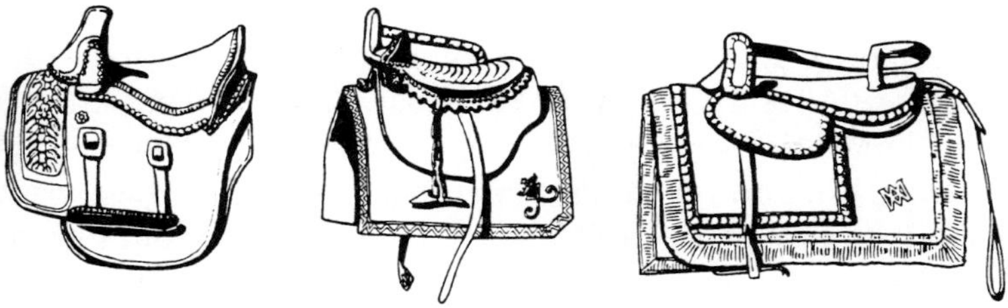

Der Damensattel im 17. und 18. Jahrhundert: links mit Fußbrett, in der Mitte mit Pantoffelsteigbügel; rechts der Sattel von Marie-Antoinette

che nicht ihre Schenkel so weit auseinander bewegen können, daß sie das Pferd wie eine Mannsperson beschritten hätte.«[16]

Die Schwierigkeit des Damensattels lag – und liegt, denn er erlebt seit einigen Jahren neuen Zulauf – darin, daß er selbst und die Reiterin unbedingt im Gleichgewicht sein müssen, beide Hörner und beide Beine befinden sich ja auf derselben Seite. Das Gewicht der Reiterin muß auch seitlich gut ausbalanciert werden, weil der Sattel sonst nach links zieht und den Rücken des Pferdes einseitig belasten kann. Damit der Schwerpunkt direkt über der Wirbelsäule des Pferdes ruht, muß die Reiterin aufrecht und ›im Lot‹ sitzen, in allen Gangarten und auch beim Springen, sie muß Schultern und Körper geradeaus richten, parallel zur Pferdeschulter, ganz wie beim herkömmlichen Sitz.

Daß so ein Sattel auch die Reitweise verändert, Balance und Losgelassenheit für Pferd und Reiterin erst einmal erschweren kann, liegt auf der Hand: der Damensattel schaltet die Hilfen des rechten Beines völlig aus, die Reiterin benötigt ein feinfühliges, speziell ausgebildetes Pferd. Denn als Ersatz für den rechten Schenkel fungiert die Gerte in der Hand. Bis die Sättel in der Sitzfläche flach wurden, etwa ab 1890, konnte der notwendig nach vorn gerichtete Blick der Reiterin ein verdrehtes Rückgrat einbringen.

Die Meinungen über den Damensattel und die Notwendigkeit seines Einsatzes gingen weit auseinander: »Es ist außer Frage«, äußert beispielsweise die erfahrene Jagdreiterin Lilian Bland ganz entschieden, »daß der Damensattel eine Grausamkeit für

Pferd und Reiterin bedeutet, und man muß hoffen, daß eine aufgeklärtere Zeit diese Marterwerkzeuge in die Museen verbannt.«[17] Alice Hayes faßte 1893 das Problem ganz anders: »[...] immer wieder der Gedanke, daß Damen im Herrensattel reiten sollen und nicht im Damensitz. Wer diese Idee ernst nimmt, ist entweder verrückt oder ein völliger Ignorant. Erstens würde eine Frau im Herrensattel wenig anmutig aussehen. Das brauche ich wohl nicht weiter auszuführen; aber ich möchte doch darauf hinweisen, daß auch Herren mit breiten Hüften keine gute Figur im Sattel machen. Zweitens würde die Gesundheit jeder Frau, die *à califourchon* reitet, in dem Augenblick leiden, in dem sie der Ehrgeiz überkommt, sich schneller als im Schritt zu bewegen ... Drittens ist der Bau der weiblichen Gliedmaßen für den Herrensitz ungeeignet.«[18] Auch Schoenbeck plädiert 1908 wieder für den Damensattel, nachdem er – allerdings nur, um Druckschäden bei den Pferden durch schlechte Sättel vorzubeugen – auch schon anderes propagiert hatte. Nun ist auch für ihn »der Körperbau der Dame für den Spreitzsitz nicht geeignet.« Und die erstaunte Leserin hört ihn förmlich dozieren: »[...] eine Dame pflegt doch auch sonst nie Spreitzsitz oder -stellung einzunehmen – so wird das bald für die meisten Männer uninteressant, vielfach sogar widerwärtig.« Für die Männer?! Und er setzt nach: »Dies allein schon sollte für die Damen maßgebend sein.« Da haben wir's also: Die ›Stellung‹ der Dame richte sich nach dem Herrn!

Heutzutage hat dieses einst so umstrittene Sitzen tatsächlich ein Comeback erfahren – in England gibt es eine eigene Organisationsgruppe, die »Sidesaddle Association« mit entsprechenden Sektionen in anderen Ländern, die das Reiten im Damensattel erhalten und weiterentwickeln wollen.[19] Die heutigen Reiterinnen treffen ihre Sattelwahl nicht nur aus Gründen der Eleganz, sondern auch des Sitzes wegen: Der Damensattel fördere den tiefen Sitz und damit die Versammlung des Pferdes, angestrebte Ziele reiterlichen Ehrgeizes. Die Anzahl der Ausbilderinnen und Ausbilder für die Reiterei im Damensattel wächst auch hierzulande, ebenso die Anzahl der öffentlichen Auftritte.

Was bewegt die heutige Damensattel-Reiterin? Claudia T.

Guter und schlechter Reitsitz der Dame

suchte in einem Antiquariat historische Literatur über den Damensattel. Seit zwei Jahren begeistert sich diese Freizeitreiterin für das Reiten im Damensattel. Wie sie dazu kam? Ihr Pony liebe die Abwechslung, erklärt sie, ihm sei schnell langweilig. Das Damensattel-Reiten bringt ihr Spaß, und sie mag diese elegante Art des Reitens. »Es sieht einfach gut aus«, sagt sie entschieden. Sie wird sich Kleidung nachschneidern, denn es gibt kaum Entsprechendes zu kaufen. Einen Damensattel-Reitlehrgang hat sie besucht, um sich in der Reitweise fortzubilden, und springt auch gern über kleine Hindernisse. Stürze hat sie selbst noch keine erlebt, und auf dem Lehrgang ist auch keine zu Boden gegangen. Claudia T. ist der Meinung, daß wer gut im Damensattel sitze, eigentlich einen besseren Halt habe als im Herrensattel. Sie räumt allerdings ein, daß die Sicherheitsbügel heute wie früher das Entscheidende seien: Wenn nämlich das Pferd nach links fällt, hat die Reiterin eben – Pech gehabt. Claudia lebt mit beiden Beinen in der Gegenwart, sie trägt kein Reitkorsett und ist auch nicht aus Gründen des Anstands gezwungen, den Damensattel zu benutzen. »Gutes Reiten, gewürzt mit femininem Charme«, wie es in einem aktuellen Buch[20] über Damensattelreiterei heißt, und die Suche nach etwas Außergewöhnlichem sind hier auslösend für den Griff zum Damensattel. Hauptsächlich im Süddeutschen Raum sind die Damensattel-Reiterinnen aktiv, beteiligen sich mit Schau-Beiträgen wie Quadrillen auf Turnieren und kämpfen dafür, im Damensattel im Turniersport starten zu dürfen, denn nur Pas-de-deux und Quadrilleprüfungen sind seit kurzem wieder erlaubt – die Reiterin des 20. Jahrhunderts darf nun wiederum nicht mehr, wozu ihre Vorfahren nachdrücklich angehalten, wenn nicht gezwungen wurden.

Die heutige Darstellung in einer Reitanweisung unterscheidet sich vermutlich nur wenig von denen früherer Zeiten: »Nachdem Sie in den Damensattel gehoben wurden, ist ihr erster Eindruck wahrscheinlich der, wie weit Sie vom Pferderücken entfernt sind. Die Sitzfläche eines Damensattels ist viel dicker gepolstert als die Sitzfläche bei Herrensätteln. [...] Die ungewöhnliche Gleichgewichtssituation, die dieser Sitz hervorruft, kann anfangs etwas beunruhigend sein, bei gutem Unterricht und mit einem zuverlässigen Pferd wird man diese Schwierigkeiten aber schnell überwinden.«[21]

Schutz vor Verwicklungen: Das sichere Reitkleid

Die ständige einseitige Belastung konnte zum Problem für den Rücken von Reiterin und Pferd werden, aber das erscheint vergleichsweise harmlos in Anbetracht der möglichen Stürze der Damensattel-Reiterin. Der feste Sitz mit dem Leaping-head ließ die Reiterin zwar tatsächlich fester sitzen, bei einem Sturz aber auch leichter unter dem Pferd begraben werden! Ein irischer

Pferdekenner äußerte drastisch und überzeugend, er würde sich lieber an den Hörnern eines angreifenden Bullen festhalten als an denen eines Damensattels …[22]

Die Sturzgefahr hing nicht am Horn allein – der Rock des Reitkostüms, das sich nur allzuoft in Hindernissen verfing, wurde zumeist mit einer Schlaufe am Fuß zusammengehalten, die indiskretes Hochwehen im Wind verhindern sollte. Und in diesem Detail steckt der Teufel – die Begründung für die Damensattel-Reiterei lag in der Moral, einzig und allein in der Vorstellung von einer züchtig bekleideten und sich züchtig bewegenden Frau begründet. Dieser Vorstellung widersprach eine Frau in Hosen, die rittlings und mit kraftvollen Schenkeln auf dem Pferd sitzen konnte.

Ähnliche Probleme stellten sich beim Fahrradfahren! Nicht die fahrradfahrende Frau an sich war anstößig, sondern ihre entsprechende Kleidung und Bewegung[23]! Der Unterschied bzw. die Parallele zum Fahrradsattel wurde von den Verfechtern des (Pferde-) Damensattels allerdings betont: Der Fahrradsattel laufe ja spitz zu und die Frauen säßen eher wie auf einem Stuhl, »während man zu Pferde im Herrensattel doch auch auf der Spalte sitzt, und hierin gerade liegt die Gefahr für die weibliche Gesundheit.«[24]

Gefährliche ›Verwicklungen‹ beim Sturz brachte das Reitkleid, und dieses erhielt sich trotz der Gefährdung für seine Trägerin bis weit in das 20. Jahrhundert hinein. Immerhin führt der einsetzende Aufschwung des weiblichen Jagdreitens zu einer Verkürzung der Reitkleidung und später zum »Sicherheitsrock«, der sich bei einem Sturz von der Reiterin löste, damit sie nicht vom Pferd mitgeschleift werden konnte. Unter dem Reitkleid (dürfen wir mal sehen?) trug die Dame z. B. Breecheshosen und lederne Reitstiefel, manchmal auch Flanellkombinationen. Vom Unterhemd über das Korsett bis zum Beinkleid und den Schnürstiefeln wurden den Damen detaillierte Vorschläge, um nicht zu sagen: Vorschriften gemacht. Zylinder mit kurzem Schleier sollten getragen werden, flache, seidene Hüte, Filzhüte oder sogenannte Melonen …

Helene von Rheiffen[25] erwartet ein teures Reitkleid, »von einem ersten Schneider tadellos sitzend angefertigt«. Für den heißen Sommer aus weißem englischem Leder, im übrigen aus Tuch angefertigt, für schlanke Damen mit anliegender Taille, für die anderen besser im blusenartigen Schnitt. Der Rock durfte nicht zu weit sein, nur so lang, daß man den Fuß mit dem Bügel sehen konnte, mit einer sackartigen Ausbuchtung an der Unterseite, die die »sporting Lady« zwischen die beiden Gabeln schob, damit das Kleid nicht zerrissen wurde. Die Autorin ist allerdings entschieden der Meinung, daß »man in England selten einer Dame zu Pferde begegnet, welche nicht in jeder Hinsicht ladylike aussieht«, und befindet es in Deutschland für »leider umgekehrt«.

»Reitkleidung sollte zweckmäßig sein«, empfiehlt die Redakteurin einer heutigen Pferdezeitschrift ihren Leserinnen und Lesern. »Ob Sie lieber in Reithosen oder Jeans auf dem Pferd sitzen, ist egal, Hauptsache, Schnitt und Verarbeitung sind reitgerecht. Bei einer Jeans sollten Sie darauf achten, daß sie im »Cowboy Cut« geschnitten ist. Damit haben Sie mehr Bewegungsfreiheit als in normalen Jeans.«[26]

Moderne Bewegungsfreiheit schön und gut, aber was ist mit der Frisur? Helene von Rheiffen 1907 zur Frage der Kopfbedekkung: »Die Reiterin lasse sich unter allen Umständen in den kleinen Filzhut, den sie trägt, an der Seite ein paar möglichst große Luftlöcher hineinmachen. Einzelne Damen transpirieren beim Reiten sehr stark am Kopf, und wenn die Wärme unter dem Hut zu groß wird, so gehen leicht die Haare aus. Wir haben ja beide eine Dame gekannt, die das Reiten aufgeben mußte, weil ihr so furchtbar die Haare ausgingen.«[27]

Die Befreiung des Fußes aus den Händen des Herrn

Ja, Amazone werden ist nicht schwer, könnte da manch eine murmeln, die dazugehörige Garderobe tragen dagegen sehr … Wenn Damen zur Jagd anreisten, türmten sich die Koffer und Handtaschen, die holden Jägerinnen wollten und mußten mit Kostümen, Teekleidern und Abendroben glänzen, nicht nur auf dem Pferde, versteht sich.

Wollte eine reitende Dame mit ihrer kostbaren Ausstattung zu

Fig. 74. Aufsitzen, erster Moment.

einem Ausritt starten, konnte sie nur hinaufgehoben werden – von einem Begleiter oder mit Hilfe eines herunterklappbaren Doppelbügels; im Berliner Tiergarten standen steinerne Aufsitzbänke an den Reitwegen. Sie selbst sollte gar nicht erst versuchen, das Pferd zu erklimmen, der Herr hob sie in den Sattel, sie setzte sich dann nur noch zurecht, weit entfernt von Freiheit und Abenteuer …

Reitlehrer Schoenbeck erläutert das Aufsitzen der Damen in seinem Reit-ABC: »Um sich in den Sattel heben zu lassen, wird der linke Fuß in die verschlungenen Hände des Herrn gesetzt, während auf 1! 2! 3! die Dame sich mit dem rechten kräftig vom Boden abstößt und der Herr oder Diener sie in den Sattel hebt.«[28]

Saß sie glücklich oben, streifte sie als erstes zwei Gummischlaufen über beide Füße, die ein Verschieben des Kleides und Flattern im Winde verhindern sollten.

Und wer nun denkt, die Dame ritte jetzt endlich los, hat ihre

›Piloten‹ vergessen! Es erforderte nicht nur die Sitte, sondern eine »gewisse Unselbständigkeit der Dame zu Pferd«, daß sie stets in Begleitung unterwegs sein sollte. Schoenbeck erwartet von dem Begleiter, daß er »ein tüchtiger, erfahrener und kaltblütiger Reiter« sein müsse, auf einem bestens ausgebildeten Pferd sitzen und »gegebenen Falles bereit sein, sofort die Zügel *seines* Pferdes mit der rechten Hand zu erfassen, um eventuell mit der linken in die der Dame eingreifen zu können ...«

Beim Absitzen lief übrigens das Ganze umgekehrt ab: »[...] und läßt sich, wenn sie so auf dem Sattel sitzt, ohne zu springen heruntergleiten, indem sie die Arme etwas anspannt. Sie muß auf die Fusspitzen fallen und dabei die Knie biegen, um so jeden Stoss zu vermeiden« ... »Sehen Sie doch, wie es am häufigsten geschieht: Die Dame wirft sich förmlich vom Sattel herunter, der Herr fängt sie auf, dabei die Taille umfassend und

Fig. 75. Aufsitzen, zweiter Moment.

Fig. 76. Absitzen.

lässt sie […] an seinem Körper entlang gleiten. Das ist unangenehm, nicht schön und wenig passend.«[29]

Dieses ganze ›Reittheater‹ wirkt heute mehr wie eine künstliche Welt jenseits von lebendigen Tieren und dem Geruch von Leder und Schweiß. Aber beruhigenderweise fanden und finden sich noch genug Geschichten, Anekdoten, Geheimnisse, die anderes berichten, und zum Glück blieben die ›bösen‹ Mädchen nicht im Reitkleid und auch nicht auf der Promenade:

Miss Taverner nahm Peitsche und Zügel in die Hand und kletterte, Hilfe verschmähend, auf den Bock. »Du nimmst deine Befehle von Miss Taverner entgegen, Henry«, sagte der Earl, als er neben sein Mündel stieg.
»Mylord, Sie werden uns doch nie im Leben von einem Frauenzimmer fahren lassen?« sagte Henry fast weinend. »Was ist mit meinem Stolz?«

»Schluck ihn, Henry«, erwiderte der Earl freundschaftlich.
Miss Taverner ließ ihre Pferde starten und sagte herrisch: »Trete Er zurück! Wenn Er Angst hat, erwarte Er uns hier.«
Der Page ließ die Seitenpferde los und rettete sich mit einem Sprung auf seinen Sitz. […]
Feurig lenkte Miss Taverner das Gespann in einem flotten Trab, alle vier Pferde ausgeglichen, die Straße hinab. Sie hatte feinfühlige, leichte Hände, wußte, wie die Leitpferde auszurichten waren, und zeigte dem Earl bald, daß sie Erfahrung im Gebrauch der Peitsche hatte. Sie berührte das Leitpferd verhalten und fing die Schnur mit einer leichten Wendung des Handgelenks wieder ein, so daß diese geräuschlos den Stiel hinaufglitt. Miss Taverner fuhr Seine Lordschaft ohne den geringsten Zwischenfall in den Hyde Park und zweimal in der Runde. […]
Als das Karriol wieder in der Brook Street vorfuhr, sah Henry Miss Taverner mit etwas wie Respekt in seinen scharfen Augen an. »Es ist nicht, was ich gewohnt bin, und auch nicht, was ich billige«, sagte er, »aber Sie handhaben sie sehr gut, Miss – sehr gut handhaben Sie sie!«[30]

Bezeichnend oft entrüsteten die Moralisten des 18. Jahrhunderts sich über jene dreisten englischen Amazonen, die nicht nur allein ausritten, sondern auch noch Krawatte und Zylinder trugen, dazu einen Rock, der erschreckende Ähnlichkeit mit einem Herrengehrock aufwies …

Die dafür berühmte Französin George Sand trug Herrenhemd und Gamaschen auch außerhalb der Reiterei, im Theater erhielt sie billigere Plätze als Student ›getarnt‹ im knöchellangen Überrock aus dickem grauen Stoff, in Hose und Weste. – Kein Wunder, daß die lesbischen Frauen Anfang des 20. Jahrhunderts, selbstbewußt ihre androgyne Schönheit unterstreichend, prompt Reithose und Reitstiefel im Alltag und ganz ohne Pferd als ein mögliches Erkennungsignal anzogen.

Die Moralisten entrüsteten sich selbstverständlich nur leise und hinter vorgehaltener Hand, wenn die Reiterin im Herrensattel mit »kurzer Galonhose und über die Knie reichenden Stiefeln mit geschmeidigen Schäften«[31] Katharina II. (1762–1796) von

Rußland hieß. Und: »Wie hinreißend«, so schwärmte nicht im geringsten schockiert ein Bewunderer der Kameliendame Marie du Plessis, »sie durch die Wälder karakolierte! Leichter als der Wind, schneller als die Schwalbe!«[32] Als »furchtlose Amazone« galt sie, die im Herrensitz, Wildlederbreeches, einem Kaschmircape und dem berühmten Erkennungszeichen, der Kamelie, in vollem Galopp dahinsprengte »wie ein weiblicher Zentaur ...«

Die gesellschaftlichen Veränderungen im Zusammenhang mit der ersten deutschen Frauenbewegung wirkten sich selbstverständlich auch auf die Frage nach der Mode und dem ›richtigen‹ Sitz zu Pferde aus. Und keine geringere als Dr. Anita Augspurg, selbst Reiterin und Feministin ersten Ranges, trat als eifrige Verfechterin des Reitens im Herrensattel auf, denn sie hielt diese Art für gesünder, gefahrloser, interessanter und schöner! Ihre Lebensgefährtin Lida Gustava Heymann: »Anita, als passionierte Reiterin, hatte unendliche Liebe, großes Verständnis, direkt freundschaftlichen Kontakt, ein ganz individuelles Verhältnis mit ihren Pferden. Sie erklärte, so stark mit ihnen verbunden zu sein, daß ihre Pferde beim Reiten ihre Absichten ausführten, noch ehe sie bei ihr endgültig beschlossen waren. Zum Dank dafür gab sie aber auch häufig den Wünschen der Pferde nach: da war eben ein gegenseitiges Nehmen und Geben in der Freundschaft, ganz wie bei uns. Anita zog die unbändigen, eigenwilligen Pferde den sanften vor, und ging der Gaul einmal mit ihr durch, machte ihr das gewaltigen Spaß. Ohne Gaul ist sie meines Wissens nicht heimgekommen, wohl aber zerschunden, mit Schrammen im Gesicht, die ihr beim rasenden Tempo von den Zweigen der Waldbäume geschlagen wurden.«[33]

Auch nicht gefahrlos und nur bedingt gesund, aber schöner und interessanter als allen anderen Reiterlebnisse ist das Reisen zu Pferd – von einem Ort zum andern, auf kleinen Strecken über Land, auf großen Wegen durch die (Welt-)Geschichte. Auf, auf, von Nord nach Süd, den vielen Hufspuren nach, ins nächste Kapitel!

10. »Es reiset sich des Nachts in Wäldern schön ...«

Reisende Frauen zu Pferd und ihre Abenteuer

»Le Paradis de la terre se trouve sur le dos des chevaux, dans le fouillement des livres.«
Elpis Melena, 1860

Das Paradies der Erde
liegt auf dem Rücken der Pferde
(und) im Studium der Bücher.

DIEJENIGEN, DIE NOCH ZU HAUSE SIND, wollen gerne fort. Im Laufe der Jahrhunderte hat manch eine ihr Bündel geschnürt und das Reisen gewählt. Mitunter trieb sie die Aussicht, daß der Ablauf der Tage, die Menge der Vorschriften, die abendlichen Eindrücke des Korsetts auf den Rippen sich niemals ändern würden. Wieder andere trieb die Abenteuerlust, die Neugier auf fremde Welten, auf Tage unter der Sonne und Nächte unter freiem Himmel. Und nicht wenige trieb die Reiseliteratur ...

Die Beweggründe für Frauen, auf Reitreise zu gehen, waren so verschieden wie die Zeiten, in denen sie lebten. In der Regel ritten sie allerdings nur, um zu reisen, um vorwärtszukommen; erst die Wanderreiterinnen dieses Jahrhunderts reisen auch, um zu reiten und verbinden bewußt das Unterwegssein mit Reitgenuß.

Wenn eines Abends irgendwo und irgendwann ein großes Feuer brennen würde, und all die durch die Jahrhunderte reisenden Frauen kämen mit ihren Pferden an, ließen sich nieder und begännen ihre Geschichten zu erzählen! – Dann wäre ganz bestimmt eine dabei, die all den Geschichten zuhören, sie sich merken und wieder neu erzählen würde: Elsa Sophia von Kamphoevener, vielen noch bekannt als Buchautorin und Märchenerzählerin im Radio der fünfziger Jahre. Vielleicht spielte sich die abenteuerliche Lebensgeschichte, die sie von sich erzählte, nur in ihrer Phantasie ab – im Alter verarmt, wußte sie das Interesse an ihrer Person durch allerlei Geschichten wach zu halten –, aber das tut der faszinierenden Legende keinen Abbruch: Die fünfzehnjährige Elsa Sophia will ihren Vater gebeten haben, ihr eine kleine Karawane zur Verfügung zu stellen, damit sie als Mann verkleidet durch Anatolien ziehen konnte. In Männerkleidern soll sie später auch durch die Wüste geritten sein, an nächtlichen Lagerfeuern gesessen und Geschichten erlauscht haben, die vorher noch an kein europäisches Ohr gedrungen waren …

In dem ungestümen Reiter, der Anfang des 18. Jahrhunderts über die Felder gen Ilmenau galoppierte, hätten die Leute ihres Dorfes wohl kaum die junge Dichterin Sidonia Hedwig Zäunemann erkannt. Denn Sidonia trug auf ihren geliebten weiten Rit-

Nonnen im Reisewagen

ten über Land Männerkleidung und dichtete: »Ich kann zu allen Zeiten / in solcher Tracht durch Blitz und Donner fröhlich reiten.« 1738 wurde die vierundzwanzigjährige Erfurterin zur ›kaiserlich gekrönten Poetin‹ der Stadt Göttingen erkoren. Die Ehrung tat ihrer Abenteuerlust keinen Abbruch. Sidonia Hedwig Zäunemann wagte und gewann, wagte und verlor, bei ihrer letzten Reise beinahe das Leben – im Jahr ihrer Ehrung als Poetin stürzte sie mit ihrem Pferd in die winterliche Gera, und das Pferd ertrank. Nicht zur Nachahmung empfohlen, im Gegensatz zum folgenden Rat der Dichterin. »Versucht's!«, so hinterließ sie anderen Frauen als Empfehlung: »Es reiset sich des Nachts in Wäldern schön. Ich hab's erst nicht geglaubt, nun hab ich es gesehn.«[1]

Bieten wir also ein Lagerfeuer für die reisenden Frauen dieses Kapitels an, denn eine Rast brauchen sie alle, und neugierig auf andere Menschen, Eindrücke und Geschichten sind sie auch!

Reise nach Jerusalem

»Einer Frauen Romfahrt und einer Henne Flug über den Zaun ist beides gleich nütze!« So böse kommentierte Bischof Bonifatius im Jahre 747 die Reisen von Pilgerinnen. Er wünschte ein Verbot für die »Weibspersonen und verschleierten Frauen«[2] und deren zahlreiche Touren. Denn Pilgerinnenfahrten gehörten zu einer riesigen mittelalterlichen »Reisebewegung«, an der fast zur Hälfte Frauen, Frauen aller Schichten sich beteiligten. Ob zu Fuß, im Troß, im Wagen sitzend und von Dienerschaft begleitet oder mit Pferd und Esel unterwegs – sie alle wollten nach Rom, Santiago de Compostela oder Jerusalem. Manch eine besuchte im Laufe ihres Lebens auch alle drei Orte.

Bereits früh, zwischen 381 und 384, war die Nonne Etheria zu ihrer Wallfahrt aufgebrochen. Sie war wohl die erste, die reiste, ritt und schrieb. Rund tausend Jahre später als Etheria pilgerte Margery Kempe nach Jerusalem. Als die Kaufmannsgattin aus England 1413 loszog, war sie bereits vierzig Jahre alt. Dreizehn Wochen mußte sie in Venedig geduldig auf günstiges Wetter für die Überfahrt warten. Dann landete sie in Jaffa und machte sich auf dem Rücken eines Esels auf den Weg über Ramla nach Jerusalem. Ihren später so berühmt gewordenen Bericht über ihr Leben und ihre Pilgerfahrten hat sie diktiert; sie selbst war des Schreibens nicht kundig. Den Frauen am Lagerfeuer erzählt Margery die Geschichte, wie sie beim Anblick der Stadt in grenzenlosen Jubel ausbrach, in Ekstase verfiel und fast von ihrem Esel gestürzt wäre, wären ihr nicht zwei holländische Pilger zu Hilfe geeilt ...

Zu Pferde ging die Reise der Pilgerinnen meist bis Padua oder Treviso, zu Fuß hinein nach Venedig und dann mit dem Schiff bis Jaffa. »Easily on an ambling horse she sat, well wimpled up, and on her head a hat«, schrieb der Dichter Chaucer im 14. Jahrhundert über die so in der Poesie verewigte »Frau aus Bath«.[3] Die Lady pilgerte gleich dreimal nach Jerusalem. Gewiß würde sie sich vergnügt ans Lagerfeuer setzen und alle unterhalten, denn sie wird als eine fröhliche Frau beschrieben, nicht auf den Mund gefallen und eine auffallende Erscheinung mit buntem Kopftuch, riesigem Hut und scharlachroten Strümpfen.

Die Frau aus Bath

Gerade treffen Evelyne und Corinne Coquet zur Rast ein, zwei moderne Reiterinnen, die ebenfalls auf dem Weg nach Jerusalem sind. Auch wenn sie erst im September 1973 in Paris gestartet sind, um mit zwei Pferden die sechstausend Kilometer lange Reise zu machen, haben sie nichts gegen eine gemütliche Pause. Trotz aller Zweifel der ›Ungläubigen‹ zu Hause werden sie im April 1974 ihr Ziel erreicht haben – »Das Glück zu Pferde« werden sie ihren Reisebericht nennen und sich hiermit als die bereits erwähnten Frauen ›von heute‹ erweisen, die bei einer Reitreise Pferdeleidenschaft und Abenteuerlust verbinden.

Belinda Braithwaite: Eine Frau reitet ...

... von Andalusien nach Paris

Wenn Frauen also nicht unbedingt reisten, um zu reiten, so reisten doch viele, um zu schreiben und damit möglicherweise Geld zu verdienen. Reiseliteratur erfreute sich seit Ende des 18. Jahrhunderts in Europa großer Beliebtheit und wurde von den Daheimgebliebenen begeistert verschlungen.

Die Reiseschriftstellerin Ida Pfeiffer verbrachte lange Jahre ihres Lebens als brave Wiener Bürgerin, bis sie mit vierundvierzig Jahren, in einem Alter, in dem Frauen als Matronen oder alte Jungfern galten und von ihrem Leben kaum mehr Veränderungen erwarten durften, zu ihrer vielbestaunten »Frauenfahrt um die Welt« aufbrach. Sie veröffentlichte ihre erste Reisebeschreibung – »Reise einer Wienerin in das gelobte Land« – 1844 und landete damit einen Bestseller. Die stolze Autorin konnte mit dem Honorar sogar den Wunsch nach weiteren Reisen realisieren. Ihre gesamten Berichte, verfaßt im Laufe von fast zwanzig Reisejahren, füllen dreizehn Bände.

Ida Pfeiffer schreibt unterwegs

»Mein Körper ist im Abendland/ Und meine Seele im Orient ...« Auch die 1877 geborene Isabelle Eberhardt sehnte sich fort: Sie wollte in den Orient reisen und schreiben. Von ihren ersten Honoraren kaufte sie sich einen Araberhengst und ritt, wie erträumt, durch die Wüste. Und die weltgewandte Gertrude Bell durchquerte zu Beginn dieses Jahrhunderts nicht nur als eine der ersten weißen Frauen die Arabische Wüste – sie reiste gleich in dreifacher Personalunion: als Archäologin, Diplomatin und Schriftstellerin.

Ein Platz am imaginären Lagerfeuer der Reiterinnen gebührt

also auf jeden Fall den Frauen der Feder, denjenigen, die für sich selbst oder gleich für die Öffentlichkeit über ihre Erlebnisse schrieben. Welch ein Glück für uns – woher sonst nähmen wir ihre vielen Berichte und Geschichten? Die Schreibenden sind froh darüber, sich nach einem langen Reittag auszuruhen und endlich ihre Erlebnisse und Briefe zu Papier bringen zu können. Ab und zu übertönt eifriges Geklapper das Kratzen der Federn aus dem 18. und 19. Jahrhundert: Zu Ella Maillarts Gepäck gehörte schon eine Reiseschreibmaschine. 1932 durchquerte sie auf dem Pferderücken das Land der Kirgisen, drei Jahre später ritt sie zu Pferd und Kamel von Peking bis nach Kaschmir. Sie wurde sehr bald als Reiseschriftstellerin bekannt und reiste (trotzdem oder eben deshalb?) unermüdlich weiter.

Können Sie reiten?!

Wer heute eine Reise zu Pferde machen möchte, wägt geflissentlich ab, ob Tagesausflug, Wanderritt, Distanzritt oder Planwagenfahrt – für jede Variante gibt es entsprechende Kurse, die Literatur dazu, Erfahrungsaustausch und selbstverständlich eine passende Bezugsadresse!

Mit welch bewundernswerter Unbedarftheit gingen dagegen unsere Vorreiterinnen zur Sache! Mitunter schummelten sie eben einfach mit ihren Reitkenntnissen, um an einer ersehnten Reise teilnehmen zu können. Wie Ida Pfeiffer, die am Feuer sicherlich von ihrem allerersten Reitausflug berichten würde, der 1842 in Griechenland stattfand: Ida gab kurz entschlossen vor, reiten zu können, obwohl sie noch niemals zuvor auf einem Pferd gesessen hatte. Wen wundert's, wenn sie erzählt: »[...] und als der Trab anfing, wurde mir ganz kurios zumute, ich konnte mit den Steigbügeln nicht zurecht kommen, bald saßen sie mir auf der Ferse, bald verlor ich sie ganz und kam dadurch in Gefahr, das Gleichgewicht zu verlieren.«[4]

Zu dem Zeitpunkt war Frau Ida Pfeiffer bereits über vierzig. Die eher unglückliche Ehefrau und Mutter von zwei Kindern hatte es eilig, die Welt zu sehen. »O daß ich nur zehn Jahre jünger wäre, wie wollte ich meine Reisen noch mehr ausbreiten«, notierte sie[5] – und ließ bei besagtem ersten Ritt das Pferd vorsichtshalber weit hinten laufen, denn sie wagte nicht, um Rat zu fragen und damit ihre Teilnahme am Ausflug zu gefährden. Alle Augenblicke glaubte sie zu stürzen und vollführte nahezu akrobatische Übungen, um das Gleichgewicht zu halten. Aber ihr Wagemut, berichtet sie stolz, wurde belohnt: sie gelangte heil an Ruf und Knochen in die Stadt Brussa am Fuße des Olymp und wußte, daß dieser Ausflug zu Pferde nicht ihr letzter gewesen sein würde.

Ella Maillart mit Begleiter

Etwa hundert Jahre später, in den dreißiger Jahren unseres Jahrhunderts, erschwindelte sich auch Ella Maillart die Teilnahme an einer absehbar harten Expedition durch Kirgisistan.

»Können Sie reiten?« wurde sie gefragt. »Und können Sie zwölf Stunden hintereinander im Sattel sein?« – »Jawohl«, lautete ihre Antwort, »wenn ich mir Mühe gebe.« Diplomatisch gesprochen! Ihre ganze Reitkunst bestand bislang darin, einmal auf Kreta »eine halbe Stunde auf dem Rücken einer Stute gehockt«[6] zu haben.

Aber wer vorhat, die Welt zu sehen, wird sich von so kleinen Hürden nicht abschrecken lassen. Ella ritt also los: »Ich hänge meinen Teekessel an meinen Sattel, stopfe meinen Emaillebecher in die Satteltasche und brauche jetzt nur noch eine kleine Erhebung zu suchen, um in den Sattel zu springen.«[7] Noch Wochen später notierte sie belustigt und besorgt zugleich über ihren Umgang mit Pferden: »Ich fürchte, ich muß noch viel lernen über diese Viecher: nähert man sich ihnen von hinten, so schlagen sie aus; faßt man sie am Zügel, so beißen sie einen in den Unterarm. O Gott, was wird aus mir werden!«[8] Eine Reiterin, wird sie stolz am Feuer erzählen, ist aus ihr geworden – wenn auch nach vielen Hindernissen! Während sie einmal ein ungeheures weißes Kamelgerippe betrachtete, stolperte ihr Pferd, fiel in die Knie, und sie schlug einen Salto über seinen Kopf. Ihre Reisebegleiterin kommentierte von hinten nur trocken: »Ella, du mußt beim Bergabreiten den Kopf deines Gauls hochnehmen!«[9]

Um sich abends nützlich zu machen, ging sie, kaum angekommen im Nachtquartier, schnell wieder in die Dunkelheit hinaus, um ihr naßgeschwitztes Pferd abzusatteln. »Nein, nur nicht!« gab ihr Führer Dschokubbai energisch zu verstehen. Das Pferd werde sich dann nur erkälten, erst in einer Stunde dürfe sie das Sattelzeug abnehmen. Ella war mißmutig, so schwer kann Pferdepflege doch nicht sein! Aber vor der über Generationen tradierten Erfahrung des Führers hatte sie Respekt und widmete sich einstweilen ihrem Teekessel, der einfacher zu handhaben war.[10]

Ida Pfeiffer

Auf ihrer zweiten Reise durch Zentralasien, die sie ebenso erfrischend und selbstironisch schildert, war sie im Umgang mit Pferden schon recht souverän geworden. Sie genoß den Aufbruch: »Wir ziehen den großen Einöden Asiens entgegen – mein gutes Pferd, auf dem ich zwischen den hohen Bögen des Holzsattels mit meinem Schlafsack als Unterlage throne, galoppiert im Zickzack nach allen Richtungen hin und her, rein närrisch vor Freude, daß es nun endlich aus dem Stall heraus ist und so […] taufe ich es Slalom.«[11]

Slalom war auf dieser Reise von nun an ihr Lehrmeister, ihre Freude und auch eine Plage: »Was Slalom betrifft, so ist er noch recht munter; er hat mich sogar schon zweimal abgeworfen, und zwar unsanfter, als es meinem Kopf lieb war: ein nichtiger Erdhügel hatte ihn dazu veranlaßt, einen scharfen Haken mitten im Galopp zu schlagen, als ich gerade unsere Kamele, die einen Sack verloren hatten, wieder einholte.«[12]

Ein anderes Mal war er angesichts einer toten Gans durchgegangen, die der Reiterin gereicht wurde, damit sie sie während des Ritts rupfe! Aber Ella Maillart meisterte alle diese Situationen mit Geschick, und sie war recht zufrieden mit ihren Reitkünsten, als es ihr gelang, ein zweites Pferd noch als Handpferd zu führen und dann mit beiden zugleich über einen Graben zu setzen.

Ella Maillard unterwegs

Rock oder Hose?

Gewiß würde Ella Maillart am erdachten Feuer von der Alten erzählen, die ihr heute an der Spitze des Zuges aufgefallen war: »Eine alte Frau auf einem langsamen, struppigen Pony, die mit ihrem spitzen Hut wie ein Clown aussieht, macht die Anführerin; ihr wirres Haar verdeckt die Runzeln ihres wettergebräunten Gesichts, und in der Hand hält sie das dünne Roßhaarseil, das durch die Nase des ersten Kamels gezogen ist. [...] wenn der Alten zu kalt wird, steigt sie ab und schlurft, steif von Rheumatismus, wie ein Automat mit ihren schiefgelaufenen schweren Stiefeln weiter. Ihr wallender Mantel fegt dabei den Boden; ein Feuerzeug baumelt an ihrem Gürtel.«[13]

Die anderen lächeln, kuriose Gestalten haben sie auch oft angetroffen. Die Feministin und Sozialistin Flora Tristan, Autorin des berühmten Buches »Arbeiterunion«, war 1833 als einzige Frau unter zwanzig Männern in Peru unterwegs. Sie lacht laut in der Erinnerung an ihre eigene Kleidung: »Ich dagegen war ahnungslos ausgezogen, als ginge es von Paris nach Orleans: graue Schnürstiefelchen aus Zwilch, ein brauner Morgenrock, eine seidene Schürze und auf dem Kopf ein kleiner Hut aus blauem Stoff. Im Täschchen der Schürze hatte ich ein Messer und ein Taschentuch, ferner noch bei mir: meinen Mantel und zwie Schärpen.«[14]

Lady Hester Stanhope

Zweckmäßige Kleidung ist wichtig, aber in der Regel nur wenig ›damenhaft‹. Fernab der Heimat waren Reiterinnen nicht mehr dem strengen Sittenkodex ihrer jeweiligen Zeit unterworfen und zogen nun meist die praktischere Männerkleidung vor.

Isabella Bird Bishop widerspricht da vehement. Obwohl sie auf Hawaii die Vorteile eines mexikanischen Herrensattels entdeckte und nie wieder im Damensitz ritt, legt die Überland-Reiterin Wert auf die Feststellung, daß sie rein gar nichts übrig habe für Reithosen.[15] Als um 1875 in der Times berichtet wurde, Isabella Bird Bishop habe unterwegs in den Rokky Mountains solche getragen, war sie außer sich und ließ durch eine Abbildung belegen, daß sie einen knielangen Rock trug und darunter Hosen im türkischen Stil.[16]

Die *Tips für reisende Frauen,* in denen die Frage Hose oder Rock so unmißverständlich wie sittlich geklärt wurde, erschienen erst 1889: »Natürlich kann eine Frau unbegleitet und unabhängig reisen, ich warne allerdings davor, in Hosen loszuziehen, wo doch ein Rock, der eine Handbreit unter dem Knie endet, eine sehr viel weiblichere Reisekleidung ist.«[17]

Die legendäre »Königin der Wüste«, Lady Hester Stanhope, lacht darüber sehr und erzählt, wie sie 1811 in Syrien förmlich dazu gezwungen wurde, sich zu verkleiden: Ihr Schiff war zwischen Rhodos und Ägypten gesunken und ihre gesamte Habe, auch die Kleidung, mit untergegangen. In Wahrheit kam ihr das nicht ungelegen: Der Augenblick der Freiheit war gekommen! Von nun an würde Lady Hester Männerkleidung tragen! Den Freunden und Verwandten daheim beschrieb sie ihr neues Outfit, »ein Hemd aus Baumwolle und Seide, weite Hosen, eine gestreifte Weste [...] weite Breeches, Stiefel und eine Schärpe, in der ein paar Pistolen und ein Kurzschwert steckten. [...] Das ganze Kostüm wurde von einem vierfarbigen Turban gekrönt.«[18] Zu Pferd und im Herrensitz brach sie oft zu gefahrvollen Ritten in die syrische Wüste auf, nach Palmyra, der einstigen Residenz der Königin Zenobia. Das galt als lebensgefährliche Tour!

Isabella Eberhardt als Matrose und ...

Isabelle Eberhardt stimmt Lady Hester in der Kleiderfrage sofort zu. Sie ist nach wie vor begeistert von ihrer arabischen (Ver-)Kleidung: ein weißer Burnus, arabische Reitstiefel. Einen Namen hat sie sich dazu gewählt: Si Mahmoud Saadi. Und nie, sagt sie stolz, sei sie für eine Frau gehalten worden. Sie habe sich als reicher junger Tunesier ausgegeben, der durchs Land reitet, um seine Bildung zu erweitern. In Wirklichkeit war sie dreiundzwanzigjährig zum zweiten Mal nach Algerien aufgebrochen, um im Auftrag der verwitweten Marquise de Morès den Mörder ihres Gatten, eines berühmten Millionärs und Zeitungsmagnaten, ausfindig zu machen, der von aufständischen Nomaden getötet worden war. Doch statt dessen verliebte Isabelle sich in die Wüste, die islamische Religion, die Lebensweise der Menschen und in einen jungen Leutnant der eingeborenen Hilfstruppen.

Keine Sentimentalitäten ... aber ein Funken Mitgefühl

Für alle reitreisenden Frauen galt es, Abenteuer zu bestehen, die die Heimat nicht bot und die sich auch die heutige Leserin nur als schrecklich vorstellen kann. Unsere Zeitgenossin Rosie Swale erzählt bei einem guten Schluck Wein gern von ihrer Reise, die sie allein durch ganz Chile zum Kap Horn führte. Eines Tages stürzte ein Mann aus dem Dickicht, faßte das eine ihrer beiden Pferde und verschwand mit ihm im Busch. Nach einer Stunde Umherirrens fand sie den Mann, der sich verzweifelt mühte, das Pferd aus einem Graben zu ziehen, in den es gestürzt war. Rosie Swale griff nach ihrem antiseptischen Spray, sprühte, und der Dieb ergriff schreiend die Flucht.[19]

... als junger Tunesier

Die Geschichte läßt die anderen Reisenden trotz Lagerfeuer schaudern – ein Pferd verlieren, wo Reit- und Packtiere lebenswichtig sind bei solch einer Reise!

Lebenswichtig sind sie gewiß, andererseits waren die Beziehungen der ReiterInnen zu den Pferden früher eher funktional und nicht so bewußt wie heute. Und selten klingt in den Beschreibungen Mitgefühl oder Aufmerksamkeit den Tieren gegenüber an. Die meisten Reisen bringen viele Wechsel der Reittiere mit sich, es wird getauscht und verkauft, nur kurzfristig geschont. »Heute nur eine kurze Etappe«, notierte Ella Maillart einmal, »da wir die Pferde angesichts des bevorstehenden Verkaufs nicht zu sehr ermüden wollen.«[20]

Wenn die Reise schnell fortgesetzt werden muß, weil vielleicht das Wasser knapp wird, das Tagesziel zu weit entfernt ist oder das Tempo des Führers zu schnell, ist man nicht zimperlich: »Wir sind ständig bemüht, unserm Kirgisen, der an der Spitze reitet, dicht auf den Fersen zu bleiben. Dem Packpferd, das immer mehr abfällt, müssen wir von Zeit zu Zeit die Peitsche geben.«[21]

Gertrude Bell erzählt immmer noch empört, wie sie sich »schließlich mit kümmerlichen Tieren versorgt [fanden], wahren Karikaturen von Pferden, mit denen sie nur mehr eine verschwommene Ähnlichkeit aufwiesen. Einige hundert Meter bergauf begegneten wir jedoch einem Mann, der ein paar schwer beladene Pferde vor sich her trieb, und beschwatzten ihn so erfolgreich, daß er einwilligte, die Packpferde mit uns zu tauschen; worauf wir vergnügt weiterritten und ihn seinem Schicksal überließen. Aller Wahrscheinlichkeit nach befindet er sich noch immer auf dem Weg nach Kaswin.«[22]

Einige wenige äußern sich mitfühlend; eine davon ist die Schriftstellerin Elpis Melena, mit richtigem Namen Marie Esperance von Schwarz. Mit ihrem Ehemann reiste sie zu Pferde durch Italien und erlebte schließlich mit ihrem nächsten Gefährten, dem Freiheitskämpfer Garibaldi, die aufregendsten Abenteuer. Ihre Aufzeichnungen über die »zahme Streiferei«, wie sie ihre Reisen bescheiden nennt, enthalten stets Überlegungen über Wohl und Wehe der Tiere, besonders ihrer beiden Pferde. »[...] und die wenigen«, notiert sie in ihrem Buch, »welche dann beim Anblick dieser Skizzen Wanderlust empfinden, sie werden es mir nicht verdenken, wenn ich beim Aufzeichnen so schöner Erinnerungen oft jener treuen vierfüßigen Diener gedacht habe, denen ich den ungetrübten Genuß meiner Reise verdankte.«[23]

Elpis Melena macht sich bereits Gedanken, wenn ihr Pferd nicht frißt, ihr krank erscheint. Das ist weit mehr an Verständnis, als die anderen Reiterinnen unterwegs aufbringen.

So erinnert sie sich an einen Krankheitstag des Pferdes Baffone. Die Sorge beschäftigte sie mehr als der Gedanke an den wunderbaren Wasserfall vor ihr. »In peinlicher Aufregung«, liest sie am Feuer ihrer Nachbarin aus den Reisenotizen vor, »verbrachte ich eine schlaflose Nacht: der theilnehmende Leser wird daher meine Freude begreifen, als ich um halb fünf Morgens Giuseppe's derbes Klopfen an meine Thür vernahm, und den willkommenen Bescheid hörte, Baffone fresse wieder und sei reisefähig.«[24]

Elpis Melena läßt den Kopf hängen, wenn sie sich an den weiteren Fortgang der Reise erinnert. Sie kommt mit dem kranken Pferd nur langsam voran, und der 29. August war dann der letzte der ›Hundert und ein Tage‹. »Wer meine Pferdeliebe nicht kennt und theilt«, setzt sie leise hinzu, »und wer die Dankbarkeit nicht begreift, die man für solche unersetzliche, treue Diener hegen kann, dem wird's wenig um diese Details zu thun sein. Wer aber meine Sympathien theilt, – wird es mir nicht verargen, wenn ich eine so kummervolle Zeit mit Stillschweigen übergehe.«

Das kann Ida Pfeiffer, ihre Nachbarin zur Rechten, gut verstehen. Sie hat sich in ihren Reisenotizen ebenfalls Gedanken zum Schicksal der Tiere gemacht: »Man nennt Lima auch ›die Hölle der Esel‹«, berichtet sie betrübt. »Man kann diesen Namen auf ganz Peru und Ekuador ausdehnen und nicht nur auf die Esel allein, sondern auch in bezug auf Maultiere, Pferde und Arrieros anwenden. Man beladet hier zum Beispiel ein Maultier, ein Pferd mit acht bis zehn Arobas (eine Aroba = 25 Pfund), einen Esel mit vier bis sechs. Die Ladung muß hinauf, die Tiere mögen auf Rücken und Seiten ganz wund sein, das kümmert nicht. Eines Tages empfand ich während des Reitens einen beständigen starken, unangenehmen Geruch; als ich abends abgestiegen war, fand ich mein Kleid voll Blut, das von einer Wunde meines armen Tieres herrührte.«[25]

Flora Tristans Reiseschriften sind eher sozialkritischer als naturkundlicher Art, und so wundert es nicht, wenn der Anblick von Tierskeletten auf einer besonders schwierigen Wegstrecke sie traurig macht und sie räsoniert: »[...] gehörten denn diese Tiere, die auf unserm Planeten, auf unserm Boden leben, nicht zu uns? [...] Alle Schmerzen erregen mein Mitgefühl.«[26]

Daß unter extremen Bedingungen Tiere manchmal in der Wüste zurückgelassen wurden, wenn sie zu krank waren und die Gruppe weiterreisen mußte, kann sich eine heutige Reiterin kaum vorstellen, und selbst der routinierten Ella Maillart fiel es nicht leicht, ihr krankes Pony Slalom zurückzulassen, nachdem es sie viele Wochen getragen und an dem entsprechenden Tag die ganze Karawane sicher durch einen reißenden Fluß gelotst hatte. –

An dem Tag redet sie auf ihn ein: »Slalom, Komm! Komm, mein Pferdchen! [...] Slalom [...] Du bist ja gleich am Ende der großen Reise, in ein paar Tagen wirst du schönen Klee fressen in einer grünen Oase.« Das Pferdchen blickt sie an, das Auge ist sehr weit geworden von der Krankheit und der großen Anstrengung. Er steht wie angewurzelt. »Er hat sein Möglichstes gegeben«, schreibt Ella. »Er hat uns tapfer über den Fluß gebracht, weil er wußte, daß wir ihn brauchten. Aber nun heißt es Abschied nehmen von ihm, von dem Freunde, auf dessen Rücken ich so viele unvergeßliche Tage erlebt habe. Ich küsse ihn auf die Nase [...] ich schnalle meinen alten Chinesensattel auf die Stute [...] und ich reite davon, mein kleines Pferd regungslos in der Einsamkeit hinter mir lassend.«[27]

Wenn eine eine Reise tut ...

Was hat die Frauen dazu bewogen, sich und die Tiere all diesen Strapazen auszusetzen? Auch wenn sich das Ganze, wenn sie nun am Feuer zusammenrücken und sich genüßlich die Eskapaden eines Tages erzählen, eher nach einem Vergnügen anhört ...

Eine jede weiß allerdings genau, wohin sie reisen und was sie hinter sich lassen will! Das Zuhause von Frauen der letzten Jahrhunderte sah wenig Freiheiten vor, Jahrhundert für Jahrhundert rückten ihnen die Reglementierungen enger auf den Leib, bis das maßgeschneiderte Korsett des viktorianischen Zeitalters sie im wahrsten Sinne des Wortes in die Ohnmacht trieb. Versorgungsehe, erzwungene Berufslosigkeit, ein püppchenhaftes gutbürgerliches Leben – hierzu bot eine strapaziöse Reise durch weit entfernte Länder Selbständigkeit suchenden, mutigen Frauen eine traumhafte Alternative. Reisen verlieh ihnen eine neue Identität, stellte eine Nische dar, vielleicht entfernt vergleichbar den Erfahrungen junger Mädchen in der heutigen Reitszenerie ...

Wenn Gertrude Bell bildreich von ihren Reisen durch Kleinasien und Syrien erzählt, müssen die anderen Erzählenden etwas näher aneinanderrücken, denn sie braucht viel Platz. Auch unterwegs – schließlich reist sie häufig mit ihrer Leinenbadewanne, mit zahlreichen Dienern und auch schon mal mit zwanzig Kamelen. Großzügig verteilt sie selbst in der Wüste auf dem Abendbrottisch Servietten und Tischsilber. Wenn möglich, achtet Gertrude auf Stil!

Aber wer sie damit neckt, wird von ihr sogleich an Elizabeth Craven erinnert – diese reiste um 1786 mit Harfe und Teekessel in ihrer Kutsche, den für sie obligatorischen Damensattel schnallte sie einfach aufs Dach ...

Doch erlebte Gertrude Bell bei ihrer Persienreise – die Erinnerung läßt sie noch nachträglich erschaudern – durchaus auch Härteres: Die Gastlichkeit einer ihrer Unterkünfte »erstreckte sich nicht weiter als auf ein Dach – wir breiteten unsere eigenen Mäntel als Matratzen aus, unsere eigenen Sättel dienten uns als Kopfkissen, und unser Essen mußten wir uns zusammensuchen.«[28]

Ida Pfeiffer ist zwar eine leidenschaftliche Reisende, aber »Karavanenreisen« findet sie äußerst ermüdend. »Man geht zwar nur im Schritte, aber unausgesetzt neun, auch bis zwölf Stunden. Dabei ist man des Schlafes beraubt, und den Tag über liegt man unter freiem Himmel, wo die große Hitze, mitunter die lästigen Fliegen und Mosquitos das Nachholen der versäumten Ruhe beinahe unmöglich machen.«[29] Und manchmal ist sie so müde, daß sie, »obwohl allein in finsterer Nacht in der schauerlichen Wüste«, auf dem Pferde einschläft. Ida Pfeiffer streckt sich wohlig am wärmenden Feuer aus, wenn sie sich daran erinnert. Besonders anstrengend war die Reise nach Ekuador, war das nicht 1853? Ihr graust es noch nachträglich, wenn sie sich an die ersten Tage dort erinnert, schlimmer als auf jeder Karavanenreise!

Zu Anfang war der Weg so fürchterlich; sie mußte bei den schlechtesten Wegstücken von ihrem Maultier absteigen und zu Fuß gehen. »Ich fühlte große Beängstigungen, Atemlosigkeit und Zittern am Körper – ich fürchtete jeden Augenblick hinzusinken; allein es hieß vorwärts, und nur mit der größten Mühe schleppte ich mich fort durch Kot und Schlamm, durch Gießbäche, Löcher, Sümpfe und über Gestein.«[30]

Überhaupt mußte sie dort so häufig bergauf steigen, daß sie manchmal doch gern umgedreht wäre und sich einfach irgendwo ausgeruht hätte. Aber es gab keine Umkehr, einmal unterwegs, mußte sie voran und voran. »Das Erdreich war weich und lehmig, die Tiere glitten vorwärts und rückwärts aus, sanken von einem Loch ins andere, von Pfütze in Pfütze; [...] oft versanken sie so tief, daß man absteigen und ihnen die Lasten abnehmen mußte. Ich kam kaum vorwärts, glitt und fiel fast bei jedem Schritte. Zwar rief ich meinen Diener, aber weil ich nur eine Frau war und seine Maultiere schon bezahlt hatte, ging er ruhig seines Weges und überließ mich meinem Schicksale.«[31] Ella Maillart lacht angesichts dieser Schauergeschichten und versucht ein Foto der abendlichen Frauenrunde zu machen. Dabei fällt ihr ein, wie einmal die Pferde aus dem Fluß tranken und sie, um ihres zu entlasten, sich vorbeugte und den Halt verlor. Stellt euch nur vor – »Das Pferd geht vor Schreck durch und schleift das Sattelzeug mit – Schlafsack und Tasche mit Notizbuch, Filmen und Photoapparat werden durch und durch naß.«[32] Abends schlief sie trotz des Gestanks ein, den das durchnäßte Bocksfell verbreitete, die Hälfte des Schlafsacks war allerdings geschrumpft wie eine Schuhsohle. Aber das Schlimmste folgt noch: In den nächsten Tagen war sie abends vollends wie gerädert – war doch der Sattel beim Sturz entzweigebrochen, und sie ritt meistens auf dem blanken Rücken ihres Ponys ... arme Ella M.!

Zu vorgerückter Stunde räuspert sich an unserm Feuerplatz noch einmal Flora Tristan. Ihre Peru-Reise hatte sie weit ins Land hineingeführt, und ihre Notizen darüber gehören zu den ersten sozialkritischen Reportagen über ein nichteuropäisches Land. Gewiß, sie ist stolz auf diese Reisen, aber an so manchem Tag hat auch sie die ganze Unternehmung verflucht. Eine Wahnsinnsidee war das, so eine Fahrt anzutreten, die Lebensumstände dabei, das Wetter, ach einfach alles. Nun lacht sie darüber, aber wenn sie sich an die heißen Reisetage und die kalten Pampa-

Andalusien–Paris mit einer Pferdestärke

Nächte erinnert, kann sie sich nicht mehr vorstellen, wie sie das durchgestanden hat: »Gegen Mittag nahm die Hitze so zu, daß mein Kopfweh immer heftiger wurde. Ich konnte mich kaum mehr auf dem Pferd halten. Die heiße Sonne und die Blendwirkung des Sandes verbrannten mir die Gesichtshaut. Vom Durst gepeinigt und total erschöpft fiel ich wie tot vom Pferd. Zweimal verlor ich fast das Bewußtsein.«[33]

An solchen Tagen fühlte sie sich erst wieder lebendig, wenn der Abend kam und die Kopfschmerzen nachließen. Beim Anblick der Hüttenlampe des Tageszieles stieß sie dann schon mal einen Freudenschrei aus, der ihre mitleiderfüllten Begleiter in nicht geringe Verwunderung versetzte, trieb ihr Pferd zum Galopp an und erreichte als erste das Nachtquartier.[34]

Reiten ist gewiß manchmal sehr anstrengend, aber in einer Kutsche ist es auch nicht besser! Ida Pfeiffer kann die anderen nur warnen, denn die Kutschen, die ihr zur Verfügung standen, waren nichts weiter als kurze, hölzerne, ungedeckte Karren.

»Diese Karren stoßen natürlich ganz außerordentlich. Dabei hat man gar keinen Anhalt, so daß man sehr vorsichtig sein muß, nicht herab zu fliegen.« Der Kutscher treibt mit großem Geschrei die Tiere voran, und »man wird es begreiflich finden«, ereifert sich Ida Pfeiffer, »wie sich schon öfter der Fall hat ereignen können, daß der Wagen auf der Station ohne Reisenden angekommen ist. Das Geschrei des Unglücklichen kann das Ohr des Kutschers nicht erreichen.«[35]

Gertrude Bell winkt ab. All diese Qualen nähme sie gerne hin, solange sie nur nicht so reisen müsse wie die Frauen und Kinder einer russischen Familie, denen sie in Persien begegnet sei: »Sie hatten Teheran zwei Tage vor uns verlassen, waren jedoch sehr langsam gereist, die Frauen und Kinder nur schrittweise, entweder in bedeckten, vom Rücken der Maultiere an den Seiten herabhängenden Körben oder in kastenförmigen Sänften getragen, so ruckweise, daß sie mal unten auf den Füßen landeten, mal oben mit dem Kopf anstießen, eine Art der Beförderung, die auch das ausgeglichenste Temperament aus der Fassung bringen mußte.«[36]

Das Lagerfeuer brennt seinem Ende entgegen, die Reiterinnen werden nachdenklich und zugleich wieder frohgestimmt. Gertrude Bell schaut in den Sternenhimmel und freut sich plötzlich auf den nächsten Tag, auf die vielen nächsten Tage ihrer zukünftigen Reisen. »Wie erschöpft und steif du dich auch immer fühlen magst, wenn du in der Abenddämmerung die letzte halbe Meile der letzten halben Etappe erreicht hast, die Nachtruhe wird dich wieder vorwärts treiben mit einem so intensiven Genuß, als hättest du dich eine ganze Woche lang ausgeruht. Der klare Tag, die noch niedrigstehende und kühle Sonne, die köstliche, mit dem Duft des Morgens gewürzte Tasse Tee, das neue Pferd, die lange gerade Straße vor dir – nur fort! Fort! Ein behutsamer Trab, ein gleichmäßiger Galopp, und wem wäre da zu Beginn der ersten Etappe nicht zumute, als könne er um die ganze Welt reiten?«[37]

Das Feuer brennt herab.

Traumfrau zu Pferde: die Zirkusreiterin

11. »Zum Beschluß … einen Salto mortale auf dem Pferd.«[1]

Prinzessin des geharkten Sandes: Die Zirkusreiterin

»Wann fängt es an?‹ Daß wir nur ganz pünktlich dort sind! Ich will lieber den ersten Aufzug einer Theaterpremiere versäumen als die Reiterin im Quastensattel.«[2]

Der Zirkus ist da!« Dieser Ruf alarmierte vor Jahrzehnten noch groß und klein in jeder Stadt. Faszinierend ist das bunte Treiben bis heute. Zirkus – das scheint eine Welt voller Geheimnisse, bizarrer Kunststücke und Sensationen. Und die Pferde, die Pferde können dort alles: zählen, auf den Hinterbeinen stehen, knien, ja, sich ins Bett legen und zudecken und unter den Reitern und Reiterinnen die herrlichsten Gänge zeigen.

Gestern wie heute trat und tritt sie auf, die Zirkusreiterin. Jahrhunderte hindurch galt sie als ein Abbild von Stärke und Grazie, körperlicher Kraft und äußerster Anmut zugleich. Sie ist die Verkörperung eines möglichen Postulats der Reiterei: Reite um der Kunst willen! Oder vielleicht stellt sie auch die Verführung zum Risiko dar: Frauen, reitet akrobatisch und lebensgefährlich – ihr werdet bewundert und bejubelt werden!

Die verzauberte und verzaubernde Welt wurde seit jeher gemalt und bedichtet, besungen und in Romane gefaßt – die Zirkuswelt fasziniert über die Manege, über die Zuschauerränge hinaus.

So schrieb die Poetin Else Lasker-Schüler über das ›Fräulein

Marinka‹ als eine »sanfte graziöse« Erzieherin ihrer Pferde. In Marinkas Welt gibt es »bunte Klänge«, schimmernde mattfarbene Stoffe und »reizende Spanierinnen«, die geritten kommen und dazu »feurige, spanische Kavaliere. Heißer und tollkühner wird der Ritt; die bacchantischen Donnas sausen wie Feuerstürme durch den Sand, auf dem Rücken ihrer Zauberrosse liegend – indessen die Señores mit liebenswürdiger Höflichkeit, aufrecht zu Pferde, dem Winke ihrer Damen harren.«[3]

Franz Kafkas Besucher eines Zirkus beobachtet von der Galerie[4] aus ebenfalls eine Dame zu Pferde: allerdings eine »hinfällige, lungensüchtige Kunstreiterin in der Manege auf schwankendem Pferd vor einem unermüdlichen Publikum«, die zugleich als eine »schöne Dame, weiß und rot, hereinfliegt«, auf dem Pferd den großen Salto mortale und andere kunstfertige Sprünge vollführt und dafür vom Publikum umjubelt wird. Die kleine Erzählung weist in ihrer Mehrsinnigkeit gewiß nicht nur auf den Zirkus hin, aber dessen Doppeldeutigkeit ist gut beschrieben. Die Fassade des Zirkuslebens ist hinlänglich bekannt – hinter dem Glanz steckt harte Arbeit, hinter dem Ruhm des Abends ein anstrengender Tagesberuf – für die Tiere wie die Menschen.

»Der Tempel der Pferde ist der Zirkus«[5], schwärmt dessenungeachtet die Poetin Lasker-Schüler, und Eingeweihte wissen, daß mit den Pferden das Zirkusleben seinen Anfang nahm. Schließlich war es ein berühmter Reiter, der 1768 den ersten Zirkus der Welt gründete, ein – Pferdetheater!

Vom 17. bis zum 19. Jahrhundert wurden in den Residenzen Reithäuser mit dem schönen Namen ›teatrum equestre‹ gebaut, die die Bühnen für das ›Roßballett‹ abgaben und zugleich Festsaal, Theater und Ausbildungsstätten für die Reiterei darstellten. Die dort gerittenen Quadrillen und das berühmte Damenkarussell können als Vorläufer des auf das Pferdetheater folgenden Zirkus gelten.

Das Damenkarussell wurde von Kaiserin Maria Theresia 1743 anläßlich der Feiern über die Vertreibung der Franzosen aus Prag inszeniert. In der weißen Säulenhalle der prunkvollen Winterreitschule an Wiens alter Hofburg traten auch Amazonen auf: Das Programm bestand aus vier Quadrillen, von denen zwei von als

Amazonen verkleideten Reiterinnen bestritten wurden. Die beiden anderen wurden in schweren versilberten Phaetons gefahren. Die Kaiserin selbst führte die erste reitende Quadrille an und gewann als Preis ein »goldgefaßtes, brillantenbesetztes Besteck aus Bergkristall, das sie an Gräfin Palffy weiterreichte«. Die Kaiserinwitwe Elisabeth-Christine verfolgte auf einem Thron sitzend die Damenveranstaltung, die in dieser Art einzigartig blieb.[6]

Die ersten festen Zirkusgebäude standen in London und Paris. Im Jahre 1900 gab es auf dem europäischen Kontinent etwa 200 große und mittlere Zirkusgesellschaften, von da an nahm die Zahl stetig ab, 1912 sollen es nur noch 70 gewesen sein.

Auffallend ist dabei die zahlenmäßig hohe Präsenz von Frauen in fast allen Sparten der Zirkuskunst. Sie traten als Kunstreiterinnen, Löwenbändigerinnen und Akrobatinnen auf. Auch Prinzipalinen oder Direktorinnen waren keine Seltenheit. Seit der Entstehung der ersten Zirkusse in der zweiten Hälfte des 18. Jahrhunderts standen Artistinnen in der Manege; im 19. Jahrhundert wäre eine Zirkusvorstellung ohne weibliche Mitwirkende kaum vorstellbar gewesen. In den ersten 150 Jahren Zirkusgeschichte haben Frauen eine bedeutendere Rolle gespielt als heute.

Die Entstehung der ersten Zirkusse war also eng mit der Reiterei und der Entwicklung der Kunstreiterei verknüpft. (Zirkus-)Reitkunst, Equestrik, nahm besonders Ende des achtzehnten Jahrhunderts, als der Pferdesport mehr zu einem Zeitvertreib der Aristokratie und auch der vornehmen StädterInnen wurde, einen enormen Aufschwung.

Zirkusreiterei bedeutete mehr als nur Reiten, sie trieb es, wortwörtlich, auf die Spitze und verband bis dato Unvereinbares: Die Zirkus-Amazone war ein Ausbund an Kraft und Eleganz. In ihrem geschmeidigen Körper steckte eine athletische Kraft, sie war Artistin und trat als kriegerische Reiterin auf. Zugleich flog sie als graziöse Tänzerin dahin, ein luftiger Luftgeist, sylphidengleich. Vor allem eine Rolle brachte ihr bald überall Verehrung ein: die der ›écuyère d'haute école‹, der Reiterin der Hohen Schule.

Die eleganten Amazonen, die Ballerinen und vor allem die

Die Kunstreiterin. Gemälde von C. Vernet

vornehmen Schulreiterinnen stellten, ob stehend, seitlich oder rittlings zu Pferde, ein erotisches Ideal dar.

Die Zirkusreiterin war ersehnte Traumfrau und abschreckendes Mannweib zugleich. Sie verkörperte unterdrückte Wunschvorstellungen und bot ein Gegenbild zur im Haus eingeschlossenen Bürgerlichen. Männer wie Frauen träumten von diesen Amazonen. Man sammelte ihre Fotos, überhäufte sie mit Geschenken, Blumen und Briefen, und so mancher Heiratsantrag wurde abgegeben und häufig auch angenommen. Fragt sich, was dann aus der stolzen Reiterin wurde …

Durch den besonders im 19. Jahrhundert einsetzenden Kult stiegen die Gagen und das Selbstbewußtsein der Reiterinnen. Beides verschaffte den bürgerlichen Töchtern ein Alibi, den umjubelten Manegenstars nachzueifern. Töchter aus gutem Hause bzw. deren Eltern hofften, durch equestrische Schulung eine gute Partie an Land zu ziehen. Die Töchter wurden einige Wochen im Kunstreiten geschult, lernten einige zirzensische Übungen und traten in privaten Arenen oder Zirkussen auf. Daß dabei viele peinliche Situationen und ›bestürzend‹ kurze Karrieren entstanden, liegt auf der Hand ...[7]

Betrachten wir lieber die guten Reiterinnen und ihre schönen Künste und gehen zu den Anfängen des Zirkus zurück: »Auch will ein Frauenzimmer ihre Geschicklichkeit im Karosselreiten nach Männerart ihrem schönen Geschlecht zu Ehren an den Tag legen«, kündigte ein Plakat 1792 in Wien an und bot somit vielleicht einen der ersten Veranstaltungstips dieser Art. Karussells waren damals keine holzpferdbestückten Drehscheiben, sondern militärische Reiterspiele, wo auch die Waffenführung zu Pferde präsentiert, mit Lanzen, Degen oder Säbeln nach aufgestellten Köpfen gestochen und eifrig mit der Pistole gefeuert wurde.[8]

Schon im 1768 gegründeten Pferdezirkus von Astley war es üblich gewesen, Akrobatik mit Theater zu inszenieren. Historische Situationen, Motive aus Mythen, Märchen, Militär oder dem Alltag wurden als Grundlage genommen. So findet sich auch Jeanne d'Arc als beliebte Zirkusfigur oder ›der weibliche Husar‹. Überhaupt war es auch bei diesen reitenden Damen beliebt, sich kampfeslustig mit Säbeln, Pistolen, Fahnen oder in Militäruniformen zu zeigen. Aus einem Bericht über eine Vorstellung von 1776 im Wiener »Hetztheater«: »Auch Madame Simson leistete Beachtliches, indem sie den Spagat zwischen zwei Pferderücken vorführte, auf zwei Pferden stehend im vollen Galopp über einen Schlagbaum setzte, und auf drei Pferden stehend schließlich eine Pistole abfeuerte.«[9]

Das sogenannte Damenmanöver war über lange Zeit Standardnummer in Zirkusprogrammen. Meist im Damensattel sprengten dabei sechs weibliche Husare auf den prächtigsten Pferden in die Manege und ritten im Galopp die verschiedensten Nummern.[10]

Nach der Französischen Revolution verlagerten sich anscheinend die Publikumssympathien: Anstatt Kraft und Kühnheit war nunmehr eher graziöse Weiblichkeit gefragt. Zwischen 1790 und 1795 war in der Tat die Parforcereiterin, die wilde Hindernisreiterin Chiarini Liebling des Pariser Publikums gewesen, danach stand die Ballerina Filippina Tournaire hoch in der Gunst. Filippina Tournaire war übrigens eine der ersten Tänzerinnen auf dem Pferd. Sie galt als große Schönheit und wurde heftig umjubelt. Ab 1795 trat sie in Paris im Amphithéâtre der Zirkusfamilie Franconi auf und reiste später durch ganz Europa, überall aufs Höchste gefeiert und Gold, Ruhm und Jubel erntend.

Die siebzehnjährige Caroline Loyo errang 1833 in Paris einen sensationellen Erfolg – mit Reitvorführungen der Dressur, der Hohen Schule. Daraufhin wurde die Schulreiterei unmittelbar zu einem »Grundfach« im Zirkus.[11] Die Hohe Schule mit den vielen eleganten Gängen und besonderen Schritten, der »Edelstein der Reitkunst«, von den Spaniern kreiert, hat sich ihre akademischen Züge bis heute erhalten. Diese Reitkunst wurde nun die Domäne der Amazonen. Das gut ausgebildete Pferd mußte bei den zirzensischen Übungen auf das leiseste Zeichen der im Damensattel Reitenden reagieren. Die ›Schulreiterin‹ wurde im Zirkus die Gegenspielerin der Ballerina – sie präsentierte sich streng und elegant. ›Die Loyo‹ trug beispielsweise ein schwarzes, streng erscheinendes Samtkleid und einen in die Stirn gedrückten Zylinder. Ihre Figuren waren äußerst kompliziert zu reiten. Nach dem rauschenden Schlußapplaus kehrte sie noch einmal zurück und führte das »Kompliment« vor – das Pferd kniete sich mit einem Bein nieder, streckte das andere nach vorn – und die Reiterin zog in weitem Bogen ihren Hut vor dem Publikum.[12]

Ganz wie viele der heutigen Berühmtheiten der Pferdeszene bildete Caroline Loyo ihre Pferde selbst aus und arbeitete mit ihnen weiter. Das war damals allerdings spektakulär. Sie wurde ein »equestrisches Talent« genannt und, was vielleicht noch viel mehr bedeutete, mit Hochachtung oft im gleichen Atemzug mit Baucher genannt, einem der renommiertesten Vertreter der Hohen Schule im 19. Jahrhundert. Berühmt waren auch die Pferde der Loyo: »Rutler« zum Beispiel, ein englisches Vollblut, aggressiv und äußerst launisch, ein Problempferd, wie wir heute sagen würden, doch durch seinen Adel gut geeignet, seine Reiterin strahlend und berühmt dastehen zu lassen. Bekannt war die

Loyo auch für ihren Humor – sie soll, nachdem sie in Paris einmal gestürzt war, gerufen haben: »Ich wollte nur zeigen, daß ich nicht fest gebunden bin«, eine doppeldeutige Bemerkung, um ihr männliches Publikum zu erfreuen.

Pauline Cuzent debütierte zwei Jahre nach Caroline Loyo in Paris. Sie war direkte Schülerin des Meisters Baucher und wurde schnell zu einer bekannten Schulreiterin. Es galt bald als schick, bei ihr Unterricht zu nehmen – so gab sie den Damen der ›guten‹ Gesellschaft Reitunterricht. In der Manege bestach sie auch durch ihre Kostüme; meist trat sie in einem »militärähnlichen ›Husarenreiterkleid‹« auf, mit weißer gepuderter Perücke, Husarenmütze und Säbel.

Eine weitere Reitkünstlerin machte durch ihren Unterricht ›Karriere‹: Elise Petzold war – neben der ebenfalls berühmten Kunstreiterin Emilie Loisset – Reitlehrerin der Kaiserin Elisabeth und wurde später Gattin des Barons de Blamchère. Elise war besonders häufig zu Gast in Gödöllö, dem ungarischen Gut der Kaiserin, und galt als ihre persönliche Vertraute. Elisabeth schenkte ihr eines ihrer Lieblingspferde und lud sie auf die vornehmen Parforcejagden ein.

Nach so vielen Namen und Informationen sollten wir uns eine Vorstellung genauer anschauen. Um pünktliches Erscheinen wird gebeten, die Reiterin ist berühmt, die Ränge sind schnell besetzt:

Seit Tagen zeigt Emilie Loisset zum Abschluß ihrer wundervollen Hohen Schule einen glanzvollen Abschluß, und jedesmal ist die Spannung groß. In der Manege ist eine festlich gedeckte Tafel aufgebaut, man sieht kostbares Porzellan, Leuchter, Gläser aller Art … Dahinter tänzelt nervös ein Pferd. Aufrecht, ein enges dunkles Reitkostüm tragend, sitzt die schlanke Reiterin im Sattel. Ein Zylinder verbirgt das hochgesteckte Haar. Sie lächelt kaum merklich, diese Amazone. Nach dem Kompliment gibt sie dem Pferd fast unsichtbar ein Zeichen: wie im Traum erhebt es sich. Als wenn es Flügel hätte, setzt es über die große Tafel, ohne einen der Aufbauten auch nur zu streifen. Nicht ein einziges Glas fällt um. Das Publikum applaudiert stürmisch, Blumensträuße fliegen in die Runde, junge Männer werfen Kußhände zu. Selbstbewußt nimmt Emilie Loisset die Huldigungen entgegen – Berlin hatte sie im Sturm erobert, nun liegt ihr Paris zu Füßen.

Emilie Loisset entzückte durch die Anmut und Eleganz ihrer Reitkunst alle Welt. Weit war der Weg bis zum Ruhm, nun wird sie überall gefeiert. Wie lange wohl noch? Emilie denkt nur selten darüber nach. Sie gilt als vollendete Amazone von grenzenlosem Mut. Und sie weiß das. Emilie probt mit »J'y pense«, einem temperamentvollen Rapphengst. Ihre Freunde haben sie bereits gewarnt, sie aber will unbedingt mit diesem schönen Pferd arbeiten. Und so geschieht es eines Tages: Der Hengst stürmt bei der Morgenarbeit mit seiner Reiterin quer durch die Manege in Richtung Ausgang. Emilie versucht ihn zu bremsen – es gelingt nicht. Der Hengst reißt sich von der zu Hilfe eilenden Hand los, steigt, bäumt sich und stürzt – auf seine Reiterin. Am 18. April 1882 stirbt sie, kaum fünfundzwanzigjährig, die Sattelgabel hatte sich ihr in den Leib gebohrt.[13]

Die Zirkusreiterinnen ritten bis zur Mitte des 19. Jahrhunderts meist im Damensattel. Eine der ersten im Herrensattel war Kätchen Gärtner-Carré, auch bekannt als die graziöseste Ohne-Sattel-Reiterin. Sie war berühmt für ihre Kühnheit; der alte Zirkusdirektor Renz soll sie jedesmal gerufen haben, wenn ein bösartiges Pferd zu besteigen war. Sie ritt Hohe Schule ›als Dame‹ wie ›als Herr‹.[14]

Und die schöne Mathilde Monnet, ebenfalls Schülerin Bauchers, machte in den vierzigern vorwiegend in Paris, in den fünfzigern in Berlin Furore. Mathilde mit schwarzem Haar und feurigem Blick liebte das Aufsehen: sie ließ sich gern mit ihren Verehrern sehen, von ihnen ausfahren, dinierte im Hotel Royal und gab angeblich all ihr Geld für schöne Kleider aus. Auf einem Plakat ist sie bezeichnenderweise in vier verschiedenen Kostümen dargestellt (ihre Kollegin Loyo ritt dagegen viele Jahre im gleichen). Monnet bevorzugte auch in der Manege spektakuläre Effekte – sie ritt als erste die Hohe Schule ohne Sattel und Zaumzeug. Ihr besonderer Auftritt war die ›triumphale Rückkehr‹ – nach dem ersten Applaus wechselte sie hinter dem Vorhang das Pferd und setzte über ein großes Hindernis zurück in die Manege.

Aus der Reihe der Bestaunten und Verehrten muß unbedingt

noch Theresa Renz erwähnt werden, die als Siebzigjährige in den dreißiger Jahren immer noch elegant und leicht die Hohe Schule im Zirkus ritt.

Traurig entwickelten sich in der gleichen Zeit die Geschicke der achtzehnjährigen Irene Danner aus der traditionellen Artistenfamilie Lorch, der jungen Freundin des Clowns Peter Bento. Irene reist bald mit dem Geliebten, zusammen mit dem Zirkus Althoff, als talentierte Kunstreiterin, Clownesse, Akrobatin.

Erst im Zirkus Busch war sie zur Kunstreiterin geworden. Den Brüdern Caroli fiel sie auf, und innerhalb weniger Tage lernte Irene vom Boden aus aufs Pferd zu springen und von einem Pferd aufs andere. Fast drei Jahre lang, von 1936bis 1939 verstärkte sie das Team der Carolis und eroberte die Herzen

Die Schulreiterin Mathilde Monnet

des Publikums. »Als Zirkusartistin«, äußert sie über ihre ›Fortbildung‹, »kannst du einfach alles. Wenn man akrobatisch springt, lernt man auch Jockey-Reiten ganz schnell ...«[15] Die Brüder bildeten auf den Pferden stehend eine Pyramide, und Irene kletterte ganz oben auf die Spitze und machte dort einen Handstand. Besonders viel Applaus erhielt die junge Reiterin, die auf dem Pferd keine Angst zu kennen schien.[16]

Aber man schreibt das Jahr 1941 – und Irene ist Jüdin. Unerheblich, daß sie eine gute Artistin ist, wie schon ihre Eltern es waren. Denn seit von den nationalsozialistischen Machthabern nach 1933 eine Reihe von Gesetzen erlassen wurden, die jüdischen Menschen Berufsverbote erteilen, dürfen diese in keinem Zirkus mehr auftreten. Doch die Zirkusfamilie Althoff nimmt die junge Artistin trotz des Risikos auf und schützt sie mutig vor der Verfolgung. Ständig ist sie auch innerhalb des Zirkus von Denunziation und Verhaftung bedroht, doch allabendlich tritt sie trotz ihrer großen Angst auf, läßt sich beklatschen und bejubeln und weiß doch nie, ob die jeweilige Vorstellung nicht ihre letzte sein wird. Zwar gelingt Irene und ihrer Familie das Überleben im Versteckspiel, aber die Freude, im Zirkus aufzutreten, für andere Menschen zu spielen, verliert sie für lange Zeit.

Ehrfürchtig betrachten wir in unseren Tagen vielleicht die Pferdeoper des Zirkus Zingaro, die viele Jahre bei den Ruhrfestspielen in Recklinghausen aufgeführt wurde, oder bestaunen die edlen, fein ausgebildeten Pferde im weltberühmten Zirkus Knie. Keine Frage, Pferdedressur scheint fast nur so möglich, auf der Bühne, in der Manege, an der Hand dieser besonderen Ausbilder.

Doch dem ist nicht mehr so: Längst schon werden in Pferdezeitungen Kurse für zirzensisches Reiten, zum Erlernen von Zirkuslektionen mit Pferden angeboten. Eine Anbieterin hat sich selbst schon einen Namen gemacht – Nathalie Penquitt, Tochter des ›Schule‹ machenden Claus Penquitt. Durch den Vater gefördert, erhielt sie gute Grundlagen des Reitens und auch der Theorie vermittelt. Hinzu kam ein glücklicher Zufall. Vater und Tochter lernten bei einem Reiterurlaub einen Wanderzirkus kennen, und die Zirkusleute demonstrierten Nathalie am eigenen Pferd einige Kunststücke …

Obwohl Nathalie Penquitt auch mit ihren Pferden in der Öffentlichkeit auftritt, geht es ihr nicht in erster Linie um den Applaus, wenn sie Zirkuslektionen mit Pferden einübt und dies auch anderen empfiehlt. Denn je mehr ein Pferd kann, meint sie, desto leichter fällt es ihm, etwas Neues zu lernen. »Hat ein Pferd erst einmal begriffen, daß etwa das ständige Wiederholen eines Wortes eine Bedeutung hat, versteht es neue Kommandos immer schneller«, schreibt sie.[17] »Mit solch einem Pferd zu arbeiten macht wirklich Spaß.« Sie ist überzeugt davon, daß es auch den Pferden gefällt, auf diese Weise beschäftigt zu werden.

Ein Beispiel aus der Praxis? Bitte schön: »Das Aufheben von Gegenständen« ist eine schöne Übung für bereits gut erzogene Pferde, die nicht mehr ständig in alles hineinbeißen. Die Schwierigkeit bei dieser Übung besteht darin, daß das Pferd auf Kommando, und zwar nur auf Kommando, etwas aufhebt. Schauen wir der jungen Lehrerin über die Schulter: »Begonnen wird mit einem Tuch, das man an eine Möhre oder ein Stück Brot knotet. Das Pferd bringt so das Tuch mit dem Futter in Verbindung. Gleich von Anfang an sollte dem Pferd ein Kommando zum Greifen des Tuches gegeben werden. Wenn sich das Pferd die Möhre nehmen will, wird es automatisch das Tuch mit aufheben. Hat das Pferd begriffen, worum es geht, kann man die Möhre in das Tuch einknoten. Hebt das Pferd auf der Suche nach der Möhre das Tuch zufällig auf, nimmt man es ihm ab, gibt gleichzeitig ein Kommando zum Loslassen und belohnt es. Man nimmt dazu nicht die eingeknotete Möhre, sondern irgend ein anderes Lekkerli. Das geht schneller, und das Pferd soll nicht lernen, etwas auszupacken, sondern es aufzuheben. Ist das Pferd genügend auf das Tuch fixiert, kann das Einknoten von Futter wegfallen. Sobald das Pferd das Kommando zum Aufheben des Tuches versteht, kann auch mit ähnlichen Gegenständen geübt werden …«[18]

Die junge Pferdetrainerin steht für viele Frauen, die häufig auch ihren Alltag, ihre Zukunftspläne mit Pferden verknüpfen. Werfen wir also einen Blick auf Frauenberufe rund ums Pferd!

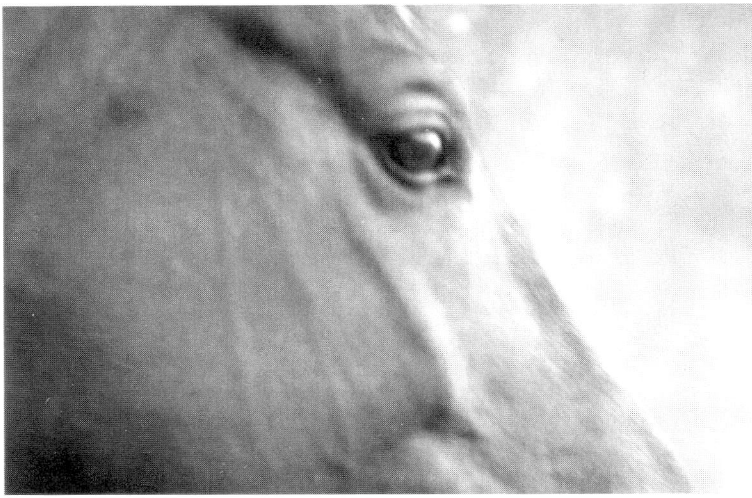

12. »Britta hat den schönsten Beruf der Welt: Sie ist Reitlehrerin.«[1]

Frauenberufe rund ums Pferd

»Im Jahre 1743 gab es in Amsterdam einiges Aufsehen, als sich nach dem Tod eines Stallknechtes, der fünfzehn Jahre gedient hatte, herausstellte, daß ›er‹ eine Frau war«[2]

Die Reiterin durch viele Jahrhunderte, der wir nun schon so lange auf den Spuren sind, hat im 20. Jahrhundert den Wunsch nach einem Beruf ›mit Pferd‹ entdeckt, sie möchte täglich mit einem der geliebten Wesen arbeiten, möchte es versorgen und zur Leistung herausfordern, es vielleicht heilen oder mittels Pferd anderen Menschen helfen.

Traumberufe rund ums Pferd gibt es mittlerweile viele. Die meisten Frauen wählen den der ›Pferdewirtin‹. Doch von Polizeireiterin über Pferdezahnpflegerin, Sattlerin und Hufschmiedin bis hin zur Pferdejournalistin[3] und -malerin reicht die Palette (ganz zu schweigen von den verrückten Pferdebuchautorinnen!) – schauen wir ihnen ein wenig bei der Arbeit zu!

Der Wunsch nach ›Arbeit am Pferd‹ galt bereits für die Pferdefrauen früherer Jahrhunderte, von deren Existenz wir hin und wieder zufällig erfahren: »Der zur Pflege unserer Stute engagierte Stallbursche stellt sich als ein Hosen tragendes weibliches Wesen adliger Herkunft heraus«, schrieb Thea Sternheim im Jahre 1924 in ihren Erinnerungen. Ihr war ihres Mannes und des Gärtners Empörung über die Bewerberin unfaßbar, sie war sich sicher, daß die Frau das Pferd gut behandeln würde. »Auf den ersten Blick sieht man der sächsischen Jeanne d'Arc ihre Gradheit an ... und doch«, schrieb Thea Sternheim, »muß ich meine ganze Autorität aufbieten, die Amazone vor der Wut der auf ihre Alleinherrschaft versessenen Männer zu schützen.«[4]

Amazone? Wut? Alleinherrschaft? Was gibt es denn an der Stallarbeit zu schützen? Die Pferdeliebe wird nicht das einzige Motiv dieser jungen Frau gewesen sein, im Stall ›unterzutauchen‹, doch ganz so ungewöhnlich ist diese Geschichte nicht: In der Vergangenheit finden sich immer wieder Reiterinnen, die in Männerkleidern ans Pferd gelangten und solch ein Versteckspiel oft jahrelang durchhielten.

Heute braucht sich keine Frau mehr zu verkleiden, um bei den Pferden zu arbeiten, und doch bestehen Ressentiments gegenüber kräftigen, Pferde zähmenden Frauen – Züchterinnen gar!

Susanne Rimkus sorgte bei den sechzig überwiegend männlichen Angestellten des Nordrhein-Westfälischen Landgestüts Warendorf für Irritation: Frauen und – Hengste?! Doch die neue Leiterin des traditionsreichen Hauses – die erste Landstallmeisterin Deutschlands! – brachte Wissen und Erfahrung mit und ist es, wie sie lächelnd mitteilt, gewohnt, das Kommando zu führen. Schon als kleines Mädchen interessierte sie sich nicht nur für Pferde, sondern für Pferdezucht. Inzwischen hat die zierliche Dreiunddreißigjährige zweiflerische Herrengemüter durch Erfolge überzeugt, im Bereich der Zucht ebenso wie mit der ihr gleichfalls unterstellten Leitung der Deutschen Reitschule. Zwei Neuerungen gibt es inzwischen in Warendorf: Die Zuchthengste werden nun auch auf Turnieren präsentiert. Und die ersten jungen Frauen haben ihre Ausbildung zur Pferdewirtin begonnen. Susanne Rimkus formuliert als besonderes Ausbildungsziel: Ihre Azubis sollen lernen, speziell Frauen zu beraten. Schließlich sei der überwiegende Teil der Kundschaft weiblich, darunter etliche Züchterinnen – Anteil steigend!

Wenn sich aus der Pferdebegeisterung eines Mädchens der Wunsch nach einem entsprechenden Beruf entwickelt, wird das in der Regel zuerst von den Eltern gebremst und von der Umgebung nicht gerade begrüßt. Und doch arbeiteten noch nie zuvor so viele Frauen in ›Pferde-Berufen‹. Schauen wir uns das einmal genauer an – auf zur Berufsberatung, Abteilung ›Hippos‹, Zimmer 150![5]

Als Einstieg in einen Beruf dient häufig das Praktikum, der ›Job‹ vorab. Kurzfassung der entsprechenden Stellenanzeigen: »Pferdemädchen gesucht!« Bärbel Wegner hieß eine von ihnen, die sich Ende der 70er Jahre – trotz knapper Ferien in der Berufsausbildung – für eine Woche als Hilfe auf einem Islandpferdehof anmeldete. Das erschien ihr, mit geringem Budget und großer Pferdebegeisterung ausgestattet, eine ideal verbrachte Urlaubswoche, und unter dieser Prämisse suchen und finden die meisten jugendlichen Reiterinnen nach wie vor häufig einen Ferienjob. »Suche Praktikantin für Mithilfe mit 15 Araberpferden/Distanzreiten. Arbeit nach TTEAM, Offenstallhaltung«, heißt es etwa. Oder: »Südspanien: Gestüt mit Touristikbetrieb sucht für Mithilfe ab sofort junge Frau mit Reit- und Pferdeerfahrung für längerfristig. FS 3 von Vorteil. Spanischkenntnisse nicht erforderlich.« Oder: »Suchen zum 15. März junges Mädchen in gepflegtem ländlichen Haushalt als Haustochter zur Mithilfe in Haus, Pferdestall und Garten. Geboten werden angemessenes Gehalt, Kost und Logis und in der Freizeit Umgang mit Pferden; Grundkenntnisse im Reiten erwünscht. Eigenes Pferd oder Pony kann gegebenenfalls mitgebracht werden.«

So oder ähnlich klingen die Anzeigen in den entsprechenden Zeitschriften und verleiten tatsächlich viele Mädchen dazu, ein paar Wochen, manchmal gleich ein halbes oder ganzes Jahr auf einem Hof im In- oder Ausland mit Arbeit rund ums Pferd zu verbringen. Arbeit? Als Arbeit wird diese Zeit jedoch selten gesehen; wenn auch die Grenze zwischen Beschäftigung und Ausbeutung fließend ist, sammeln die meisten nur zu gern ihre Erfahrungen mit Pferden und Menschen in einer fremden Umgebung. Maureen B. (18) freut sich: »Total geniale Stimmung, sowohl als Ferienkind als auch als Betreuerin. Schließlich kenne ich beides. Am besten sind die gemeinsamen Abende mit allen Ferienkindern und den Betreuern.«[6]

Manche erinnern sich noch gern an die eigenen Ferien auf dem Ponyhof, »aber irgendwann ist man dafür zu alt. Also habe ich die Gelegenheit ergriffen und jobbe jetzt dort. Interessant sind auch die vielen Leute, die man dort kennenlernt.«[7]

Und Simone K. (22) hat selbst das für sie frühe Aufstehen gegen sechs Uhr dreißig nichts ausgemacht. Nur – »eine Sache hat mir nicht sonderlich gefallen: das Putzen der Schlafräume!«[8]

›Reiten macht stark und – romantisch‹, kann da wieder einmal festgestellt werden: Gemeinsam ist all diesen Jobs die Abenteuerlust, mit der sie begonnen werden, und der hohe Arbeitseinsatz, der nur mit großem Idealismus zu erklären ist.

Wenn auch nur für kurze Zeit – der Traum vom Zusammenleben mit Pferden kann so ein Stück weit gelebt werden. Anfang des Jahrhunderts und auch noch vor wenigen Jahrzehnten gab es keine ›Ferienjobs‹, da hatten meist nur diejenigen Frauen mit Pferden tagtäglich zu tun, die auf einem Hof, auf dem Land lebten. Zwischen Bäuerin und Gutsbesitzerin bestanden natürlich beträchtliche Unterschiede, aber die Verbindung zur Natur und Verantwortung gegenüber den zu versorgenden Tieren (und Menschen) bestand für beide.

Dem Bericht der Bäuerin Anna-Marie aus ihrer Jugend Anfang des Jahrhunderts im Wendland hört man den unbefangenen Umgang mit Pferden an: »Und wir haben uns ein bißchen mehr Vieh angeschafft. Und noch ein Pferd. Sonntags war es vorm Wagen. Mutter und ich, wir fuhren manchmal rum, hier durchs Dorf, Felder, Wald. Einfach aus Lust.«[9]

Auch Bäuerin Hermine erzählt aus dieser Zeit, als es viele Pferde auf den Höfen gab. Für die waren allerdings die Männer zuständig. Pferde, als Zugtiere mit einem hohen Prestigewert, wurden eher als herrschaftliches Symbol angesehen und gehörten somit zum männlichen Kompetenzbereich. Dennoch konnte man in Nienwalde damals oft genug eine junge Hermine in wildem Galopp auf einem ungesattelten Pferd zur Koppel reiten sehen. »Und der Gaul wurde immer wilder, je älter er war.«[10]

Reiten gehörte in Ostpreußen zum täglichen Leben. Jutta von Grone, heute freie Journalistin und Pferdehalterin, erlebte dort Kindheit, Jugend und Beruf auf einem Gut ganz im Zeichen der Pferde. Schon dem vierjährigen Mädchen war »liebster Aufenthalt der Pferdestall«, ohne allerdings die anderen Ställe zu vernachlässigen. Dieses Mädchen spielte lieber mit lebendigen Katzen als mit Puppen.

Der Landwirtschafts- und Gestütsbetrieb, auf dem Jutta von Grone später »kriegsbedingt, aber aus Passion und eigener Initiative«[11] die Ausbildung zur Gutsverwalterin (bzw. Inspektorin) machte, war 3500 Hektar groß. Die einzelnen Güter lagen so weit auseinander, daß die Entfernungen hauptsächlich querfeldein und durch die Wälder reitend überwunden wurden, sehr oft viele Stunden am Tag mit Pferdewechsel in der Mittagszeit. So eignete sich die junge Jutta eine »zwanglose«, pferde- und reiterschonende Reitweise an. Nach abgeschlossener Lehrzeit verblieb sie im Betrieb, in dem allein der Pferdebestand aus über 50 Mutterstuten, die alle im Arbeitsgespann gingen, und 30 bis 40 Jungpferden bestand. Sie blieb bis zu jenem in die Geschichte eingegangenen Treck von Ostpreußen in den Westen im Jahr 1945, arbeitete danach weiter in der Landwirtschaft und setzte lange noch Pferde zur Arbeit ein. Heute engagiert sie sich für biologische Wirtschaftsweise und dementsprechende Pferdeweiden.[12]

Marion Gräfin Dönhoff entstammt ebenfalls einer alten ostpreußischen Familie. Aus ihrer Jugend auf dem traditionsgebundenen Adelssitz erzählt sie: »Sissi und ich hatten in Preyl zwei Stuten, mit denen wir allein ausreiten durften: ›Försterchristel‹ und ›Balga‹, die wir um die Wette über die langen Sandwege jagten. [...] Ein beliebter Sport im Winter war es, eines dieser wilden Tiere anzuschirren und eine Kette von Rodelschlitten anzuhängen, was meist damit endete, daß die ganze Kavalkade außer Kontrolle geriet, denn für das Pferd war die Last, die es zu ziehen hatte, ungewohnt leicht. Es nahm gern die Gelegenheit wahr und ging spätestens auf dem Rückweg hemmungslos durch. Das hatten dann gewöhnlich die letzten Schlitten auszubaden, die ungesteuert hin und her geschleudert wurden, bis einige von ihnen zum Schluß umkippten. Ich versuche, mich an unsere Schulstunden in Preyl zu erinnern, aber mir kommen immer nur Pferde in den Sinn [...]« Und eine so aufgewachsene Reiterin weiß genau: »Erst wenn es Stoppelfelder gibt, Kilometer von Stoppelfeldern, über die man galoppieren kann, dann beginnt die große

Zeit des Jahres. Dann muß man einen Trakehner haben, und im Herbst muß es ein Schwarzbrauner sein. Niemand hat die wirklichen Höhepunkte des Lebens je erlebt, der das nicht kennt, dieses Hochgefühl vollkommener Freiheit und Schwerelosigkeit im Sattel. Die Welt liegt einem zu Füßen, und sie ist schön und jung wie am ersten Tag, mit tausend Farben angetan und von unendlichen Gerüchen erfüllt.«[13]

Etwa zur gleichen Zeit, als Marion Gräfin Dönhoff auf den ostpreußischen Familiengütern arbeitete, verwirklichte eine andere ›Landfrau‹ ihren Traum: Sie gründete 1934 die »Erste Damenreitschule Monsheim«. Die »staatlich geprüfte Reitlehrerin« Elisabeth Knauf, die scherzhaft auch ›Heilige Elisabeth des Pferdes und der Reiterei‹ genannt wurde, wuchs auch auf einem Gut auf, erfuhr eine gute reiterliche Ausbildung und kämpfte acht Jahre darum, beim damaligen Landschaftsministerium – als Frau erstmalig – zur staatlichen Reitlehrerprüfung zugelassen zu werden. Mit Erfolg: Am 1. Mai 1934 konnte die erste Schülerin unterrichtet werden, viele Kurse folgten. ›Hilfsreitlehrerkurse‹ wurden angeboten, und Schülerinnen aus der ganzen Welt kamen. Der Zweite Weltkrieg mit seinen verheerenden Auswirkun-

gen ging nicht spurlos an Pferden und Schülerinnen vorbei, und zum Kriegsende wurden fast alle Gebäude zerstört, dennoch stand die Damenreitschule im Schloßgut Monsheim in 25 Jahren keinen Tag still.[14]

Dem Leben auf den großen Gütern am nächsten kommt die Arbeit in großen Pferdegestüten oder Trainingsställen für den Sport. Der entsprechende Ausbildungsberuf ist Pferdewirtin bzw. Pferdewirt, derzeit die bekannteste Berufsmöglichkeit im Pferdebereich. Nach Auskunft der Reiterlichen Vereinigung FN entscheiden sich mehr Frauen als Männer dafür: 1997 waren es im Schwerpunkt ›Reiten‹ 64% und 1996 sogar 76%.

Die Pferdewirtin

Diesen Beruf gibt es mit vier Ausbildungsschwerpunkten: Reiten; Zucht und Haltung; Rennreiten; Trabrennfahren. Die Ausbildung dauert drei oder verkürzt zwei Jahre, Hauptschulabschluß und Volljährigkeit sind Voraussetzung. Nach dreijähriger Berufspraxis besteht die Möglichkeit, den Titel Pferdewirtschaftsmeisterin zu erwerben und so als anerkannte Berufsreitlehrerin arbeiten zu können.[15]

Viele Frauen wählen den Schwerpunkt ›Reiten‹ und arbeiten, häufig schon vor ihren Prüfungen, längst als Reitlehrerin. Christiane S. ist auf einem Pferdehof aufgewachsen, hat eine Reitwartausbildung. Demnächst legt sie die Prüfung zur Pferdewirtin ab. Sie reitet von Kindheit an, arbeitet nun als Bereiterin auf dem Familienhof, gibt Reitunterricht und hat dazu noch Pensionspferde. Viele träumen von dem interessanten Beruf der Pferdewirtin, meint Christiane, und bleiben dann als Pferdepflegerinnen häufig ›auf der Strecke‹. Christiane hat es vergleichsweise gut: Sie kann sich ihre Zeit frei einteilen und hat trotz vieler Arbeit auch Freistunden. Doch auf anderen Höfen, weiß sie, ist es oft extrem: Morgens um sechs Uhr aufzustehen und bis abends um zehn arbeiten zu müssen, ist durchaus üblich.

Den ›Kick‹ für ihre Berufswahl hat auch ihr ein Auslandsaufenthalt gegeben – nach ihrer (kaufmännischen) Ausbildung las sie in einer Anzeige, daß in Kalifornien eine Bereiterin gesucht würde. Ein Anruf reichte, eine Woche später saß sie im Flugzeug und verbrachte ein Jahr auf verschiedenen kalifornischen Höfen. Sie hat dort viele deutsche Mädchen bzw. Frauen getroffen, die etwas ähnliches suchten wie sie: Erfahrungen mit fremden Menschen, den Umgang mit Pferden in einem anderen Land. Bereichert hat sie das und ihr viele Impulse für den Umgang mit Pferden gegeben. Christiane S. würde gern noch einmal losziehen, »als Stallbursche« in einem anderen Land arbeiten. Auch wenn ihre reiterliche Förderung nicht im Vordergrund stand, möchte sie ihre Erfahrung aus dieser Zeit nicht missen …[16]

Wenn sie ihre Freizeit genießen will, geht sie übrigens nicht in den Stall zu den Pferden wie andere Berufstätige, sie verläßt den Hof und macht dann gerne etwas ganz anderes. Doch es gefällt ihr nach wie vor, mit den eigenen Pferden zu arbeiten. Die Zusammenhänge der Reiterei, die Reitlehren nachzuvollziehen und dann die eigenen Pferde zu fördern, gemeinsam weiterzukommen, das ist ihre Motivation.

Trotz etlicher Widrigkeiten scheinen die Aussichten auf eine Anstellung für die Pferdewirtinnen, die ihren ›Meister‹ haben, relativ gut: In privaten Turnierställen und Gestüten, in touristischen oder Freizeiteinrichtungen, in reittherapeutischen Zentren oder Reitvereinen können sie unterkommen.

Die Reiterinnen im Rampenlicht

Aus Pferdewirtin und Reitlehrerin wird hin und wieder die ›Karriere‹-Reiterin: Simone Richters Berufsweg als Pferdewirtin begann eigentlich schon mit sechs Jahren, da startete sie, wie sie selbst berichtet, auf ihrem ersten Pony ›Blitz‹. Fast die gesamte Familie reitet, ihre Schwestern sind ebenfalls erfolgreiche Turnierreiterinnen, als Trainer fungiert der Vater. Sie lernte den Beruf der ›Pferdewirtschaftsmeisterin‹ und ist seit längerem als Turnierreiterin bekannt – die Düsseldorferin gewann 1988 als erste Frau in der Geschichte die Deutsche Vielseitigkeitsmeisterschaft. Ihr Ehrgeiz führt wieder dorthin, »daß es bei den Olympischen Spielen noch einmal klappt.«[17]

Wie Simone Richter möchten viele Reiterinnen als Turnierreiterinnen sich selbst und ihre Pferde in der Öffentlichkeit erproben. Wir möchten in diesem Kapitel die Reiterinnen im Rampenlicht nur ›exemplarisch‹ beleuchten und jeweils einige Aspekte aus Geschichte und Gegenwart herausgreifen, die unser Thema berühren. Ein kleiner Rückblick auf das Ansehen der Profireiterinnen früherer Jahrzehnte:

Noch Ende der 50er Jahre war es bei manchen ländlichen Turnieren vorgeschrieben, daß alle ReiterInnen nur auf Pferden starten durften, die werktags auf dem Hof ›in Arbeit‹ gingen. Die später sehr bekannt gewordene Reiterin Helga Köhler erzählt von den ersten Ponyturnieren: »[...] gelegentlich passierte es dann, daß wir wegen der großen Entfernungen unser Mohrchen mit in den Autobus stopften, in den Gang zwischen die Sitzreihen. So legten wir unsere ersten Turnierreisen zurück.«[18]

Beschauliche Zeiten, doch haarsträubend klingen die Kommentare zur Reitkunst der Amazonen im Turniersport der 50er Jahre: »Frauen sollten eigentlich nur bis Klasse M reiten, alles darüber ist mehr oder weniger Männersache. Wenn eine Frau aber soviel gelernt hat, daß sie die schweren Lektionen der Klasse S aus einem Pferd herausreiten kann, dann hat sie den Sinn des Dressurreitens als Damenreitsport immer erfüllt. [...] denn eine Frau ist und bleibt immer Amateursportlerin [...]«[19] Das würde heute kein Reiter mehr behaupten, dennoch sind Berufsreiterinnen gegenüber einige Vorbehalte geblieben.

Helga Köhler erzählt von den Anfängen ihrer Karriere als Rennreiterin: »Als der Krieg zuende war, treckten wir mit den meisten noch vorhandenen Pferden zum Remontendepot Mecklenhorst bei Neustadt am Rübenberge. Dort unterstand dann der ganze Haufen dem Engländer, der ja wirklich viel für Pferde übrig hat. Inge und ich wurden dem Offiziersstall zugeteilt, an dem u.a. die ›black horses‹ für die Leibgarde zugeritten wurden. Aber wir ritten jetzt nicht nur, sondern machten auch den ganzen Stalldienst. Eines Tages setzten uns die englischen Offiziere auf ihre Vollblüter, und es begann das Rennreiten. Wie oft haben wir ein Pferd mehrmals besteigen müssen! Aber wir lernten es allmählich, und dann kam ein ›denkwürdiger‹ Renntag, den die Engländer veranstalteten.« Sieben Hindernisrennen waren angesetzt, bei den ersten beiden gelangten nur reiterlose Pferde ans Ziel. Den sieben Reiterinnen wurde ganz schwach zumute, sie sollten im letzten Rennen starten. Was lag näher, als daß wir uns eine Flasche Whiskey besorgten und uns Mut antranken? Das gab nicht nur Mut, sondern auch Kraft und vor allem Selbstvertrauen. Ich [...] gewann mit einigen Längen. Das war aber nicht so wichtig. Viel wichtiger war, daß wir alle durchs Ziel kamen! Sofort erklärte uns der völlig fassungslose Kommandeur Major Morgan-Jones: ›Ich nehme Ihnen dieses Rennen nicht ab. Es wird wiederholt.‹ [...] ein ähnliches Rennen wurde vier Tage später erneut veranstaltet. Wir Mädels verfuhren nach dem gleichen Rezept, gegen das niemand Einspruch erhob, und wieder kam das Damen-Feld recht geschlossen unter meiner knappen Führung im Ziel an. Von Bezweifeln oder Nichtabnehmen konnte nun keine Rede mehr sein, im Gegenteil, man zollte uns großen Beifall.«[20]

Der hier ›angestrebte‹ Beruf der Rennreiterin bedarf inzwischen einer anderen Grundlage: Die Ausbildung zur Pferdewirtin mit dem Schwerpunkt Rennreiten ist heute Bedingung, und auch dieser Schwerpunkt wird vermehrt von Frauen gewählt; acht von zehn Prüflingen sind weiblich. Aber erst nach 50 ersten Plätzen dürfen RennreiterInnen sich ›Jockey‹ nennen. Die deutschen ReiterInnen sind zwar mit 5% am Preisgeld beteiligt, aber wer auf ein preisverdächtiges Pferd kommt, also eine gute Chance hat zu siegen, das bestimmen die Trainer und Pferdebesitzer – und die sehen nach wie vor lieber Männer im Rennen.

Bereits seit 1939 gibt es weibliche Jockeys. Daß bis heute meist nur männliche Jockeys starten, liegt also nicht daran, daß keine Frauen im Rennsport tätig sind ... Der erste weibliche Jockey der deutschen Nachkriegszeit hieß Carola Ortlieb, sie erritt im Juli 1982 ihren fünfzigsten Sieg. In den USA hatte sich bereits 1968 eine Reiterin die Teilnahme am Rennen vor Gericht erstritten: Kathryn Kuser mußte sich, bevor sie starten und das Gegenteil beweisen konnte, bei Beantragung der Rennreiterlizenz anhören, daß sie nicht über die Kraft zur Kontrolle der Pferde verfüge![21] Jahre später, im Juli 1980, galoppierte die Reiterin Patty Barton auf der Rennbahn River Downs über die Ziellinie und gewann damit ihr 1000. Rennen.[22]

Manuela, zwanzig und im Besitz eines überdurchschnittlich guten Abiturzeugnisses, hatte etliche Bedenken ihres Umfelds zu überwinden, bevor sie in ihrem Traumberuf ›Rennreiterin‹ starten konnte. Ihre Wahl hat sie nicht bereut, auch wenn der Alltag manchmal hart ist: das frühe Aufstehen, die wenigen Pausen, lange Arbeitstage mit wenig Privatleben. Gudrun Utke startete bereits als Auszubildende zum ersten Mal in einem großen Rennen und gewann mit ihrem Außenseiter zu aller Überraschung. Sie kennt die Schattenseiten ihrer Berufswahl: »Als Frau mußt du zehnmal besser sein als ein Mann. Und akzeptiert wirst du überhaupt erst, wenn du mal gewonnen hast! Aber das schaffst du normalerweise erst, wenn du auch ein gutes Pferd kriegst ...«[23]

Auch das hohe Sturzrisiko – zwei Frauen starben seit 1978 bei Stürzen im Training – hält sie nicht davon ab, Pferderennen zu bestreiten, und morgens finden sich in den Rennställen zum Training immer mehr junge Frauen ein.

Erst seit den 80er Jahren sind Frauen für die Ausbildung zum Berufsrennreiter bzw. zur Rennreiterin zugelassen. Daß dies ein begrüßenswerter Entschluß war, begründet z. B. Trainer Thalau gar nicht erst mit der Reitkunst der entsprechenden Frauen, sondern mit gewissen weiblichen Qualitäten: »Die Pferde laufen oft lieber unter Frauen. [...] Sie haben's besser, seit Frauen dabei sind, werden verhätschelt und bemuttert. Fast jede hat ihren Liebling, dem sie manchmal extra eine Möhre zusteckt, und Pferde sind ja schließlich auch Lebewesen.«[24] Immerhin: Sie galoppieren durch die Statistik und auf der Bahn, weibliche Jokkeys sind ›im Kommen‹.

Im Fahrsport geht es ähnlich zu: Ulla R. beispielsweise ging schon in der Schulzeit jeden Nachmittag in den Stall. Sie schwang sich dort allerdings nicht in den Sattel, sondern in den Sulky. Das Glück der Erde liegt für sie *hinter* dem davontrabenden Pferd: im leichten zweirädrigen Wagen. Nicht nur die Eltern mußte sie von ihrer ernsthaften Entscheidung, das Hobby zum Beruf zu machen, erst überzeugen, sondern auch die männlichen Konkurrenten. Und die scheuten keinen Trick: beim Rennen wurde sie abgedrängt und festgehalten. Jede Menge dummer Sprüche mußte sie sich anhören. Ulla R. galt trotzdem bald als das Mädchen mit der »samtweichen Hand« und siegte in ihrer dreijährigen Karriere als Berufsfahrerin zweiunddreißigmal. 70.000 DM an Prämien hat sie in einem Jahr eingefahren – und erhielt keine Mark davon. Ihr Gehalt muß ausreichen, am Gewinn sind die FahrerInnen nicht beteiligt.[25]

Eine der 500 deutschen Trabrennfahrerinnen bekräftigt, was wir schon ahnen: »Dafür muß man eine echte Pferdenärrin sein. Denn der Job ist ganz schön hart. Ich putze, miste und trainiere jeden Tag sieben Pferde. Und am Wochenende, wenn die anderen frei haben, muß ich mit dem Chef auf die Rennbahn. Einmal durfte ich bisher gegen ihn starten – da hab ich ihn prompt geschlagen!«[26]

Auch wenn sich die heutige Turnierreiterei in großen Ställen häufig nur noch zwischen Pferdebox, Abreiteplatz und Pferdehänger abspielt, zeigen sich auch dort Pferdebegeisterung, Idealismus – und Romantik: »Ein Tag ohne Pferde ist für mich ein verlorener Tag«, äußert die vierfache russische Dressurmeisterin und Turnierreiterin Inessa Potouraeva entschieden ihre Lebensmaxime. Mit zwölf Jahren sah sie ein Bild mit dem ersten weiblichen Jockey in der Zeitung und hatte von da an ein klares Ziel. Erbettelte sich Reitstunden und lernte den beispiellosen Drill eines militärischen Reitunterrichts kennen. Aufsitzen ohne Bügel, wer zu spät kam, mußte die Stunde in Stiefeln mitlaufen, Fehlen bedeutete den Rausschmiß. Doch das Mädchen Inessa wollte und lernte reiten, um jeden Preis. Sie flüchtete heimlich aus dem Krankenhaus zur Reitstunde, sie kletterte aus dem Fenster, als die Eltern sie einsperrten. Sie lernte reiten unter extremen Bedingungen: von anfangs sechzig ReitschülerInnen blieb nur sie übrig.

Auch für Zirkuslektionen begeisterte sie sich und setzte sich mit der ihr eigenen Beharrlichkeit für ein Pferd ein, für ›das‹ Pferd: Zaporojez, der aufgrund einer Schulterverletzung ausgemustert worden war. Sie pflegte den Trakehner, bildete ihn aus und ritt ihn in schweren Dressurprüfungen – von einem Sieg zum nächsten. Als er nach einem Transportunfall mit einem angebrochenen Bein wieder in Lebensgefahr geriet, pflegte sie ihn ein zweites Mal – und ritt und siegte auf russischen Meisterschaften.

Das traurig-schöne Märchen ist noch nicht zu Ende: 1994 wurde Zaporojez nach Deutschland verkauft. Inessa folgte ihm kurz darauf, hatte aber nicht die Mittel, das Pferd zu kaufen. Sie hofft dennoch, daß er eines Tages sein Gnadenbrot bei ihr fressen kann. Für Zeitungsaufnahmen schwang sie sich im Rock und ohne Sattel und Zaumzeug auf seinen Rücken und ritt den erstaunten Zuschauern einen kompletten Grand Prix Spezial mit allen Lektionen vor.

Inessa Potouraeva wendet sich entschieden gegen antiquierte Ausbildungsmethoden. Es ist nicht nur der ein guter Reiter, der sein Pferd so schnell wie möglich zu irgendwelchen Leistungen bringt. Sie reitet ihr jeweiliges Pferd hin und wieder »ohne alles«. Das mache die Tiere sensibler für die Hilfen, erläutert sie den erstaunten Zuschauern, und läßt gelassen ihr 1,85 Meter großes Pferd antreten.[27]

Ob sie nun von einer Turnierkarriere träumen oder nicht, die meisten ausgebildeten Pferdewirtinnen arbeiten als Reitlehrerinnen. Reitunterricht brauchen alle ReiterInnen, und die sich verändernde Reitszenerie bietet dazu noch neue Einsatzmöglichkeiten für Pferd und Mensch. Jochen Künneke, Vorsitzender des FN-Ausschusses ›Ausbildung‹, sieht das sich verändernde Berufsfeld der Reitlehrerin als »[...] eine Entwicklung fast hin zum Frauensport; und angesichts unserer Freizeitgesellschaft mit Hinwendung immer mehr zum Freizeitsport und nur geringen Anteilen Leistungssport.«[28]

Die Freizeitgesellschaft wird manchmal auch ›Therapiegesellschaft‹ genannt, und in den 90er Jahren wurden vermehrt auch Pferde zu Lehrern. Im Bereich des therapeutischen Reitens finden Pferde und Menschen wie Pia S. zu einem gemeinsamen Einsatz für andere. Pia arbeitet in einer Klinik für suchtkranke Frauen. Sie ist Diplom-Sozialpädagogin mit einer Zusatzausbildung für Familientherapie und heilpädagogisches Voltigieren und setzt erfolgreich ein Reitpony und eine Eselin zur Unterstützung ein.[29] Krankenkassen bezahlen unter Umständen »Hippotherapie« bei schwerbehinderten Kindern, wenn KrankengymnastInnen mit entsprechender Zusatzausbildung diese durchführen.

Eine Interessensgemeinschaft hat sich in Marburg gebildet: eine Haltergemeinschaft stellt seit über fünfzehn Jahren etliche sonst freizeitgerittene Pferde (Gewichtsträger und Ponys und Esel) der Interessengemeinschaft für therapeutische Zwecke zur Verfügung. PatientInnen und SchülerInnen kommen aus der Umgebung und bringen ihre eigenen TherapeutInnen zu den Stunden mit. Der Verein bietet mittlerweile ein qualifiziertes Kursangebot: Kurse zur Bewegungserziehung, Kurse für die Ausbildung von Therapiepferden u.a.[30]

›Karriere‹ in diesem Berufsfeld machte auch Marie-Luise von der Sode, Jahrgang 1953.[31] Sie wuchs in einer Reiterfamilie auf, studierte Pädagogik und gründete und leitete mehrere Jahre einen Jugendbauernhof. Dort befaßte sie sich mit heilpädagogischer Arbeit, mit Kindern und Pferden. Sie arbeitete mit Pferden bei Linda Tellington-Jones, wurde Assistentin der Reitlehrerin Sally Swift und erlernte außerdem die Feldenkrais-Methode.[32] Von der Sode verknüpft all diese Bausteine und bietet mittlerweile eine ›ganzheitliche‹ Zusatzausbildung für PädagogInnen, TherapeutInnen, ÄrztInnen u.a. an: Selbsterfahrung und ein körperbewußter Ansatz beim Reiten oder Unterricht sind Inhalt dieser Ausbildung.

Die grundlegende Erkenntnis für den Einsatz von Pferden in diesen Bereichen ist eigentlich einfach: Pferde haben für menschliche Gefühle eine äußerst sensible Wahrnehmung.

Monika M. beschreibt ihren Einsatz von Pferden in der Psychotherapie.[33] Die bewußte Auseinandersetzung mit Tieren und die Reflexion der eigenen Körperhaltung kann jedem Menschen neue Möglichkeiten bieten: Das Pferd erkennt Blockaden, meint Monika M. Sie ist Diplom-Psychologin und Körpertherapeutin, hat sich im Heilpädagogischen Reiten weitergebildet, betreibt eine eigene Praxis. Viele ihrer wichtigsten Erfahrungen und Einsichten über sich selbst, meint sie, habe sie den Pferden zu verdanken. Auf dem Pferderücken werden charakteristische Handlungsmuster besonders deutlich und für die Reitenden selbst spürbar. Im Rahmen einer Psychotherapie kann die Arbeit am Pferd körperliche wie seelische »Knoten« lösen, unabhängig von jeglicher Reiterfahrung. Aber auch interessierte Reiterinnen können durch Selbsterfahrung und Reflexion der eigenen Körperhaltung Haltungs- und Denkmuster verändern, wenn sie ihren Reitstil auch als einen persönlichen Ausdruck ihrer Einstellung zum Leben begreifen und durch diese Erfahrung nicht nur »ganzheitlicher« reiten, sondern vielleicht auch einen anderen Zugang zu ihren Pferden bekommen.

Ein Beispiel: Eine jahrelang drogenabhängige Patientin, bis zur Unkenntlichkeit geschminkt, in schwarzer Lederkleidung und mit aggressivem Auftreten anderen Menschen gegenüber, ging in eben dieser Haltung auch auf das Pferd zu. Und erstaunlicherweise wieherte der Haflinger ihr leise zu, als ob er sie lange kenne und rieb seine Nase an ihrem Körper. Als sie später auf seinem Rücken saß, trug er sie sanft und vorsichtig, mit verhaltenen Schritten. Das Erleben dieser »anderen Seite« und die Integration in ihre Persönlichkeit brachte die junge Frau, so die Therapeutin, einen großen Schritt in ihrer persönlichen Entwicklung weiter.

Monika M. reflektiert ebenso behutsam über die Pferde: Ein Pferd, das in dieser Arbeit eingesetzt wird, braucht ein stabiles Selbstbewußtsein, um sich gegenüber den Stimmungen und Erwartungen der verschiedenen Menschen abgrenzen zu können. Es braucht feste Bezugspersonen und die Erfahrung, daß seine Grenzen respektiert werden. Allerdings hat sie den Eindruck, daß die Pferde ihre Arbeit überhaupt nicht als Belastung, sondern eher als willkommene Abwechslung erleben.

Für die umgekehrte Variante therapeutischer Arbeit steht Brigitte Schulz: Ihre PatientInnen sind verhaltensgestörte Pferde. Als Therapeutin will sie nicht den Willen der Tiere brechen, sondern ihnen »ihre abhanden gekommene Natur zurückgeben«.

Klappe! – Trainerinnen von Film-Pferden

Aufregende Galoppaden, wilde Fluchten oder auch romantische Szenen mit wilden Pferden – wie werden die Tiere bloß zum Mitwirken gebracht? Hin und wieder berichtete die Presse über skandalöse Zustände hinter den Kulissen, denn sanfte Trainingsmethoden waren bis vor Jahren im Tier-Showbusineß unbekannt – Pferde wurden bei Dreharbeiten gnadenlos mißhandelt. Berüchtigt war das »Running W«: ein dünnes, auf der Leinwand unsichtbares Seil, an den Vorderfesseln des Pferdes festgebunden. Die Tiere wurden damit im gestreckten Galopp zu Fall gebracht. Inzwischen setzt sich eine eigens gegründete Organisation, die American Humane Association (AHA), dafür ein, daß Film-Tiere artgerecht behandelt werden.

Fünfzig Meilen nördlich von Hollywood schult »Horsewoman« Rita Lundin Pferde für die schwierigen Anforderungen vor der Kamera. Die Trainerin arbeitet mit ihren ›Schauspiel-Studenten‹. Es sind Quarterhorses, die sie vor dem Schlachten gerettet oder günstig von Indianerreservaten erworben hat. Ihre

Pferde treten in Filmen auf, mitunter auch in Werbespots. Die Tiere reagieren auf das kleinste Kommando, auch Pferdeunerfahrene können mit ihnen arbeiten. Manche SchauspielerInnen nehmen bei Lundin Unterricht, manchmal auch Bands, die in ihren Musikvideos zu Pferde sitzen wollen.

Rita Lundin testet mit Geduld und Ruhe das Talent der Tiere, reitet sie behutsam zu. Und wenn sich ihre Schüler nicht zu Schauspielern eignen, werden sie immer noch zu guten Reitpferden. Ausgeglichenheit ist eines der Hauptziele ihre Trainings. »Man muß das Vertrauen der Pferde, aber auch ihren Respekt gewinnen: das ist schon alles.«

Einfach ist die Sache gewiß nicht, der schwarze Wallach, der auf ein Zeichen mit der Peitsche steigt und dabei tief in die Hanken geht, hat eine jahrelange Ausbildung hinter sich. Und bevor Pferde in Filmen wie »Der schwarze Hengst«, »Der mit dem Wolf tanzt« oder »Der Pferdeflüsterer« berühmt werden, müssen sie große Sensibilität und Vertrauen zu ihren Trainern zeigen, um die gewünschten Leistungen zu erbringen.[34]

Das Eisen, Frau Schmiedin!

Geduld und Ruhe, aber auch sehr viel Kraft wird für einen immer noch traditionellen Männerberuf benötigt, den des Hufschmieds. Dennoch: Eine Zeitschrift berichtete 1997 über eine, nein, gleich vier Hufschmiedinnen: Die »phantastischen Vier« betreiben im Hunsrück eine Frauenschmiede.[35] »Junge Frauen«, sagt die Chefin Birgit B., »die einen Pferdeberuf erlernen, werden normalerweise Bereiterinnen oder Pferdewirtinnen, mehr Alternativen kennen sie nicht. Dabei gibt es viel zu wenig Hufschmiede ...« Zeitweise hatte sich Birgit B. bei ihrer Lehrstellensuche auch über Absagen amüsiert. Etwa, als sie am Telefon nach einer Lehrstelle fragte und man ihr vorschlug: »Na, dann schicken Sie Ihren Sohn mal vorbei!« In Deutschland schneiden gerade mal ein Dutzend staatlich geprüfte Hufschmiedinnen Pferdehufe aus und klopfen glühende Eisen in Form. Von einem Boom kann keine Rede sein. Wer nicht kerngesund und zäh ist,

eignet sich nicht: Durch die Belastung wird der Körper, vor allem die Gelenke, hart beansprucht. Vier Pferde pro Tag beschlagen sie und dazu vielleicht noch ein oder zwei, denen sie die Hufe ausschneiden, das reicht. Mehr schaffen sie kräftemäßig nicht, geben die Hufschmiedinnen freimütig zu.

Auf Streife mit einer Pferdestärke

Ebenfalls in einem typischen Männerberuf hat die Zügel fest in der Hand: die Polizeireiterin. Die Präsenz von berittener Polizei könne bereits Straftaten verhindern, heißt es, der Einsatz in unwegsamem Gelände oder in Grünanlagen geht von daher meist friedlich zu. Die Palette reicht von Verkehrskontrollen über Umweltschutz bis zu Streifeneinsätzen in Wohngebieten.

Kerstin L. absolvierte die dreijährige Fachhochschule für öffentliche Verwaltung in Düsseldorf und entschied sich für eine Laufbahn bei der Kriminalpolizei. Nun konnte sie ihren Traum verwirklichen: Sie wurde Polizeireiterin, Gruppenführerin bei der Dortmunder Reiterstaffel. Wie ihre Kollegen betreut Kerstin L. ein spezielles Pferd, pflegt und versorgt es. Und, wen wundert's, bei der Kinderferienparty in Dortmund sind besonders die kleinen Mädchen begeistert von der Reiterin und ihrem »Streifenwagen«.

»Señoritas Toreras«

Kraft und Geschicklichkeit und das Spiel zwischen Mut und Angst beherrschen Reiterinnen in einem anderen ungewöhnlichen Feld: in der Arena vor dem Stier, der, 500 Kilo schwer, der Torera schnaubend entgegentritt. Trotz weltweiter Proteste ist der Stierkampf aus der Tradition von Ländern wie Spanien, Frankreich und Südamerika nicht wegzudenken. Obwohl heute fast ausschließlich Männer den Stierkampf inszenieren, gab es die Torera, zumindest zu Fuß, lange vor dem Torero. Von Priesterinnen als Stierkämpferinnen berichten noch Briefe aus dem

15. Jahrhundert, und eine echte Sensation bedeutete der Auftritt der berühmten »Señoritas Toreras Catalanas« 1895 in Barcelona. War es unter Francos Regime den Frauen sogar verboten, als Stierkämpferin aufzutreten, können sich heute Mädchen und Frauen ohne weiteres in einer der vielen Stierkampfschulen ausbilden lassen.[36] Es sind nicht viele, die diesen Weg wählen.

Was erscheint den Frauen so reizvoll daran, in einen Kampf zu gehen, der – wenigstens in Spanien und Lateinamerika – das Töten zur Kunst erhebt? Eine der wenigen berühmten ›Professionellen‹ antwortet: »Das mag grausam erscheinen, aber so will es das Reglement: Der Tod dient der Kunst. Und der Schönheit. Unverzeihlich ist dabei nur eines: zu töten, ohne Schönheit zu geben.«[37] Marie-Sara hatte 1984, mit einundzwanzig Jahren bereits, ihre Publikumspremiere. Heute steht ihr Name auf unzähligen Plakaten, in Südfrankreich, Spanien und Südamerika. Doch die Gagen sind nicht riesig: Zwischen 8000 und 20.000 DM verdient sie bei jedem Kampf – ein Bruchteil von dem, was die Matadore erhalten. Auch der Alltag gehört zum Training: weder Zigaretten noch Alkohol oder Discobesuche sind erlaubt, und täglich trainiert sie neun Pferde …

Bitte recht freundlich! – Pferdemalerin und -fotografin

Es gab und gibt tatsächlich weit mehr als eine Frau, die Pferde malt, aber nur eine, die so erfolgreich war und deren Leben so ungewöhnlich verlief wie das von – Rosa Bonheur.

Die Malerin, 1822 in Bordeaux geboren, galt schon zu ihrer Lebenszeit als Phänomen. Die Dynamik ihrer Bilder, speziell der Pferdeszenen, verriet Leidenschaft und Handfestigkeit. Und dynamisch war sie selbst auch: Für ihre Stierporträts folgte die Tiermalerin ihren Modellen auf die Weide, Farbtuben, Pinsel und Palette im Gepäck.

Mit ihrer Lebensgefährtin Nathalie Micas bezog Rosa Bonheur ein Jagdschlößchen in dem Dörfchen By in der Nähe von Fontainebleau, heute übrigens zu besichtigendes Museum. Zum Haushalt der beiden Frauen gehörten zahlreiche Tiere: Hunde,

Gabriele Broiselle

Katzen, Rinder, Pferde, jede Menge Geflügel, ein Papagei und zeitweise auch zwei – Löwinnen. Ungehindert durften die beiden durchs Haus streifen.

Rosa Bonheur liebte die Reiterei und schwärmte für – Buffalo Bill. Ihm war sie in den USA persönlich begegnet, das Kostüm, das er ihr schenkte, hängt in einer Vitrine im Schloß. Die eigenwillige, etwas kleinwüchsige Künstlerin mit der Liebe zu monumentalen Werken ritt von Kindesbeinen an und das nicht im Damensattel. Sie trug meistens Hosen, blaue Russenkittel, derbes Schuhwerk. Ihrer Zuneigung zu den Tieren verlieh sie ungewöhnlichen Ausdruck: mit Präparationen. Der Kopf ihrer Lieblingsstute hängt über dem Eingang zum Studio. Ihr berühmtestes Gemälde, »Auftrieb der Pferde« (im Besitz des Metropolitan Museums, New York) findet man häufig als Plakat.[38]

Über Löwinnen ist bisher nichts bekannt, doch Erfolg hat sich auch bei einigen heutigen Malerinnen eingestellt: Claudia Bialowons beispielsweise lebt bei Dortmund und ist seit 1978 professionelle Pferdemalerin. 1998 stellte die Künstlerin Eve Saglietto ihre Bilder in einer Nürnberger Galerie aus. Sie widmet sich seit zehn Jahren der Pferde- und Tiermalerei; auch im Hauptgestüt Marbach hängt ein ›echter Saglietto‹.

Renate Blank ist bekannt für ihre Darstellungen der Spanischen Hofreitschule und illustriert entsprechende Literatur. Sie spendete 1997 den Horsemanship-Preis, den die Deutsche Vereinigung zum Schutze des Pferdes verleiht.

Etwa 100.000 Fotos rund ums Pferd umfaßt das Archiv von Gabriele Broiselle – Arbeit aus mehr als zwölf Jahren. Die Pferdefotografin, deren Arbeiten als zugleich einfühlsam und ausdrucksstark gelten, stellt aus ihrem Bildfundus Materialien für Werbung, Bücher, Multivisionen zusammen und arbeitet inzwischen auf internationaler Ebene. Im eigenen Verlag publiziert sie seit 1985 Pferde- und Tierkalender, für die sie immer wieder Auszeichnungen erhielt.

»Telane ist eine Pferdeflüsterin, sie kennt die Seelen der Pferde«.[39] Telane Greyling, sechsundzwanzig, lebt mit 150 Pferden in – der Namib-Wüste. Ihre ungewöhnlichen Lebensumstände verdankt die junge Südafrikanerin einem speziellen Forschungsinteresse. Das Thema ihrer Magisterarbeit lautet: »Verhalten und Ökologie der Wildpferde unter Wüstenbedingungen«. Was die Zoologin in der freien Natur studiert, erhellt die enorme Anpassungsfähigkeit von Pferden an veränderte Lebensbedingungen – und ein schwarzes Kapitel deutscher Kolonialgeschichte: Um 1900 waren massenhaft Militärpferde nach Afrika verladen worden. Kaiser Wilhelms Truppen brauchten Nachschub, denn die Hereros und Namas hatten sich zum Aufstand gegen die deutschen Kolonialtruppen erhoben. 80.000 Hereros und Namas fielen den »Schutztruppen« zum Opfer ... Ein deutscher Feldwebel soll in der Nacht vor der Kapitulation die Gatter geöffnet und die wenigen überlebenden Pferde freigelassen haben mit den Worten: »Haut ab, macht's besser als wir«, so schildert es eine der zahlreichen Legenden um die Pferde.

Die Nachkömmlinge der Trakehner haben inzwischen durch Inzucht in neun, zehn Generationen eine eigene Rasse ausgebildet, genetisch keiner anderen bestehenden Pferderasse vergleichbar. Sie überleben in der Wüste – von Austrocknung, von Leoparden und Hyänen bedroht, die weichen Hufe schnell verschlissen, gut die Hälfte der Fohlen stirbt –, aber: sie überleben.

Telane Greyling, die alle Tiere der Herde genau kennt und sie öfter auch gegen Raubzüge von Tierzüchtern verteidigt, wird bei den Wildpferden bleiben. Oder wenigstens immer wiederkommen: »Für mich sind sie ein vollkommenes Symbol der Freiheit. Soviel Bewegungsfreiheit hat kein domestiziertes Pferd [...] Wißt ihr, ich liebe diese Tiere. Ich liebe die Weite, in der sie sich bewegen. Das hat auch mit mir zu tun, denn es hat nicht nur ihre Einstellung zum Leben verändert, sondern auch meine.«

Der Duft der Zedern und das Wiehern der Pferde – Beryl Markham

Pferdefrauen haben viele Träume, wie wir in diesem Kapitel gesehen haben. Für jeden davon braucht es ›Pferdeverstand‹, Risikobereitschaft und maches Mal ein abenteuerliches Leben. Vielleicht eines, wie die Trainerin und Pferdezüchterin Beryl Markham es führte ...?

Beryl Markham: Glück für uns – der Schriftsteller und Flieger Saint-Exupéry veranlaßte sie, ihre Memoiren zu schreiben. Im September 1936 war die Pilotin Beryl Markham nach 21 Stunden Alleinflug mit einer Propellermaschine auf Neufundland gelandet. »Westwärts mit der Nacht« heißt das Buch, in dem sie diesen Flug schildert. Aber weder schreiben noch fliegen brachte ihr den gewünschten und nötigen Wohlstand, und so zog sie sich wieder auf das zurück, was sie schon Jahre zuvor mit Begeisterung getan hatte. Sie trainierte Rennpferde und hatte große Erfolge. In ihrer besten Saison, 1963/64, waren 46 der von ihr trainierten Pferde erfolgreich. Mit Pferden blieb sie bis an ihr Lebensende verbunden – sie lebte in einem

Beryl Markham

kleinen Haus auf dem Rennplatz in Nairobi, wo sie von ihrem Wohnzimmer aus die Rennpferde beobachten konnte. Sie starb 84jährig. Nein, dieses Leben bewegte sich nicht gradlinig auf den Berufsabschluß »Gestütsleiterin« zu – Beryl Markham, 1902 in England geboren, war im Alter von drei Jahren mit ihrer Familie nach Britisch Ostafrika gelangt, ihr Vater züchtete und trainierte dort erfolgreich Rennpferde. Sie liebte es schon als Kind, ihren Vater bei den Rundgängen durch die Ställe und zu den Pferderennen zu begleiten, und sie lernte so alles, was man nur über Pferde wissen konnte.

Und sie liebte bis an ihr Lebensende die Gerüche – den Duft der Zedern und des frisch gesägten Holzes; und die Geräusche – das Peitschenknallen der Ochsentreiber, das Wiehern der Pferde und die Lieder, die die Pferdeknechte bei ihrer Arbeit sangen. Ihre Schulzeit in einem Internat dauerte allerdings nur zweieinhalb Jahre. Dann wurde sie, obwohl sie eine gute Schülerin war, wieder nach Hause geschickt, weil sie ständig gegen die Schulordnung verstieß.

1919 heiratete sie den etwa doppelt so alten Pruves, auf dessen Hof sie Pferde zu trainieren begann. Die Erfolge stellten sich schnell ein, die Zahl der Kunden wie der Pferde und Siege wuchs. Beryl erwarb eine Trainerlizenz, die erste, die in Kenia an eine Frau vergeben wurde. Sie trennte sich allerdings von ihrem Mann und damit auch von den Trainingsmöglichkeiten für die Pferde. Mit einem Freund baute sie kurze Zeit später ein neues, bald florierendes Trainingszentrum auf, und obwohl sie in sehr ärmlichen Verhältnissen, zeitweise sogar in einer Pferdebox nächtigte, wurde sie von der dortigen Gesellschaft akzeptiert und umschwärmt.

»Im Namen der Pferde« – Die Tierschützerin Ada Cole

> *»Zusammenschluß aller geistigen Pferde des Erdballs. [...] Ein neues Ziel ist zu errennen! Pferde aller Länder, vereinigt Euch! Es werde Licht in den Ställen!« Pegasus*[40]

»Heute hat sich das Syndikat der Pferde gebildet«, steht in einer kleinen, poetischen Schrift aus dem Jahre 1951.[41] »Man hat mich zum Vorstandsmitglied gewählt«, berichtet der ›Erzähler‹. Sein Name ist Goliath, er gehört zu den geschundenen Droschkenpferden und er liebt Goliane, ein ebensolches ...

Während Goliath sich poetisch und gefühlvoll über die Geliebte äußert – »Oh Goliane! Deine großen Augen voller Demut!« –, räsoniert er über eine mögliche Politik der Pferde: »Ach, wann werden wir Pferde endlich den Mut zur Revolution finden? Ein Aufstand der Tiere gegen den menschlichen Unterdrücker und Ausbeuter. Nicht länger tierisches Mitgefühl, sondern menschliche Grausamkeit!«[42]

Den »Mut zur Revolution« fanden die geknechteten Pferde bisher nicht, aber immer wieder haben sich engagierte Menschen für sie eingesetzt.

Das Stichwort für die Pferdehaltung lautet »artgerecht«: In vielen Ställen hängt das Plakat »Gebet eines Pferdes«, in dem das gequälte Tier Licht und Luft und Bewegung fordert, anstatt den größten Teil seines Lebens in einer Box verbringen zu müssen.

Initiativen wie die LAG[43] setzen sich konkret für artgerechte Pferdehaltung ein und etablieren neue Standards. Doch die Haltungsbedingungen in unseren (westeuropäischen) Ländern gelten nur für einen kleinen Teil der Pferde – weltweit kämpfen TierschützerInnen darum, die Lebensbedingungen von Arbeitspferden zu verbessern und – das Los der Schlachttiere.

Hin und wieder gingen Bilder von Schlachtpferdetransporten durch die Presse – nicht ohne Folgen.[44] Im Süden von Polen, so ein Fernsehbericht aus dem Jahre 1995, wurden fast eine Million Pferde als Schlachtvieh über die Grenze transportiert, Tausende von Kilometern, teilweise ohne Wasser und Futter. Bei Zollkontrollen wurden sie grob aus dem LKW herausgetrieben oder genauer: geprügelt, verletzte Pferde wurden nicht versorgt, liegende Tiere immer wieder gezwungen, sich hinzustellen, die sterbenden zerrte man gleichgültig über die Rampe. Daß bei dieser Art Transport Pferde bereits tot ankamen, war die Regel.[45]

1927 hatte eine Engländerin, erschüttert durch ähnliche und noch schlimmere Szenen im Hafen von Antwerpen, eine internationale Vereinigung gegründet: »International League against the Export of Horses for Butchery.« Ada Cole, 1860 im viktorianischen England geboren, war immer schon eine engagierte Frau gewesen. Von einer Nachbarin mit der Arbeit des Tierschutzes bekannt gemacht, setzte die aktive Gemeindeschwester sich sehr konkret für bedürftige Tiere ein. Als Tierschutzinspektorin, die auf Viehmärkten Schlachtvieh untersuchte, erhielt sie für ihren unermüdlichen Einsatz gegen die Brutalitäten der Viehhändler den Spitznamen »That bloody cruel Woman of Cley«. Ihre Gewandtheit in Wort und Schrift und vor allem ihre Überzeugungskraft als Rednerin kamen ihr dabei zu Hilfe. Von Kindheit an hatte ihr Herz den Pferden gehört, und der Einsatz für sie sollte nach dem ersten Besuch in Antwerpen ihr ganzes Leben bestimmen.[46]

Für englische Viehhändler war es ein lukratives Geschäft, Pferde in die Schlachthäuser auf dem Kontinent zu schicken, während sich in England, dem Land des Pferdesports, nur wenige Käufer für Pferdefleisch fanden. Der Transport der lebenden Ware hatte bereits einige Proteste hervorgerufen, dennoch: in England gab es um 1910 einen erheblichen Überschuß an Pferden. Die Industrialisierung wirkte sich auf das Leben in Stadt und Land aus, die schweren Ackerpferde wurde wie ihre Kollegen vor Kutschen und Omnibussen durch die neuen Pferdestärken, durch Motoren ersetzt.

Ada Cole fand sich nicht allein mit ihrem Entsetzen. Die Pferde mußten unbedingt lebend in die Schlachthöfe gebracht werden, um das von den Käufern bevorzugte weiße Fleisch zu liefern (indem man die Tiere bei lebendigem Leibe ausbluten ließ!). Das bedeutete Qualen für ihre letzten Lebensstunden und hatte bereits andere Pferdeschützer auf den Plan gerufen. So erhielt Ada Cole schnell mehr Informationen über die Transportbedingungen an Bord der Schiffe: Die Pferde standen in offenen Frachträumen ohne Wände, ohne Wetterschutz, meist ohne Futter und Wasser. Das britische Parlament hatte zwar schon 1910 bestimmt, die Verschiffungen zu überwachen, aber der Handel war gut organisiert und ließ sich nicht so einfach Bedingungen diktieren.

Gemeinsam mit dem Tierschützer Jules Ruhl dokumentierte Ada Cole mit gemalten, fotografierten und schließlich gefilmten Dokumenten die Leiden der Schlachtpferde in Belgien, Holland und Frankreich. Während des Ersten Weltkriegs betätigte sich die engagierte Tierschützerin im Widerstand und verbrachte die letzten Kriegsmonate dafür im Gefängnis. Nach Kriegsende nahm sie ihre Arbeit unverzüglich wieder auf, dokumentierte und inspizierte die Zustände in französischen Schlachthöfen. Sie gründete die internationale Vereinigung, heute: ILPH, und setzte sich mit ungeheurer Energie für ihre Ziel ein. Ihr Ideal waren Pferdegnadenhöfe, doch als Realistin wußte sie genau, daß nicht alle Pferde dort untergebracht werden konnten. So kam es folgerichtig zur, wenn auch für eine Vegetarierin unerwarteten, Forderung nach Modellschlachthöfen.

1929 wurde Klondike Abattoir in Lincolnshire eröffnet. Die Pferde wurden hier auf schmerzlose Weise getötet und verbrachten vorher einige Tage bei guter Pflege und Fütterung.

Die Debatte um eine ›humane‹ Tötung der Pferde durchzieht auch heute die Reiterkreise – häufig ist von illegalen Verkäufen zum Schlachten abgegebener Pferde die Rede. In vielen Reiterzeitschriften werden Möglichkeiten der Tötung und Begleitung vorgestellt und diskutiert.

Ada Cole reiste ›im Namen der Pferde‹, hielt Reden auf unzähligen Veranstaltungen, gewann andere Menschen für ihre Sache und schien eine nicht zu versiegende Energie zu haben. Im

Alter von siebzig Jahren starb sie überraschend, ohne Familie, aber im Kreise vieler Freundinnen und Freunde.

Ihre Forderung wurde einige Jahre nach ihrem Tod erfüllt – 1937 erließ das englische Parlament das bis heute europaweit fortschrittlichste Gesetz gegen Schlachtpferdetransporte. Unter dem Motto »The ILPH is working« ist die Liga heute mit über 90.000 Mitgliedern die größte Pferdeschutzorganisation der Welt. Sie betreibt viele politische Aktionen gegen die Transporte, leistet individuelle Hilfe für alte und mißhandelte Pferde und Entwicklungsprojekte in der Dritten Welt. So setzt sich die Arbeit einer außerordentlichen Persönlichkeit fort, und ihre Ziele sind im Denken vieler Menschen von heute lebendig. Das Westfälische Pferdemuseum in Münster übrigens wird Ada Cole und ihr Werk mit der Aufstellung eines Denkmals würdigen.

Ursula Bruns beim Ausritt mit Hela

13. Die Damen Bruns und Co.

Das Freizeitreiten seit den 70er Jahren

> *»Jeder Sommergast sagt: ›Ich beneide Sie!‹ Jeder, der bei Regen und Schlamm kommt, meint mitleidig: ›Oh, Sie Armen! Mit Ihnen möchte ich nicht tauschen.‹«*[1]

Die Zeiten ändern sich – auch im Reitstall«, notiert Irina Ludewig in der *Reiter Revue.* »Wo früher Ambiente und elitäre Statussymbole gefragt waren, sind heute vor allem optimale Haltung der Pferde und ehrliche Kameradschaft der Reiter entscheidend für die Wahl eines Reitbetriebs.« Eine Umfrage der Zeitung hatte ergeben, daß Weiden, Paddocks, Offenstallhaltung oder Offenboxen mittlerweile wichtige Kriterien geworden sind.[2]

In den 50er Jahren war das alles noch Zukunftsmusik. Doch längst sind Pferde mehrheitlich weder Arbeitstiere noch Statussymbole, sondern zu beliebten Freizeitpartnern geworden. 1997 gab es in Deutschland knapp eine halbe Million Pferde, die meisten davon in Nordrhein-Westfalen, gefolgt von Niedersachsen.[3]

Der Hamburger Sportredakteur Mossbach hatte schon in den 50er Jahren recht euphorisch eine »allgemeine Reitbegeisterung« festgestellt: »Diese Pferdebegeisterung hat also nichts mehr, wie in früheren Jahren, mit dem Geldbeutel der Eltern oder dem Einkommen der Reiter und Reiterinnen zu tun. Die Reiterei hat alle Schichten unseres Volkes erfaßt, und in den Reitervereinen finden sich alle zusammen, ohne Unterschied.«[4]

Was damals noch Wunschdenken war, hat sich für die 90er Jahre durchaus bewahrheitet, wenn sich die PferdefreundInnen auch zunehmend in der Freizeitreiterei finden und nicht mehr überwiegend in den Reitvereinen. Reiterinnen wie Isabell Werth, Nicole Uphoff oder Bettina Overesch finden deshalb in diesem Buch nur am Rande Erwähnung. Sie reiten zwar erfolgreich im großen Turniersport, haben aber die (Freizeit-)Reiterszene der letzten Jahrzehnte nicht so entscheidend verändert wie andere.

Die ReiterInnen des Turniersports werden offiziell vertreten durch die FN (Reiterliche Vereinigung), die 1973 beispielsweise auf die geplante ›Schließung der Landschaft‹ (Betretungsverbot in Wald und Flur für ReiterInnen) noch äußerte: »Wir kommen mit den geplanten Schließungen der Waldwege gut aus – unsere Mitglieder reiten in der Bahn – wir brauchen die finanzielle Unterstützung des Staates und möchten uns mit den paar Rentnern, die mit ihren Ponys durch die Gegend zotteln, nicht identifizieren ...«[5] Daß die FN im Jahresbericht 1997 über »Überregionale Reitwege« und »Nationale Wanderritte« informiert, ist dem Einfluß der FreizeitreiterInnenbewegung zuzuschreiben.

Denn was dem 19. Jahrhundert der Damensattel, ist dem späten 20. Jahrhundert der Gummistiefel! Wie? Das ist nur leicht übertrieben, denn Reiterinnen mit solchem oder anderem wasserfesten Schuhwerk, auf Ponys ohne Sattel »durch die Gegend zottelnd«, ohne große Reitsportambitionen, unbefangen glücklich in Wald und Wiese, wären vor vierzig und noch vor zwanzig Jahren selten gewesen; Frauen, die nachmittags Reiterspiele aushecken, abends vom Wanderritt träumen und morgens vor der Arbeit noch schnell die Pferde im Offenstall füttern.

Ein Pferd – und besonders ein im Reitstall stehendes – zu besitzen, hob lange Zeit den gesellschaftlichen Status und bedeutete, über viel Geld zu verfügen, war verbunden mit Turniersport und edler Garderobe. Die Pferdezeitung *Reiter Revue* enthielt in den 60er Jahren dutzendweise ganzseitige Werbung für Pelzmäntel. Viele ältere Pferdefreundinnen, manchmal die Mütter der jetzigen begeisterten Pferdemädchen, erzählen, daß sie sich als Mädchen Reitstunden nicht leisten konnten.

Zu dieser Zeit, etwa 1958, trat eine Frau an die Öffentlichkeit, die für viele Jahre einiges auf Trab bringen sollte: »Ponys hinterm Haus«, hieß die ›Parole‹, die Ursula Bruns ausgab. Die freundlich-robusten Islandpferde – seit der heute noch gern wiederholten Fernsehsendung »Immenhof« zählen sie zur Fernsehprominenz – wurden zu idealen Partnern für die FreizeitreiterInnen, wie sie plötzlich hießen.

Ursula Bruns erzählt 1989: »Als ich vor über 30 Jahren in Büchern, Vorträgen, Filmen [...] die Idee verbreitete, man solle sich ein Pferd kaufen und es hinter dem Haus oder bei einem befreundeten Bauern halten, sagte mir der damalige Vorsitzende der deutschen Ponyzüchterverbände: »Wissen Sie überhaupt, was Sie tun? Sie werden tausendfach Tod und Unglück über die Familien bringen.«[6]

Demnach gab es viele wagemutige Menschen in unserm Land ... ›Die Bruns‹ war vor allem davon überzeugt, daß durch Vertrautheit und täglichen Umgang zwischen Pferd und Mensch Ängste abgebaut werden und mit wachsendem Vertrauen beiderseits das Verständnis zunimmt. »Ein Pferd ist kein Sportgerät, das man nach Lust und Laune oder für den eigenen Profit benutzen kann«, verkündete sie und zeigte in den folgenden Jahrzehnten viele Alternativen auf.[7]

Das Engagement der beruflich ursprünglich in Kunstgeschichte und Germanistik Versierten gilt seit den 50er Jahren den ›neuen‹ Themen ums Pferd – artgerechte Haltung, fachgerechter Umgang, pferdeschonende Reitweisen, menschen- und pferdegerechte Lehrmethoden. Jahrzehntelang reiste sie aufmerksam in viele Länder, beobachtete und ritt wohl über 2000 Pferde und brachte ihr Wissen anschließend vor Ort wie auch publizistisch ›unter die Leute‹.[8]

»Ich weiß, wovon ich rede – habe ich mir doch jahrelang das Reiten selber beigebracht. In meiner Jugend gab es in der Provinz weder Reitschulen noch Reitlehrer und nur ganz wenige Bücher, die aber meist sehr alt waren. Alle Anfängerschwierigkeiten sind mir wohlvertraut. Um möglichst vielen Menschen, die Pferde halten und Reiten lernen wollen, zu helfen, gründete ich, zusammen mit Erika E. Müller, eine eigene Zeitschrift, *Freizeit im Sattel*, und ein ganz speziell auf die Bedürfnisse von Anfängern, älteren oder ängstlichen Reitern abgestimmtes Reitzentrum, das FS-Testzentrum in Reken/Westfalen, wo wir mittlerweile über 7000 Kursteilnehmer hatten.« Die dort von Ursula Bruns zusammen mit Inge Behr, einer Professorin für Erwachsenenpädagogik, entwickelten und seit der Eröffnung im Jahre 1973 tausendfach erprobten Lehr- und Unterrichtspläne sind voll darauf ausgerichtet, den Einstieg in richtiges Reiten leicht faßlich zu machen mit dem Ziel, Ängste abzubauen und so weit wie nur möglich zu überwinden.[9]

Zur von ihr entwickelten »leichten Reitweise« gehört ein »leichter Sitz«, der den Rücken des Pferdes schont, eine Reitform, die, richtig angewandt, Pferd und ReiterInnen physiologisch entlasten kann. Dazu gehört auch ein grundsätzlicher Verzicht auf Zwang, seien es nun spitze Sporen oder zerrende Hände an scharfen Zäumungen. Und eine veränderte Einstellung: Ohne Leistungsdruck soll geritten werden und ohne Angst. Das klingt einfach, doch es ging mitunter heiß her in der Pferdewelt. Über Pferdehaltung und Reitweisen wurde anhaltend und kontrovers diskutiert, so daß die FreizeitreiterInnen – anfangs nur eine kleine Gruppe – in den Jahren 1960–1980 das Gefühl nicht verloren, ›am Puls der Zeit‹ zu sein.

Es begann ganz harmlos ... Auf der Suche nach einem anspruchslosen, leicht zu reitenden »Familienpferd« war Ursula Bruns auf die wetterfesten Isländer gestoßen. Mit ihren Spezialgangarten Paß und Tölt verfügen sie über zwei Gangarten mehr als Schritt, Trab und Galopp, lassen sich darin hervorragend ›bequem‹ reiten und sogar in Wettkämpfen einsetzen.

1958 erschien ein Mitteilungsblatt mit dem braven Titel »Pony-Post«, entstanden aufgrund der vielen Anfragen, die Ursula Bruns erhielt, als sie die ersten Islandpferde nach Deutschland geholt hatte. 1960/61 wurden hier die ersten konkreten Anweisungen zum Bau von Ställen mit Auslauf gegeben und damit die Ära des ›Offenstalls‹ und der ›Robustpferde‹ eingeläutet. Für die ›neuen‹ PferdehalterInnen war der Offenstall *das* Gebäude des Jahrzehnts, und ständig wurde um die Robustpferde gestritten, darum, was sie können und was nicht. Oftmals wurde Alarm beim Tierschutzverein gegeben, es hagelte Anzeigen von

Ursula Bruns: mit Mitte siebzig reitet sie noch täglich

falsch informierten Tierschützern, denen der Anblick winterfester Ponys in Schnee und Eis nicht vertraut war. Umgekehrt überforderten manche ReiterInnen unwissentlich das für allzu robust gehaltene Pferd.

Die größte Provokation, sich mit artgerechter Haltung auseinanderzusetzen, war aber ein Blick in diejenigen Reitställe, wo Pferde häufig 23 Stunden am Tag in der Box standen. Bereits der mittelalterliche Chronist Pinter von der Au hatte vor 400 Jahren einen Stall gefordert, der »allzeit mehr trocken als feucht, luftig und hell, sehr reinlich gehalten werde.«[10] Die neuen PferdehalterInnen wollten noch weit mehr für ihre Tiere – viel Bewegung und Pferdegesellschaft, artgerechte Fütterung, keine knebelnde Zäumung, eine sanfte Reitweise …

1960 wird die in Deutschland unbekannte Gangart Tölt – zuvor als Lahmen auf allen vier Beinen bezeichnet (!) – erstmals von Preisrichtern beurteilt.

Ende der 60er Jahre kommen vermehrt fremde Pferderassen ins Land, wiederentdeckte Ponyrassen werden vorgestellt, Gangartenpferde bekannt. Viele ›Fremdländer‹ wurden auf Bruns' Anregung hin nach Deutschland importiert, Pferderassen mit so klingenden Namen wie: American Saddle Horse oder Tennessee Walker, Peruanischer Paso.

Die neuen ReiterInnen erfahren praktisch und theoretisch, daß kleine Pferde, ›Kleinpferde‹ eben, unter großen ReiterInnen nicht die Ausnahme sind, sondern zur Regel werden können, wie sie es international sind.

1963 werden erste Reitplätze und einfache Ponyunterstände von und für FreizeitreiterInnen gebaut. Und die Wanderrittbegeisterung bricht aus – 1965 erscheinen die ersten Berichte über das Wandern zu Pferde. In den siebziger und achtziger Jahren etablieren sich Westernreiten und Wanderreiten. Der Wortschatz nimmt zu: ›Hackamore‹, Pulswerte und VFD (Vereinigung der Freizeitreiter in Deutschland[11]) kennt nun fast jede und jeder. »Im Sinne der FS« wird förmlich zum Markenzeichen; wer ein Pferd unterstellt o.ä., achtet auf eine solche Haltung. Wer mehr auf Wettkämpfe steht, trainiert für Distanzritte. Auch sie stehen im Zeichen des Umdenkens: Es gewinnen nicht die ersten, sondern die besten Pferde: Puls- und Atemwerte und Gesundheitszustand sind entscheidend!

1972 findet die erste Equitana, Weltmesse des Pferdesports, mit 150 Firmen und 160 Pferden in Essen statt, sie ist stark auf Freizeitreiten bezogen. In den nächsten Jahren kreist die Diskussion immer wieder um Robustpferde und artgerechte Haltung.

Berühmte Berührung – der TTouch

Linda Tellington-Jones, in den 80er Jahren ein Geheimtip, zählt heute längst zur ›Pferde-Prominenz‹. Ihre Bodenarbeit, der von ihr erfundene Tellington-Touch und der unvermeidliche Kult um eine fähige Frau schaffen viel Öffentlichkeit für Entspannungstechniken für Pferde. 1973 wurde sie bereits in der Zeitschrift *Freizeit im Sattel* porträtiert, unzählige Berichte sollten folgen. »Hände-ran!« klingt es nun munter auf den Reitplätzen.

›LTJ‹ entwickelt ihre »Handarbeit« nach Feldenkrais. Ein neuer Begriff: Die Feldenkrais-Methode, eine differenzierte Art der Körperentspannung und -korrektur.

Wer ist diese Frau? Anscheinend ein Phänomen. Mit sechs Jahren bekam Schulanfängerin Linda keine Süßigkeiten, sondern ein Pferd geschenkt. Das hatte praktische Gründe: es gab keinen Schulbus, das Pferd war das einzig mögliche Transportmittel. Ihr erster Vierbeiner warf sie häufig ab und lief allein nach Hause. Zur »Strafe« steckte sie ihm einmal Wäscheklammern an die Ohren, der erste Touch sozusagen ...[12] Mit elf Jahren erhielt Linda Reitunterricht und ritt nun täglich mit großer Leidenschaft, auf verschiedenen Pferden – im Gelände, auf Turnieren. Später gab sie selbst Reitunterricht und heckte immerzu Neues aus. Gemeinsam mit ihrem Mann züchtete sie Vollblutaraber und organisierte Kinderferienlager. 1964 gründete sie ein Forschungszentrum und eine Ausbildungsstätte für ReiterInnen.

1975 begann Linda Tellington-Jones eine Ausbildung in der Feldenkrais-Methode. Dabei lernen Menschen durch ungewohnte Bewegungen ihren Körper anders als bisher einzusetzen. »Das änderte alles, meine Methode im Reitunterricht sowie mei-

Eine besondere Beziehung: Pferde ...

nen Blick für das Verhalten und die Lernfähigkeit von Pferden.«[13] Tellington-Jones entwickelte auf eben dieser Grundlage eine eigene Methode. So entstand z. B. das »Labyrinth«, ein Stangensystem für die Bodenarbeit mit Pferden, oder das Reiten mit einem Halsring zu Trainingszwecken.

Für ihre Arbeit erhielt sie viele Preise, folgte bald zahllosen Einladungen und bildete selbst in ihrer Methode aus, die mittlerweile in über dreißig Ländern angewandt und von weit über hundert LehrerInnen verbreitet wird. Eine amerikanische Reitervereinigung ernannte sie zur »Horsewoman of the Year 1993«. In Freizeit-ReiterInnenkreisen war sie das schon lange vorher, zusammen mit einigen anderen ›Meilenstein-Reiterinnen‹, Bahnbrecherinnen, besonderen Frauen eben.

Und was ist TTEAM? Der etwas pompös klingende Titel »Tellington Jones Equine Awareness Method« will Pferde durch ungewohnte Bewegungsabläufe und Berührungen zu sicheren und kooperativen Partnern ausbilden, sie positiv beeinflussen und eine tiefere Beziehung zu ihnen aufbauen. Die Methode ist bereits gesetzlich geschützt und wird in drei Bereichen unterrichtet: der TTouch umfaßt eine bestimmte Art von Berührun-

… und Frauen, hier: Linda Tellington-Jones

gen am ganzen Pferdekörper; die Bodenarbeit beinhaltet das Führen der Pferde in unterschiedlichen Führpositionen und die Arbeit mit Bodenhindernissen; Reiten mit Freude und Bewußtheit bedeutet Reiten auf einer bestimmten Basis, dem Balancesitz.

Die ›TTEAM-Methode‹ besteht aus vielen kleinen Schritten und beginnt am Körper des Pferdes. Je nach Temperament und Sensibilität des Pferdes wird mit mehr oder weniger Nachdruck mit Fingerkuppen, Handflächen oder Ballen der Körper abgetastet und registriert, wenn ein empfindlicher Punkt berührt wird. An den Ohren vielleicht, im Genick, in der Sattellage. Vorsichtig wird beispielsweise am Hals massiert, der TTouch bringt den Kopf in eine entspannte Position, und das zuvor verstörte Pferd kann u. U. wieder mitdenken und aufpassen. Die berühmte »Ohrenarbeit« soll überanstrengten Pferden helfen, sich zu erholen. An den Ohren liegen wichtige Akupressurpunkte, und das Ausstreichen der Ohren wirkt sich wohltuend auf den ganzen Körper des Pferdes aus.

Eine kleine Übungsreihe könnte beispielsweise an der Schweifrübe mit entspannenden, lösenden Berührungen beginnen; fortgesetzt wird die Arbeit unter flatternden Plastikbändern, um das Vertrauen zu fördern. Das so ausgebildete Pferd wird dazu an eine rutschende Decke gewöhnt. Sie wird mit Futter versehen und das Pferd darauf hingeleitet, sofort stehenzubleiben, wenn etwas vom Rücken fällt. Übungen dieser Art gibt es viele, und die meisten sind ›kompatibel‹.

Frauen lehren Frauen reiten

Berufe passen sich an oder entstehen neu, und wer die »Ferien-im-Sattel«-Angebote der Pferde-Zeitschriften durchblättert, findet inzwischen die unterschiedlichsten Angebote: Körpertherapie und Reiten werden verbunden, Entspannungstechniken wie Autogenes Training, Yoga, Bewegungsübungen wie Feldenkrais. Selbst Theater und Musik sind integriert: zirzensische Künste decken auch diesen Bereich ab.

Der größte Teil der Anbietenden sind Frauen, und zum überwiegenden Teil werden die Kurse auch von Frauen besucht. Manche der in Reken oder anderswo ausgebildeten Reitlehrerinen bieten ausdrücklich Kurse für Frauen an. Ein Kurs heißt beispielsweise »Frauen und Pferde. Eine erste Annäherung«: Pferde einmal anders als in konventionellen Reitställen kennenlernen, sie in der Herde beobachten, mit ihrer Sprache und ihrem sozialen Verhalten, sie putzen und führen, auf dem Pferd sitzen, Wahrnehmen des eigenen Körpergefühls, Entspannungsübungen …

Auf dem Außenzaun am Reitplatz hocken die Mädchen und einige wenige erwachsene Reiter und beobachten den Reitunterricht. Frau W. ist 52 Jahre alt und hat einfach keine Lust, sich von kichernden Mädchen und tuschelnden ›Pferdekennern‹ beobachten zu lassen. Zumal sie sehr nervös ist und die eine Stunde Reitunterricht nach der Arbeit so noch weniger genießen kann. Die junge Reitlehrerin hat Verständnis. Sie empfiehlt Frau W., mal einen Wochenendkurs oder gleich einen Wochenkurs zu besuchen.

Wir wissen nicht, was Sie, liebe Leserin, empfehlen würden, diese junge Frau empfiehlt eine Frauen-Reitschule. »Eine

Frauen-Reitschule?!« staunt Frau W. Ja. Dort sind die Anfängerinnen unter sich und erhalten vielfältige Angebote: Entspannungs- und Lockerungsübungen, Pflege und Umgang, einfache Geländeritte nach guter Vorbereitung. »Davon habe ich schon mal gehört«, meint Frau W. nachdenklich, nimmt das kleine Prospekt sogleich mit.

»Frauen-Reit-Schule«, kichern die Mädchen und haben wieder ein Thema für die Stallgasse. Wobei die eine oder andere beschließt, nach den Reitstunden die Lehrerin mal zu fragen, wo diese Schule denn ist. In Wien vielleicht? Oder in Portugal? Gibt's dort Praktikumsplätze? Ach, diese Mädchen!

Ein Tag auf einem Frauenreithof …

… beginnt ziemlich früh! Noch vor dem Frühstück helfen die Frauen, die hier eine Woche lang gemeinsam einen Reitkurs machen, das Wasser für die Pferde aufzufüllen und das Heu so auf der Weide zu verteilen, daß jedes Pferd ungestört fressen kann. Dann der schönste Moment des Morgens: die Pferde werden aus dem Stall gelassen!

»Ich hatte gestern den ganzen Tag Polly, und die wollte sich überhaupt nicht führen lassen, kann ich heute mal die Majid haben?« »Du könntest doch auch mit mir die Lotta nehmen, die ist ganz das Gegenteil von Polly!« Wir lachen alle, denn jede hat schon Lottas ungestüme Art kennengelernt. Je zwei Frauen von uns teilen sich ein Pferd.

Petra, die Reitlehrerin und Hofeignerin, bremst unsere Euphorie: »Nein, ihr Lieben, heute morgen wird überhaupt nicht mit den Pferden gearbeitet, sondern – am Holzpferd!«

Natürlich sind wir einen Moment lang enttäuscht, aber wir wissen ja, es geht auch um den richtigen Umgang mit Pferden, und dazu gehört es, sich nicht einfach auf den empfindlichen Pferderücken plumpsen zu lassen. Auch Aufsitzen und Absteigen will geübt sein!

Wir üben zu zweit: Eine steht neben dem Holzpferd, mit dem Rücken zum Kopf des Pferdes, die andere hilft ihr beim sanften

Aufstieg. »Und nun drauf achten, daß du nicht mit deinem ganzen Schwung auf seinem Rücken landest, sondern dich abbremst und sanft absetzt! – Prima. Das war schon gut.«

Nicht bei jeder klappt es gleich, doch jede bekommt die Zeit, die sie braucht. Das Holzpferd erträgt auch ohne zu bocken oder wegzulaufen alle schmerzhaften Fehlversuche, und natürlich gibt es zwischendrin jede Menge Gelächter.

In der verbleibenden Zeit bis zum Mittagessen verrichten einige Frauen gleich ihre »Stallarbeit«: Ställe ausmisten und neu mit Stroh, Heu und Wasser versorgen, die Weide von Pferdeäpfeln säubern, damit die Pferde nicht verwurmen. Immer zu zweit oder dritt wird gearbeitet, und meistens haben alle viel Spaß dabei. Eine volle Schubkarre mit Tempo auf den Misthaufen zu schieben und sie dann aus voller Fahrt auszukippen, das gibt ein Gefühl für die eigene Kraft! Natürlich ist unser einwöchiger »Ausflug« ins Landleben mit Pferd nicht damit zu vergleichen, jeden Tag für das Ganze verantwortlich zu sein – aber wir haben ja auch Urlaub!

Am Nachmittag holen wir die Pferde von der Weide und putzen sie, denn nun werden wir ›am lebendigen Leib‹ – und ohne Sattel – anwenden, was wir gelernt haben. Als alle gut oben sitzen, führen unsere Partnerinnen die Pferde hinaus auf die Felder. Unterwegs üben wir für den richtigen Sitz: Beine hängen herab, Rücken ist aufgerichtet, unser Körper soll durchlässig sein für die Bewegungen des Tieres. Wir nehmen das Pferd über unseren Kör-

Ferien auf dem Frauenreithof; rechts Helga Steinmaier

per wahr und uns selbst auch – denn es ist gar nicht so einfach für Erwachsene, getragen zu werden, sich bewegen zu lassen.

Eine sagt: »Ich bin früher schon geritten, sogar im Galopp, bin irgendwie aufs Pferd gestiegen, habe nach kurzen Anweisungen am Zügel gezogen und die Beine gegen das Pferd gedrückt, bis es widerwillig loslief. Jetzt spüre ich, daß das mit Reitenkönnen wenig zu tun hatte.« Es ist auch eine Frage von Sich-Zeitnehmen und Spüren, was im Kontakt mit dem Pferd passiert. Sehr konzentriert und aufmerksam sind wir alle und erleben die Stimmung der Pferde mit ihren jeweils unterschiedlichen Charakteren dank der vielen Hinweise und kleinen Beobachtungen unserer Reitlehrerin.

Nach unserem ›Wanderritt‹ kratzen wir den Pferden die Hufe aus, was für einige eine echte Herausforderung darstellt, schließlich machen große, kraftvolle Tiere auch Angst! Nicht jede, die auf einen Frauenreithof kommt, ist unbefangen im Umgang mit Pferden. Doch sie weiß, daß es hier möglich ist, auch über Ängste zu sprechen. Denn hier geht es nicht darum, eine tolle Reiterin zu sein, sondern sich selbst zu erleben im Umgang mit einem Wesen, das so willig ist und gleichzeitig eine klare »Hand« braucht, die es leitet, und dessen Bedürfnisse respektiert werden müssen. Eine gute Schule – auch für den Umgang mit anderen Menschen.[14]

Reiten ist wie ein Tanz ... Sally Swift

Sally Swift, Jahrgang 1913: Ihr Konzept »Reiten aus der Körpermitte« wurde alsbald zur sanften Herausforderung und konsequenten Reitlehre zugleich. Ihre Motivation, zu reiten und später Reitunterricht zu geben, war die eigene Krankheit: Eine Skoliose zwang sie viele Jahre lang, auch beim Reiten ein Korsett zu tragen.

Swift will eigentlich nicht das Reiten lehren – sie vermittelt einen besonderen Zugang dazu und spricht mittlerweile auch vermehrt SportreiterInnen an. Sally Swifts Lehre beruht auf alten Erkenntnissen von Körperbeherrschung und Atmung. Sie arbeitet auf vier Grundlagen: Augen, Atmung, Körperzentrum, der Vorstellung von Bausteinen. Nicht Muskulatur, sondern Balance ist die Basis für den Sitz.[15] »Auch Ihnen wird das Reiten vorkommen wie ein herrlicher Tanz, voll von Bewegung, Ästhetik, Koordination und Rhythmus«, verspricht sie. Sally Swift spricht gern in einprägsamen Bildern. »Ihr Körper soll sich wie Himbeergelee anfühlen.« – »Stellen Sie sich vor, Sie hätten keine Unterschenkel, sondern nur Gewichte, die an einem Strick von jedem Knie herunterhängen.«[16] »Ebenso sensibel ist beispielsweise das Vorstellungsbild zur Handhabung der Zügel. Der Weg zur weichen Zügelführung: man stellt sich vor, die eigenen Arme und Beine seien Schläuche, durch die Wasser zum Pferdemaul strömt ... Wer käme bei diesem Bild auf die Idee, ein Pferd im Maul zu reißen?«[17]

Hier kommt die große Unbekannte: Die Freizeitreiterin

Die Freizeitreiterszene ist größtenteils Reiterinnenszene. Lange schon war von ihnen die Rede, nun seien sie genauer vorgestellt: Frauen, die Pferdehaltung hinterm Haus probieren, Wiesen pachten und Freunde und Freundinnen mit einspannen zum Zaun ziehen, Stalldach decken und Heu machen.

Der größte Teil von ihnen ist glücklich mit »Spazieren- und Wanderreiten«, fast alle halten selbst Pferde, weil sie den engen Kontakt zu ihnen lieben, und über die Hälfte hat Freude an landwirtschaftlicher Betätigung. Viele besitzen sogar mehr als ein Pferd, die meisten halten Kleinpferde.[18]

Bei diesen Pferdefrauen handelt es sich um eine gefürchtete Spezies: Es sind Individualistinnen ersten Grades, direkt oder etwas verspätet hervorgegangen aus den Pferde-Mädchen des ersten Kapitels. Als Frauen sind sie schier unbesiegbar – ziehen Zäune, bauen Ställe, fahren Heu und Stroh ein und hieven sich lässig wie Djamilia in Aitmatows schöner Erzählung einen Sack Futter auf die Schulter. Wer ihnen zu widersprechen wagt, ist übel dran! Sie verbringen Stunde um Stunde am Stall, und wenn es dort nichts mehr zu tun gibt, rütteln sie an den Zaunpfählen oder scheuern die Wassertonnen. Wenn tatsächlich alles in Ordnung ist, machen sie »Bodenarbeit«, siehe oben. Komischerweise reiten sie gar nicht so häufig … Zu später Abendstunde fahren sie nach Hause, wo sie irgendwann mittags geäußert hatten: »Ich gehe mal kurz zum Stall«, lesen beim Abendbrot in Pferdemagazinen, studieren die Anzeigen und bestellen ein neues Vitaminfutter. Manche sollen sogar ein Beziehungsleben führen, zweckmäßigerweise fällt die Wahl auf ein Gegenüber mit Anhängerkupplung am PKW und kräftigen Oberarmmuskeln …

Die bekannte Pferdebuchautorin Lise Gast ist eine der genannten Ponyhalterinnen der ›ersten Stunde‹. Sie läßt in ihrem 1965 erschienenen Buch »Unsere Ponys und wir«[19] ihre Tochter erzählen: »Wie wir zu Ponys kamen? Nicht überraschend; in der Luft und an der Wand hingen bei uns schon immer Pferde. Wir lieben sie, nicht nur den Pegasus, den Mutter zu reiten versucht, seit wir denken können. Aber wir besaßen keine, obwohl wir aus Schlesien sind; wir haben dort kein Rittergut verloren. Wir wünschten uns nur immer Pferde!«

»Unseren Vorfahren waren die Pferde heilig. Ein bißchen sind sie das auch uns noch, uns und allen Pferdenarren. Pferde sind noch etwas anderes, etwas mehr als andere Tiere, sie haben etwas Edles, Sanftes und Stolzes, etwas Gerechtes und Dankbares, was man sonst nicht oft auf der Welt findet. Auch die Ponys! Sie sind auch noch originell, frech, einfallsreich, bockig, verschmitzt, schlau wie die Dackel und zärtlich. Deshalb ist es schön, nicht nur zu reiten, sondern mit Ponys zu leben. O ja, es lohnt.«

Und aller Individualität zum Trotz haben diese Frauen viele Gemeinsamkeiten: Sie lieben es, stundenlang über Pferde zu sprechen und Aktionen zu planen, für Stunden, Tage – oder viele Wochen. Denn viele träumen vom nächsten Sommer und von langen Ritten über Land, von Wanderritten.

GLOUCESTER COUNTY
B4057 AVONMOUTH 5½
WESTBURY ON TRYM
BRISTOL
B 4057 HENBURY 1½
PILNING STN

14. Und im Sommer über Land!

Wanderritte und Distanzritte

»Wenn das Licht meiner Nachttischlampe mir immer wieder langweilig wird, so lockt ein Licht, das irgendwo im Unbekannten brennt, mich an und versetzt mich in leidenschaftliche Begeisterung. Es gibt so viel zu lernen außerhalb der eigenen Welt. Wenn ich an einem Ort bleibe, verkümmere ich, ich lasse mich von dem, was um mich ist, fertigmachen. Meine Freiheit und meine Wahrheit sind da, wo ich mit meinen Pferden unterwegs bin.« Dominique Barbe[1]

Die Ferien nahen, die Reiterin greift zum Reiseprospekt: »Wandern ohne Rucksack in Begleitung trittsicherer Haflinger durch die ursprüngliche Kulturlandschaft der Bergbauern und die unberührte Natur des Nationalparks Hohe Tauern?« Oder ein Wanderritt à la carte? »Unterwegs in den Vogesen und durch das unvergleichliche Plateau des Milles Etangs – 1. Tag: Ankunft in der Moulin Suisse. Zuteilung der Pferde. Viergängiges Diner und erholsamer Schlaf beim rauschenden Mühlenbach …«

Klingt schon sehr verlockend. Unsere Reiterin schaut verträumt aus dem Fenster, wo auf der Wiese ihr Pferd den Kragen hochklappt, weil schon wieder kalter Regen im Juli fällt. Lieber einmal ganz weit weg reiten, dort wo es fremd und heiß zugleich ist! Auch kein Problem – »Ritte auf Lusitanos am Atlantik …

Auf alten Pfaden durch die unberührte Landschaft des südwestlichen Portugals ...«? Oder vielleicht »... in Arizona einmal an der täglichen Arbeit und dem Leben auf einer Ranch, deren Schwerpunkt die Rinderzucht ist, teilnehmen. Sie begleiten die Cowboys beim Suchen, Treiben und Aussortieren der etwa 1800 Rinder ... Sie sitzen jeden Tag etwa 6–10 Stunden im Sattel ...«[2]

Brasilien, Australien, Neuseeland, alles ist möglich. Unsere Reiterin springt aus dem Sessel, ergreift ihr Sparschwein und läßt sich dann enttäuscht wieder in den Sessel fallen.

Unterdessen hat der Regen nachgelassen, draußen galoppiert ihr Pferd guter Laune über die Weide, und die Reiterin legt entschlossen die Prospekte auf Eis – Ferien zu Pferde, ja bitte, aber in diesem Jahr soll es ein Wanderritt im Lande sein! Von ihrem Stall aus wird sie starten, und es wird ebenso schön werden wie ein Ritt durch brasilianische Zuckerrohrplantagen! Mindestens! Sie wird sich Packtaschen besorgen, einen kleinen Kocher und, sicherheitshalber, Regenkleidung. Draußen hält das Pferdchen im Galopp inne, legt nachdenklich den Kopf schief: Wanderritt, das könnte Arbeit bedeuten, viel Arbeit ...

Rutschende Taschen, überflüssiges Gewicht, Führen eines Handpferdes, der Umgang mit Wetter und Karten – bei einem Wanderritt ist vieles zu berücksichtigen. Eine Wanderreiterin trägt besondere Verantwortung ihrem Pferd gegenüber. Wer viele Tage und Wochen reiten möchte, muß so gut reiten können und selbst so konditioniert sein, daß die Reise für Pferd und Reiterin so angenehm wie möglich von statten geht. »Man muß in der Lage sein, die täglichen Strecken einzuteilen, die Müdigkeit seines Pferdes frühzeitig zu erkennen und abzufangen ... Das alles lernt man nicht bei Sonntagsnachmittags-Ausritten – fürs Wanderreiten muß man über eine Menge theoretisches Wissen und viel praktische Übung verfügen.« Pferdebuchautorin Uta Over empfiehlt daher die Teilnahme an Lehrwanderritten oder Wanderreitkursen.[3] Kartenlesen gehört dabei ebenso zum Programm wie die morgendliche Musterung, bei der auf Lahmheiten, Druckstellen und Verletzungen geprüft wird.[4]

Unsere Reiterin überlegt: möchte sie sich an einem geführten

Wanderritt beteiligen? Der Trekking-Club Deutschland (ETCD) veranstaltet »Wettbewerbe ohne Konkurrenzdenken«, bietet Kurse an und einmal jährlich die »Deutsche Trekking-Meisterschaft«. Sie kann auch an einem Sternritt wie dem jährlich stattfindenden Windrosenritt[5] teilnehmen, zu dem die TeilnehmerInnen aus ganz Deutschland über viele hundert Kilometer hinweg anreiten. Sie werden in einer Zeltstadt mit einem Fest empfangen, treffen auf Gleichgesinnte und neugierige Besucher. Seit Jahren würde unsere Reiterin gern über den »Trabweg West« ziehen, die Fortsetzung der Route d'Equèstre, die ganz Frankreich mit einem Reitwegenetz überzieht.[6] Nach elfjähriger Erkundungsarbeit wurde der Trabweg West 1990 eröffnet, die Pioniere waren dabei phasenweise mehrere Tage im Wald. Da es auf 40 km Teilstrecken kein Telefon oder irgendeine Versorgung gab, konnten die ReiterInnen nur alle zwei bis drei Tage versorgt werden ... Herrlich! Einsamkeit und Gefahren, das wäre doch etwas! Die angehende Wanderreiterin verwandelt ihr Zimmer und den Flur in ein Chaos aus Packtaschen, Landkarten, Kompaß, Kocher, Satteldecken, Wanderritthalfter usw. Ganz hinten im Schrank findet sich zum Glück das jährlich erscheinende Verzeichnis der Wanderreiter-Adressen.[7] Da bieten die daheimgebliebenen PferdefreundInnen Weideplätze für Pferde und einfache Schlafplätze für Reisende an: »Wanderreiter- und fahrer sind jederzeit willkommen« oder »2 Gästeboxen für Pferde, Reiter: Lager in der Scheune oder Zelt«. Das klingt doch nett!

Karte, Reitzeit und Quartiere

Wir überlassen unsere Wanderreiterin ihren Vorbereitungen, die sie die nächsten Wochen beschäftigen werden, das ist sicher. Denn das Gepäck ist ja nur ein Bestandteil der Vorbereitung, auch das Pferd muß trainiert werden! Einzuplanen sind dafür möglichst vier bis fünf Reittage pro Woche und etliche Überlegungen, in welchem Tempo und mit welchen Anforderungen im Gelände gearbeitet wird.

Denn so ein Ritt erfordert ein Pferd, das unterschiedlichen

Alltagssituationen wie Orts- und Futterwechsel, Natur- und Stadtimpressionen relativ gelassen gegenübersteht, und eine Reiterin, die ihrerseits freudig gelassen auf ein Ziel zumarschiert und Überraschungen neugierig entgegensieht. Zur Beruhigung: wer all dieses vorher noch nicht war und konnte, wird es durch den Wanderritt in der Regel sehr schnell lernen! Beim Wanderreiten verändert sich das Verhältnis von Pferd und Mensch ganz erstaunlich, beide wachsen zusammen und lernen einander sehr gut kennen.

Ein Wanderritt ist eine kleine anachronistische Reise zu Pferd, von Ort zu Ort durch wechselnde Landschaft. Das Empfinden von Freiheit und Grenzenlosigkeit, die Anspruchslosigkeit, gemessen am gewöhnlich komfortablen Alltag, und das Zusammensein mit dem Pferd – die uralte Form des Reisens gewinnt im Nacherleben der Städterinnen eine Komponente hinzu. Sich auf diese einfache Art der Fortbewegung einzulassen, nicht zu wissen »welches Jahrhundert gerade ist«, viele Stunden täglich unterwegs, abends ›rechtschaffen‹ müde zu sein von einer Wanderung, dieses und mehr macht die Faszination aus.

Wanderritte, verstanden als Reise, für die das Pferd als Transportmittel ausdrücklich gewählt, auf andere Verkehrsmittel verzichtet wird, gibt es schon seit vielen Jahrzehnten. Die Zeitschrift St. Georg druckte bereits 1931 Briefe einer Reisenden ab – 1.000 km zu Pferde war sie unterwegs nach Rom. Und die uns schon bekannte Elpis Melena beschreibt in ihrem schönen Buch »Hundert und ein Tag auf meinem Pferde« 1860 ihre Impressionen am siebenbusigen »Golf della Spezia«: »Nachdem ich mich durch ein köstliches Seebad erquickt und auch Zeuge gewesen, mit welchem Wohlbehagen Ballerino sich im Meere gewälzt und weit hinaus geschwommen war, verträumte ich den übrigen Theil des Tages in wonniger Beschauung an den Ufern des schönen Golfs.«[8] Und auch sie weiß um die Verbindung von Schönheit der Reise und – großer Anstrengung: »Doch wenn es mir auf meinem Ballerino in meiner goldenen Freiheit besser ging, und ich im Genuß einer herrlichen Natur, gewiegt im Nachen meiner Träumereien, in drei Tagen zurücklegte, was die Locomotive in weniger als sechs Stunden durcheilt, wenn ich bei

Allem, was diese Strecke bietet, zur Genüge verweilen, Alessandria's Citadelle und Alfieri's Geburtszimmer in Asti besichtigen konnte, so fühlte ich auch am Ende des dritten Tages, daß ich nicht auf weichem Waggonpolster unmerkbar hinweg getragen worden war, sondern hundertzwanzig italienische Miglien auf einem kräftigen Pferde zurückgelegt hatte, und ich kann nicht läugnen, daß ich das hochgelegene Schloß über Moncalieri – jenen beliebten Aufenthalt der königlichen Familie [...] als Vorboten meiner baldigen Ankunft in Turin, mit aufrichtiger Freude begrüßte.«[9]

Heutige Berichte, es gibt überaus viele, klingen etwa so: »Auf Haflingern von Küste zu Küste«. Ein Wanderritt von der Ostsee zur Nordsee. – »Die Aktiven waren die 13jährige Haflingerstute Sina und ihre achtjährige Tochter Saskia sowie die Reiterinnen Ellen Pommerening, als Kartographiestudentin für das Kartenmaterial zuständig, und Cornelia Oberg vom Haflingerhof in Aukrug-Bargfeld. Eine wichtige Aufgabe hatte Jens Oberg, der den Versorgungswagen fuhr ...«[10]

»Sieben Wochen Richtung Süden« ritten Miriam und Uta Schmidt mit ihren Fjordpferden. Der Ritt führte sie vom Odenwald ans Mittelmeer. »Je mehr wir uns der Rhône nähern, desto fruchtbarer wird das Land. Hier wächst also der berühmte ›Côte du Rhône‹, dessen Herkunft wir bis dato nur aus den heimischen Weinregalen kennen. Wallach Olly, der meist freilaufend unserer kleinen Karawane folgt, verlegt nun seinen Weg um fünf Meter zur Seite, um die vielfältigen Sorten an Trauben, Äpfeln, Birnen und Pfirsichen testen zu können – wir ziehen natürlich mit.

In Avignon binden wir unseren Mini-Zoo vor dem berühmten Papstpalast an ... Nach einer schnakenreichen Nacht, in der die Pferde insektenabwehrend keinen Schlaf finden können, erreichen wir nach genau sieben Wochen, eskortiert von einer kleinen Reitergruppe, beobachtet von einbeinig stehenden Flamingos, glücklich unser Ziel: Saintes Maries de la Mer! Welch ein Gefühl! Nach einer weiten Reise stehen wir nun hier am Ende des Kontinents und blicken auf die tanzenden Wellen des Mittelmeers!«[11]

200 Kilometer per Pony …

»[…] Zwei Ponys. Eine Frau.
Sie lächeln sich an.
Eine Mundharmonika spielt.
Gegen die Fliegen.
Mit der Zeit.
Hallo Schmetterling! Fliegst du nach Westen?
Wir kommen gleich nach.
Schöne Wegelagerer! Da sitzt ihr ja noch.
Ja ja. Keine Eile.
Gleich sind wir wieder unterwegs.
Wir Wegelagerer. […]

In den Jahren 1982–1989 führte ich jeden Sommer einen 200 km-Ritt durch, brach mit den beiden Ponys am Stadtrand auf, ließ die ›Zivilisation‹ und die guten Bekannten hinter mir, suchte mir eigene Quartiere oder übernachtete im Freien.

Beim Nachblättern in meinem eigenen Reisetagebuch entdeckte ich ebenso romantische wie nüchterne Notizen:

... Bärbel Wegner

Freitag bei Plettenberg: Reiten in Sonne und Hitze. Ein Bad in der Lenne. Die Ponys kühlen sich gelassen die Beine. Kilometerfresser on the road! Eile! Brr! Eile mit Weile. Die Pferdchen laufen einfach immerzu Terrab. Abends an der Telefonzelle, ein Gespräch mit zu Hause. In die Telefonzelle hinein fragt eine Frau: ›Suchen Sie eine Unterkunft? Die Ponys können in unseren Garten.‹ Die Reisende zögert – betrachtet die Straße, das Reihenhaus, hört Lärm, das Dunkel erhellen Straßenlaternen. Aber sie gibt nach. Oh ja, duschen, zum Abendbrot eingeladen werden. Nette Kinder tauchen auf. Die Gastgeberin ist freundlich. Früher sei sie getrampt mit ihrer Freundin, hat das Unterwegssein ebenfalls genossen. – Heute ist die Reisende sehr sauber geworden, sogar an den Füßen!«

Schon kurze Wanderritte bieten die Möglichkeit, sich und die Pferde ganz anders kennen zu lernen, sich einzufinden in einen Rhythmus des Wanderns, ein bißchen ›draußen leben‹ zu üben. Die meisten Inlandritte sind ›sicher‹ durch die Nähe der Zivilisation, hilfsbereiter Menschen ebenso – und auch in der Zeit des Handys gibt's noch öffentliche Telefone.

Manche Wanderreiterinnen suchen genau das: Unsicherheit, wo sonst sofort Versicherungen in Kraft treten, Unbekanntes, nur 50 km entfernt vom Vertrauten, manche suchen auch die Härte des Sich-selbst-Überlassenseins, die Herausforderung.

Distanzreiten

Neben dem Wanderittfieber lockt die Faszination der Distanzritte. Distanzritte werden erstaunlich häufig mit Wanderritten verwechselt, haben aber, beteuern ihre Ausüberinnen, viel weniger gemeinsam, als vermutet wird.

Cornelia Koller beschreibt Distanzreiten als »das Erlebnis, gemeinsam mit dem Pferd eine Herausforderung anzunehmen, die Kombination von Abenteuer und Romantik, Horsemanship und Survival, Sport und Ausdauer, was mich fasziniert. Das grenzenlose Reiten bis zum Horizont ...«[12]

Distanzritte sind vom Wettkampf und vom Ehrgeiz gekennzeichnet. So einfach? Natürlich nicht! Denn mit den Distanzwettkämpfen hat die Freizeitreiterbewegung der siegestaumeligen Ausschüttung menschlicher Glückshormone den Tierschutzgedanken vorangestellt: das Wohl des Pferdes ist hier ausschlaggebend. In keinem anderen Bereich des Reitsports, der als einziger Sport den Menschen so direkt mit einem Tier zusammenfügt, ist das Pferd der ›Sieger‹ – selbst wenn es die Bedingungen nicht erfüllt, das gesetzte Ziel nicht erreicht. Kondition und Verfassung eines Pferdes lassen sich nur durch gutes Training erreichen, niemals durch Schläge oder Kraftakte, wie sie leider häufig auf Springplätzen hinter den Kulissen zu sehen sind.

Also Tierschutz und Endorphine? Ja, dazu ein Haufen IndividualistInnen, auch hier überwiegend Frauen – Frauen, die in dieser Sportart übrigens besonders häufig in der Spitze reiten und siegen, Frauen, die weder uniformiert noch verbandsmäßig überorganisiert auftreten.

In Deutschland hat das Distanzreiten eigentlich eine lange, allerdings brutale, nämlich militärische Vorgeschichte. Außerhalb der Kavallerie gab es fast keine Streckenritte, die mit der Distanz

Wien–Berlin 1892 vergleichbar gewesen wären. Deren Sieger legte die 570 km in 71 Stunden und 26 Minuten zurück. Die Stute allerdings brach im Ziel zusammen und starb zwei Tage später an den Folgen ...

Den Distanzritt Berlin–Wien 1938 gewann Gräfin Münster-Fugger auf ihrer Poloponystute »Takros«, der der Ritt offenbar nicht abträglich war.[13]

Tierärztliche Kontrollen wurden erst beim Distanzreiten der 70er Jahre Pflicht und Tierschutz die Grundhaltung der ReiterInnen. 1971 nahm übrigens Ursula Bruns als erste europäische Teilnehmerin überhaupt an einem 100 Meilen-Distanzritt in den USA teil und landete auf Platz vier (von 137 StarterInnen). Eine legendäre Begegnung: Sie lernte dort Linda Tellington-Jones kennen und lud sie nach Deutschland ein ... 1976 wurde der Verein Deutscher Distanzreiter, VDD, gegründet.[14] Schon zwei Jahre zuvor hatte der erste deutsche Hundertmeiler von Hamburg nach Hannover stattgefunden. Die Kriterien: one horse, one rider, one hundred miles in one day ... Bald darauf wagten sich sechzehn ReiterInnen an die Distanz Hamburg–München: 980 km in zwölf Tagen![15]

Die ReiterInnen sind dem Respekt und der notwendigen Sensibilität dem Pferd gegenüber verpflichtet, welches hier aufs Genaueste beobachtet, fürsorglich behandelt und sorgsam im Training aufgebaut wird, um überragende Höchstleistungen zu erbringen – 200 km in zwei Tagen, wie bei der Heidedistanz. Dauergangart ist in der Regel der Trab (wenn auch eine Distanz-Meisterin auf ihrem kleinen braunen Araber schon mal 100 km durchgaloppierte), zur Regel gehört auch der streckenweise Fußmarsch, oft ebenfalls im Trab, der ReiterIn am Boden.

Als ich vor zehn Jahren die Distanzreiterin Elvira Metze beim Heideritt als »Wasserträgerin« an den Pausenplätzen begleitete, hatte ich Gelegenheit, die Leistungen von Pferden und ReiterInnen zu bestaunen. So ein Training ist nicht schnell durchgeführt, Herz und Kreislauf bauen sich zwar schnell auf, Sehnen und Gelenke aber um so langsamer. Distanzreiten präsentiert übrigens auch die ›ältesten‹ Pferde in bester Verfassung: die 205 km Distanz, in zwei Tagen zurückgelegt, erreichten in der Spitze ein siebzehnjähriges und ein neunzehnjähriges Pferd, von achtzehn teilnehmenden Pferden waren drei über zwanzig, in einem Alter also, in dem viele Pferde im sonstigen Reitsport schon abgeschrieben sind. Das Besondere des Distanzreitergedankens tritt auch nicht dann hervor, wenn ReiterInnen eine Saison lang ein Pferd ›verheizen‹, wie es hin und wieder schon der Fall ist, sondern wenn eine Reiterin jahrelang mit demselben Pferd startet – und sich plaziert. Dies gelingt nicht, weil ›gute‹ Tierärzte strenge Kontrollen ausüben, sondern weil sich mit der eigenen Begeisterung der Respekt vor der Leistungsfähigkeit des Pferdes und die Sensibilität für das anvertraute Wesen verbinden. Die Selbstdarstellung, die reiterliche Präsentation entfällt hier fast gänzlich, das Pferd schafft es oder schafft es nicht. Die Dankbarkeit für einen Sieg ist groß, beim Ausscheiden wird die ›Schuld‹ niemals dem Tier gegeben. Vielleicht ist es das, was viele Reiterinnen intuitiv anzieht und diesen Sport aus der Freizeitreiterbewegung hat entstehen lassen.

Monate und Jahre unterwegs – Pferde-Trekking

Nach dem Distanzreiten bleibt der Reiterin, die weder vom Sportfieber ergriffen ist noch sich in einen Tageskalender pressen lassen will, eigentlich nur noch eins: sie sucht einen Sponsor, eine Sponsorin (bzw. ist am besten ihre eigene), trainiert ihr Pferd oder erwirbt ein trainiertes oder aussichtsreiches und macht sich auf die Hufe – und das möglichst lange! Denn was bei einem monatelangen oder jahrelangen Ritt zu finden ist, bietet kein Zwei-Wochen-Turn, keine gebuchte Sieben-Tage-Reise. Nur wenige führen solche langen Trecks durch, und diese Frauen haben dann einiges zu berichten.

1986:[16] Seit drei Jahren durchstreift Dominique Barbe zu Pferd ein unendliches Land: ausgehend von den östlichen Provinzen Quebec und Ontario, wo sie der alten Straße der Pioniere gefolgt ist, der Grand-Route, auf der sie das »Land der Bisons« durchquert hat, um schließlich auf den schmalen Bergpfaden von Alberta und Britisch-Kolumbien ihre Reise zu beenden.

Fortgehen, um zu entdecken, überschreibt sie den Beginn ihrer Reise. Lange bevor sie Kanada kennenlernte, hatte sie von der Weite geträumt, von der Möglichkeit, sich darin zu verlieren – und gehofft, sich auch darin zu finden.

Ihr Freund und Gefährte auf vielen Reisen zieht diesmal nicht mit, und so tritt sie diese Reise ganz allein an.

Von Quebec bis nach Britisch-Kolumbien beträgt die kürzeste Entfernung 7.700 km! Das ist kein Ausflug! Dominique Barbe benötigt Geld, das sie sich über Zeitschriften und Sponsoren besorgt, und gute Pferde.

Was treibt sie, diese Frau unserer Tage, was hat sie mit Isabella Bird gemeinsam, die einst die Rocky Montains durchritt? »Diese Reise abseits von der Welt ist für mich schon die dritte dieser Art«, schreibt sie. »Und dennoch habe ich immer noch das Gefühl, mich auf eine unendlich lange Zeit, ein unendliches Leben, ein unendliches Glück einzulassen. Vor allem auf Glück.«[17] Das Glück auch dieser Reiterin ist die tägliche Erfahrung, fast überall herzlich aufgenommen, mitunter wohltuend bestaunt und mit Rat und handfester Hilfe unterstützt zu werden. Sie gerät selten in bedrohliche Situationen; nicht diffuse Angst ist ihre Begleiterin, sondern eher konkrete Furcht: vor wilden Tieren, Sorgen um ihre Pferde, vor natürlichen Hindernissen.

Bevor sie die Freiheit kosten kann, muß sie viel tun, um die finanzielle Unterstützung für die Reit-Expedition aufzutreiben. Sie versucht, die Idee von der Durchquerung eines Kontinents zu Pferd so gut wie möglich zu verkaufen, läuft wochenlang von Organisation zu Organisation, bis sie die Reise einigermaßen abgesichert beginnen kann. Eine Tourismus-Abteilung gewährt ihr Unterstützung, eine Firma stiftet das Pferdefutter, eine andere beteiligt sich am Transport – alle vierzig Kilometer wird Futter hinterlegt werden.

Zuletzt wählt sie ihre Gefährten, prüft widerstandsfähige Rassen wie Morgan, Appaloosa, Quarter Horse und Canadian. Packpferd wird ein kräftiger Fuchs mit kurzem Rücken, etwas gedrungen. Das Reitpferd, in das sie sich verliebt, ist eine Appaloosa-Stute mit Namen Savoyane.

Dominique Barbe hat die Stute beobachtet, wahrgenommen, wie energisch sie ihrer Unruhe Platz verschafft, mit großen Schritten den Auslauf durchmißt. Sie bewundert ihr Ungestüm und die Energie, den Stolz in der Haltung. Sie sucht ja ein wachsames Tier, das sich nicht vom Unbekannten einschüchtern läßt, ein Pferd, das den inneren Willen hat, sich durchzusetzen.

Am Sankt-Lorenz-Strom schlägt sie ihr erstes Lager auf und betrachtet, von Stechmücken gequält, den roten Sonnenuntergang. Galoppieren wollte die Stute, galoppieren und nichts als das, sprang auf der Stelle mit allen vieren in die Luft. Im Laufe des Tages ist sie nur langsam ruhiger geworden, aber die Aufforderung zum Stehenbleiben machte Schwierigkeiten. Ganz anders das Packpferd: »Rolls«, wie sie ihn genannt hat, versuchte immer wieder stehenzubleiben, und am Abend des ersten Tages sind die Hände der Reiterin blutig vom Festhalten des Führstricks.

Die drei sammeln miteinander ihre Erfahrungen ... Tage später campieren sie in einem Indianerdorf – der Pfarrer des Dorfes hat Dominique eine Wiese am Fluß angeboten, auf der sich nicht nur ein Tipi befindet, sondern auch Myriaden von Stechmücken. Die empfindsame Stute löst ihre Fußfessel aus dem Boden und rast auf und davon, der Reisenden bleibt nichts anderes übrig, als mit dem anderen Pferd hinterherzujagen. Nach erfolgter Rückkehr ziehen sie in eine unromantische Garage, die mit viel Stroh zu einem bequemen Lager wird.

An einem der nächsten Tage setzt sich das Packpferd, das frei hinterherläuft, plötzlich in umgekehrter Richtung in Bewegung, läßt sich durch die wachsende Entfernung nicht beeindrucken. Bei der Überquerung des Sankt-Lorenz-Stroms rutscht die Stute mit den Stollen aus und stürzt der Länge nach zu Boden. Doch alles gerät zum Guten, täglich meistern sie Abenteuer, und jeden Abend finden sie einen Platz zum Bleiben: »Madame Brault ist entzückt. Sie überholt mich mit ihrem dicken, amerikanischen Wagen am Ufer des Flüßchens Bayonne und reicht mir einen symbolischen Dollar durchs Wagenfenster. ›Sie sind die Französin, die zu Pferd durch Kanada zieht? Wie aufregend! Kommen Sie zu mir, damit wir ein bißchen plaudern können ...‹«[18]

Ein Ritt durch Kanada muß in vielem großartiger sein als ein Ritt durchs überbevölkerte und zersiedelte Deutschland. Großartiger und auch schwieriger – wochenlang zieht Dominique die Teerstraße entlang, parallel zu reiten, ist unmöglich –, dichte Wälder wechseln sich mit Mooren und Sümpfen ab, es gibt keine ›Wanderwege‹. So zieht sie viele Kilometer über Schotter und Kies und sinniert über die sie umgebende Weite.

Und flucht gewiß, wie die Reisende auf einem kurzen Wanderritt, insgeheim über ihre Entscheidung, solch ein Abenteuer auf sich genommen zu haben, sich freiwillig solchen Strapazen zu unterziehen, ganz so wie jede Pferdehalterin auch mal davon träumt, ganz ›ohne‹ zu leben, nicht bei Wind und Wetter draußen sein zu müssen. Und selbstverständlich würde jede ihre Wahl noch einmal treffen: noch einmal losreiten, noch einmal dieses Pferd besitzen und dazugehören – zu den vielen Frauen, die mit Pferden umgingen, heute und in vergangenen Zeiten.

Adressen
rund um Frauen und Pferde

Reithöfe, Reitschulen, Reitställe

Epona e.V.
Petra Kalusche
Holte 36
D-49406 Eydelstedt
Fon 05448 / 203
Heilpädagogisches Reiten, Reitfreizeiten für Mädchen, Reitkurse für Frauen

Ponyhof PondeLila
Betrieb für kreative Freizeitgestaltung mit Pferden
c/o Monika Huck, Antrin Fricke, Claudia Huck
Hauptstraße 18
D-34379 Calden / Meimbressen
Fon 05677 / 6075
Individuelles Angebot, z.B. ganzheitliche Bewegung und Enspannung mit Pferden, Fortbildungen im Heilpädagogischen Arbeiten mit Pferden

Reithof Kolvenbach
Reiten für Frauen
Ulrike Blum
Karl Straße 1
D-53902 Bad-Münstereifel
Fon 02253 / 7753
Reitkurse und Therapeutisches Reiten für Frauen und Mädchen

Elke Hennecke
Niederringel 30
D-48525 Lengerich
Fon 05484 / 1782
Der etwas andere Reitkurs – nur für Frauen: in kleinen Gruppen gemeinsam Reiten lernen, sich ohne Druck auf Pferde einlassen.

Landhotel »Rückerhof«
D-56412 Welschneudorf
Fon 02608 / 208
Fax 02608 / 1488
Wanderreitschule, Familienferien, Relaxen zu Pferde! Reiten im südlichen Westerwald

FS Test-Zentrum Reken / Reitschule
Frankenstraße 37
D-48734 Reken
Fon 02864 / 2434
Fax 02864 / 5860
Reiten lernen auf intelligente Art – entspannt und angstfrei

Internationales Institut für Ausbildung Feldenkrais und Reiten
Marie-Luise v. d. Sode
Rawisch 4
21493 Klein Schretstaken
Fon 04156 / 7394
Fax 04156 / 8380
Diagnose, Aus- und fortbildung Feldenkrais und Reiten, Einzellehrstunde und Gruppen, Pferd und Reiter

Brigitte Schulz
Dipl.-Pferdeverhaltenstherapeutin, Reitausbilderin
FN- und NFD-Reitstall Immenhof
D-29593 Melzingen
Fon 0581 / 71477 o. 76554
Fax 0581 / 76554
Das Pferde-Partner-Paß-Programm aus Zeitung, Funk, Fernsehen

Ausstattungen rund um den Sattel

»le cheval blanc«
Renate Schachner
Am Büss 4
D-72218 Wildberg 4
Fon und Fax 07054 / 5967
Südfranzösische Malibaud-Sättel für Freizeitreiten und Dressur; Versand

Reiten im Damensattel
Ulrike Mauthe
Ringstraße 57
D-73257 Köngen
Fon und Fax 07024 / 81269
Der Verein Reiten im Damensattel e.V. bietet Informationen und Lehrgänge

Sportsfrau
Dagmar Rees
Hamburger Allee 96
D-60486 Frankfurt am Main
Fon 069 / 97981401
Fax 069 / 773066
Funktionelle Sportkleidung für Frauen, Sport-BHs, Thermo-Wäsche etc. im Versand

Anmerkungen

Fett gesetzte Angaben enthalten Lesetips (die kompletten Angaben einfach im Literaturverzeichnis nachschlagen!) und Hinweise

FS = Freizeit im Sattel
RR = Reiter Revue

Einleitung

1 Vgl. Theweleit, Klaus. 1977, Bd. 1, S. 74
2 Theweleit, Klaus. 1977, Bd. 1, S. 66

Kapitel 1: Reiten macht stark – und romantisch

1 **Lindgren, Astrid.** 1960, S. 9
2 Wörterbuch der Pferdekunde, Düsseldorf 1976, Stichwort »Frauenreiten«
3 Angaben nach FN, zit. nach St. Georg, Nr. 6/98, S. 20f.
4 Die folgenden Aussagen von Pferdemädchen entstammen einer Fragebogenaktion, die ich im Herbst und Winter 1997/98 gemeinsam mit meiner ebenfalls reitinteressierten Schwester Christina durchführte; B. Wegner.
5 **Adolph, Helga/Euler, Harald A.** 1994, S. 82. **Diese wissenschaftliche Befragung zum Thema ›Mädchen-Reiten‹ ergab, daß die Hälfte der Befragten gar nicht an Turnieren teilnahm und bei den 76 Reiterinnen, die regelmäßig an Turnieren teilnahmen, war der Wettkampferfolg für 83% unwichtig. Sie verstehen sich als Freizeit- oder Turnierreiterinnen.** Befragt wurden 138 Mädchen und Frauen im Alter von 7 bis 50 Jahren, 56% der Befragten waren 10–13 Jahre alt. Die Fragebögen wurden auf Ponyhöfen und in Reitvereinen verteilt, in Stadtnähe und in dörflicher Gegend.
6 Lindgren, Astrid. 1960, S. 9
7 Siehe dazu: Dithmar, Ute/Siegrid Schmitz, Mutig wie Löwinnen. In: Sportpädagogik 18/1995, S. 46 ff.; Lotte Rose: Bewegungsräume für Mädchen. In: Motorik, 16/1993, H. 2, S. 50 ff.
8 Vgl. Steinmaier, Helga, in: Heiliger, Anita/Kuhne. 1993
9 Wagenmann, Sonja/Schönhammer, Rainer. 1994, S. 10.
10 Farley, Walter. o.J., S. 6f.
11 Fellerer, Eva. 1993, S. 71
12 Adolph, Helga/Harald A. Euler. 1994, S. 51; für den nächsten Abschnitt: ebd.
13 Marita Hüttner in: FS 11/93, S. 751
14 Brigitte Engelhardt in: RR 9/1965, S. 592
15 FS 10/97. S. 874. Informationen im folgenden Abschnitt nach einem Gespräch am 4.3.98; B. Wegner.

Kapitel 2: Von goldenen Zügeln und reitenden Walküren

1 Vgl. Ranke-Graves, Robert. 1960, Bd. 1, S. 18.
2 Vermutlich 1500–600 v. Chr. In den »Veden«, den heiligen Schriften (Sammlung von Hymnen, Opfer- u. Zaubersprüchen), hier zit. nach H. J. Köhler. 1967, S. 7.
3 Vgl. Johnson, Buffie. 1990, S. 91
4 Walker, Barbara. 1996, S. 847
5 Vgl. Baum, Marlene. 1991, S. 78
6 Vgl. Cooper, J. C. 1986, S. 82
7 Pindar, zit. nach: Yalouris, Nikolas. 1987
8 Markale, Jean. 1986. S. 106
9 Vgl. Jähns, Max. 1872, S. 385
10 Vgl. Traut, Friedrich. 1971, S. 35
11 Vgl. Jähns, Max. 1872, S. 380
12 Edda, Nachdruck 1997. S. 10
13 Herrmann, Paul. 1992 (Erstausg. Leipzig 1892), S. 306
14 Herrmann, Paul. 1992, S. 307
15 Vgl. Herrmann, Paul. 1992, S. 310. Oder auch Reclams Namensbuch, Stuttgart 1987
16 Diese und die folgende Episode dieses Abschnitts vgl. Edda (Nachdruck 1997), S. 141 sowie S. 122
17 Pferde, hrsg. v. Reiss-Museum. 1997, S. 39
18 Vgl. Handwörterbuch des deutschen Aberglaubens. 1934/35, S. 1651
19 Walker, Barbara. 1996, S. 863
20 Jähns, Max. 1872, S. 381
21 Vgl. zit. nach »Symbolik um die gekreuzten Pferdeköpfe«, in: RR 4/1959, S. 17f.
22 Vgl. Handwörterbuch des deutschen Aberglaubens, S. 1598
23 Amstadt, Jakob. 1994, S. 115
24 Jähns, Max. 1872, S. 400 ff.
25 Jähns, Max. 1872, S. 414
26 Handwörterbuch des deutschen Aberglaubens, S. 1644
27 Jähns, Max. 1872, S. 416
28 Jung, C. G. 1985, S. 470
29 Jung, C. G. 1985, S. 431
30 Mehlem, Monika. 1998, S. 188 ff
31 Freud, Siegmund: Briefwechsel mit Fliess. 1898
32 Baum, Marlene. 1991.

Kapitel 3: Zauberhafte Pferde und tanzende Frauen

1 Kapitzke, Gerhard. 1981, S. 55. Das kleine ist etwa 125 cm groß und zierlich, das größere mißt 138–145 cm und ist starkknochig.
2 Die folgende Schilderung stützt sich auf Informationen aus dem Museum für die Archäologie des Eiszeitalters, Schloß Monrepos, Neuwied.
3 Vgl. Hancar, Franz. 1955, S. 21

4 Museum Les Eyzies, Périgord.
5 Die Pferdezeitschrift »Freizeit im Sattel« stellte im März 1997 eine Untersuchung Ellen Freudensteins vor, die die Unterarten der Urwildpferde auf den jeweiligen Lebensraum bezog und daraus auf Futterverwertung, Wanderlust und Herdenverhalten, Neigung zur Flucht etc. schloß.
6 Im September 1997 recherchierte ich mit der Frauengeschichtsforscherin Birgit Wehnert vor Ort; H. Steinmaier.
7 Le Mas-d'Azil, Frankreich, vor ca. 11.000 Jahren
8 Fester, Richard/König, Marie E. P. 1982, S. 180
9 Gabriele Meixner. 1995, S. 75 f. Zu den künstlerischen Zeugnissen der jüngeren Altsteinzeit zählen auch Darstellungen von Frauenpaaren und -gruppen; Frau-Mann-Paare waren offenbar kein Thema.

Kapitel 4: »Mutig wie Löwinnen ...« Was eine Vase dir erzählt

1 Herodot, zit. nach Hammes, Manfred. 1981, S. 27.
2 Vgl. Walker, Barbara. 1996, S. 27.
3 Vgl. Döhl, Hartmut. 1989, S. 228
4 Walker, Barbara. 1996, S. 27.
5 Vgl. Galahad, Sir. 1981, S. 299.
6 Vgl. Walker, Barbara. 1996, S. 27
7 Mirus, Helma/Wisselinck, Erika. 1987, S. 220
8 Hammes, Manfred. 1981, S. 48
9 Galahad, Sir. 1981, S. 300
10 Galahad, Sir. 1981, S. 299 ff.
11 Hammes, Manfred. 1981, S. 50.
12 Hammes, Manfred. 1981, S. 46
13 Mirus, Helma/Wisselinck, Erika. 1987, S. 223
14 Diodoros, zit. nach Hammes, Manfred. 1981, S. 49.
15 Vgl. Walker, Barbara. 1996, S. 28.
16 Herodot, zit. nach Hammes, Manfred. 1981, S. 27
17 Hammes, Manfred. 1981, S. 82f.
18 Quintus, zit. nach Hammes, Manfred. 1981, S. 82.
19 Vgl. Hammes, Manfred. 1981, S. 84.
20 Hammes, Manfred. 1981, S. 27.
21 Hippokrates, zit. nach Hammes. 1981, S. 27
22 Zit. nach Galahad, Sir. 1981, S. 292.
23 Vgl. Walker, Barbara. 1996, S. 29.
24 Emma 7/1980, S. 46
25 »Penthesilea« erschien 1808, »Wilhelm Meister« 1795, »Libussa« 1872, »Judith« 1840. Vgl. Frenzel, E.: Motive der Weltliteratur, Stuttgart 1976

Kapitel 5: »... mit stürmenden Rossen, Kyniska ...«

1 Vergil, zit. nach Hermsdorf, Gaby. RR 3/89, S. 71
2 Vgl. Hancar, Franz. 1955, S. 543
3 Die Tonscherbe befindet sich im Staatlichen Museum von Berlin.

4 Hermsdorf, Gaby. 1982, S. 24 f.
5 Vgl. Diem, Carl. 1941, S. 22
6 Vgl. Hancar, Franz. 1955, S. 549
7 Vgl. Hutten-Czapski, Marian Graf von. 1891, S. 46
8 Vgl. Hancar, Franz. 1955, S. 277
9 Meier-Seethaler, Carola. 1993, S. 209
10 Diese drei Textstellen zit. nach: Lenz, Carl Gotthold. 1790, S. 87, S. 66, S. 71
11 Vgl. Hancar, Franz. 1955, S. 519
12 Die Etrusker wanderten vermutlich aus Kleinasien in das spätere römische Staatsgebiet ein und brachten in den folgenden Jahrhunderten ein großes Gebiet des frühen Italiens unter ihren Einfluß. Sie siegten durch ihre Kampftechnik der Steppe als ReiterInnen mit leichter Bewaffnung, Bogen und Pfeilen. 510 v. Chr. wurden sie von den Römern besiegt. Sie gelten als Kulturmittler zwischen Griechenland und Rom.
13 Vgl. Hermsdorf, Gaby. RR 2/89, S. 32
14 Zit. nach Hermsdorf, Gaby. RR 2/89, S. 32
15 Rudolf Georg Binding (1867–1938), besonders bekannt durch seine »Reitvorschrift für eine Geliebte«. Zit. nach Mayer, Anton. O. J., S. 25 ff.
16 Vgl. Dunkhase, Ulrike. 1976, S. 13
17 Zit. nach Hermsdorf, Gaby. 1982, S. 14
18 Vgl. Hermsdorf, Gaby. RR 2/89, S. 33
19 Zit. nach Trench, Charles Chenevix. 1970, S. 29
20 Trench, Charles Chenevix. 1970, S. 29
21 Vgl. Hermsdorf, Gaby. RR 3/89, S. 73
22 Vgl. Elisabeth Wallinger: Weibliche Magie in der römischen Literatur, in: Specht, Edith (Hrsg.). 1992, S. 170
23 Schuller, Wolfgang. 1992, S. 41
24 Schuller, Wolfgang. 1992, S. 43
25 Hutten-Czapski, Marian. 1891, S. 123
26 Vergil, zit. nach Hermsdorf, Gaby. RR 3/89, S. 71
27 Nizami, Chosrou und Schirin. 1980, S. 175
28 Vgl. Diem, Carl. 1941, S. 114
29 Diem, Carl. 1941, S. 118
30 Diem, Carl. 1941, S. 146
31 Duden Herkunftswörterbuch. ›Reiten‹. Mannheim 1963. S. 562
32 Das Buch des Dede Korkut. 1958, S. 31
33 Diem, Carl. 1941, S. 22
34 Vgl. Hermsdorf, Gaby. 1982, S. 120
35 Diem, Carl. 1941, S. 31
36 Goebel, Peter. 1971, S. 254
37 Jettmar, Karl. 1964, S. 108 ff.

Kapitel 6: »Das Schlachtroß steigt und die Trompeten klingen«

1 Herzog von Alençon über Jeanne d'Arc, zit. nach dtv Dokumente, S. 165
2 Vgl. Heißler, Sabine/Blastenbrei, Peter. 1990, S. 81
3 Tacitus: zit. nach Gould Davis, Elizabeth. 1977, S. 217

4 Tacitus, zit. nach Gould Davis, Elizabeth. 1977, S. 217
5 Caesar, De bello Gallico, zit. nach Otte, Michaela. 1994, S. 47
6 Vgl. Gould Davis, Elizabeth. 1977. S. 219 ff.
7 Dio Cassius, zit. nach: Ehrenberg, Margarete. O.J., S. 190
8 Dio Cassius, zit nach Ehrenberg, Margarete. O. J., S. 191
9 Vgl. Herzogenberg, Johanna. 1966. S. 159 ff.
10 Vgl. Samuel, Pierre. 1979, S. 52. Über Libussa, Vlasta und den Mädchenkrieg berichten darüber hinaus Dalamil 1308; Hajek von Libotschan 1541.
11 Samuel, Pierre. 1979, S. 52 f
12 Samuel, Pierre. 1979, S. 50
13 d'Argentré, B., zit. nach Samuel, Pierre. 1979, S. 138
14 Vgl. Samuel, Pierre. 1979, S. 335
15 Nette, Herbert. 1977, S. 52
16 Brief von Guy de Laval, zit. nach Rost, Walter. 1983, S. 158
17 Quicherat, Jules (Prozeßakten, bei Rost i. Orginal i. Anhang wiedergeben), zit. nach Rost, Walter. 1983, S. 92
18 Vgl. Rost, Walter. 1983, S. 203
19 Chronique de Lorraine, zit. Nach Samuel, Pierre. 1979, S. 156
20 Quicherat zit. nach Rost, Walter. 1983, S. 136
21 »Ins Kriegsgewühl hinein will es mich reißen, Es treibt mich fort mit Sturmes Ungestüm/ Den Feldruf hör ich mächtig zu mir dringen/ Das Schlachtroß steigt, und die Trompeten klingen.« Friedrich Schiller: Jungfrau von Orleans. Prolog. 4. Auftritt
22 Vgl. Hutten-Czapski, Marian. 1891, S. 215
23 Bereits 1456 erfolgte eine Revision des Urteils, 1920 aber erst die Heiligsprechung.
24 Zit. nach Grubitzsch, Helga/Bockholt, Roswitha. 1991, S. 277
25 Zit. nach Grubitzsch, Helga/Bockholt, Roswitha. 1991, S. 277
26 Zit. nach Dalhoff, Jutta/Frey, Uschi/Schöll, Ingrid. 1986, S. 211
27 Petersen, Susanne. 1987, S. 106
28 Gerbaux, F. Les femmes-soldats, zit. nach Harten, Elke/Harten, Hans Christian, Fußnote S. 26
29 Dalhoff, Jutta/Frey, Uschi/Schöll, Ingrid. 1986
30 Huch, Ricarda. 1977, S. 216
31 Melena, Elpis. 1861, S. 138 ff.
32 Utrio, Kaari. O.J., S. 434
33 Brief an eine Freundin, zit. nach Kohlhagen, Norgard. 1990, S. 52
34 Anneke, zit. nach Gebhardt, Manfred. 1988, S. 105
35 Gebhardt, Manfred. 1988, S. 133
36 Hirschfeld, Magnus/Gaspard, Andreas. 1926, S. 202

Kapitel 7: Es krachten die Lanzen beim Damen-Turnier

1 Ulrich von Lichtenstein, zit. nach Buesching. 1823, S. 82
2 Buesching. 1823. S. 86
3 Walker, Barbara. 1995, S. 923

4 Hollander, zit. nach Walker, Barbara. 1995, S. 923
5 Wolfram von Eschenbach, zit. nach Walker, Barbara. 1995, S. 924
6 Zit. nach Schoenbeck, Richard. O.J., S. 11
7 Keller, Gottfried, zit. nach Isenbart, Hans-H. 1969, S. 124
8 Hutten-Czapski, Marian. 1891, S. 231
9 Vgl. Pernoud, Régine. 1993, S. 158
10 Heißler, Sabine/Peter Blastenbrei. 1990, S, 123
11 Büsching, 1823, S. 81 f,
12 Vgl. Strobl, Ingrid, in: Emma 11/79, S. 46-51
13 Kinkel, Tanja. 1991, S. 99. Das folgende Zitat: ebenda
14 Vgl. Jähns, Max. 1872, S. 141
15 Hanel, zit. nach Dunkhase, Ulrike 1976, S. 26

Kapitel 8: »Im Rausch der Jagd«

1 **Rheiffen, Helene von**. 1907. Neuauflage 1992, S. 237
2 Mitchell, Margaret. o.J., S. 82
3 Trench, Charles Chenevix. 1970, S. 282
4 Trench, Charles Chenevix. 1970, S. 140
5 Eelking, Baron. M. v. 1966, S. 42. Die im folgenden geschilderte Episode entnahmen wir demselben Buch, S. 45.
6 Greville, zit. Nach Müller-Windisch, Manuela. 1995, S. 87
7 **Fillis, James**. 1918, S. 43
8 Thurn und Taxis, Franz. O. J., S. 52
9 Thurn und Taxis, Franz. O. J., S. 100
10 Thurn und Taxis, Franz. O. J., S. 93
11 Vgl. RR 4/59, S. 8
12 **Hamann, Brigitte**. 1989, S. 326. Die folgenden Zitate wurden ebenfalls diesem Buch entnommen, vgl. S. 328, S. 331 ff., S. 338, S. 340, S. 360.
13 Vgl.: Böhm, Werner. 1996, S. 140
14 Trench, Charles Chenevix. 1970, S. 283
15 **Whyte-Melville, George J./Keudell, Kurt** v. 1983
16 Von Rheiffen, Helene. 1992, S. 251
17 Trench, Charles Chenevix. 1970, S. 280. Die beiden folgenden Zitate finden sich auf S. 280/281 desselben Werks.
18 Whyte-Melville, George J./Kurt v. Keudell. 1983, S. 244. Da Melville Ende der 1880er Jahre (bei der Jagd) starb, wird der Artikel vorher erschienen sein.
19 Müller-Windisch, Manuela. 1995, S. 88

Kapitel 9: Von Damensätteln, Schleifen und Schlaufen

1 Vgl.: Schoenbeck, Richard. O. J., S. 16 ff.
2 **Müller-Windisch, Manuela**. 1995, S. 86
3 Schoenbeck, Richard. 1908, S. 69
4 ›Pferde-Connaisseuse‹ = Pferdekennerin; ›un petit air jockey‹ = frei übersetzt: mit einem Hauch von Profihaftigkeit

5 Müller-Windisch, Manuela. 1995, S. 83. Die folgenden Zitate und Episoden sind demselben Buch entnommen, vgl. die Seiten 63, 61 und 84.
6 **Schoenbeck, Richard.** Neuauflage 1933. S. 69
7 Müller-Windisch, Manuela. 1995, S. 66
8 Fillis, 4. Aufl 1918. S. 43
9 Dieses und das folgende Zitat: Müller-Windisch, Manuela. 1995, S. 86
10 Esebeck, H.A. v.: In Spemanns Goldenes Buch des Sports, S. 93
11 Mitchell, Margaret, 1960, S. 872
12 Weihmann, Armin Max. 1974, S. 141 ff.
13 **Gottschalk, Silke/Branderup, Bent.** 1996, S. 13
14 Weihmann, Armin Max. 1974, S. 141
15 Weihmann, Armin Max. 1974, S. 141
16 Prizelius. 1777, S. 14 ff.
17 Whyte-Melville/Keudell, Kurt v. 1983. S. 247
18 Trench, Charles Chenevix. 1970, S. 274
19 **Die Adresse der deutschen Sektion findet sich im Anhang.**
20 Gottschalk, Silke/Branderup, Bent. 1996, S. 8
21 McBane, Susan. 1994, S. 25.
22 Trench, Charles Chenevix. 1970, S. 279
23 **Siehe dazu Maierhof, Gudrun/Schröder, Katinka. »Sie radeln wie ein Mann, Madame«, Zumikon – Dortmund 1992**
24 Esebeck, H.A. v. In: Spemanns Goldenes Buch des Sports
25 **Rheiffen, Helene v..** 1907. Neuauflage 1992
26 Ulrike Dobberthien in Cavallo 8/97, S. 42
27 Rheiffen, Helene v.. 1907, S. 273
28 Schoenbeck, Richard. 1912, S. 75; folgendes Zitat: ebd.
29 Fillis, James. 1918, S. 47
30 Heyer, Georgette. 1986, S. 62
31 Eelking, Baron H.M. v. 1966, Taf. 25
32 Zit. nach Trench, Charles Chenevix. 1970, S. 274. Die folgenden beiden Zitate: ebd.
33 Heymann / Augspurg. 1992, S. 85

Kapitel 10: »Es reiset sich des Nachts in Wäldern schön ...«

1 Gläser, Cornelia. In: Brinker-Gabler 1988, S. 27
2 Vgl. Potts, Lydia. 1988, S. 15.
3 Leicht ritt sie im Paßgang auf dem Pferd / wohlgehüllt in Schleier / Und auf dem Kopfe einen Hut (Übers.: d. A.). Man and the Horse, S. 59
4 Zit. nach Potts, Lydia. 1988, S. 34
5 Ebenda
6 Maillart, Ella. 1992, S. 35
7 Maillart, Ella. 1992, S. 79
8 Ebenda
9 Maillart, Ella. 1992, S. 119
10 Maillart, Ella. 1992, S. 85
11 Maillart, Ella. 1993. S. 106

12 Maillart, Ella. 1993, S. 80
13 Maillart, Ella. 1992, S. 95
14 Tristan, Flora. 1983, S. 139
15 Vgl.: Härtel, Susanne/Magdalena Köster. 1994, S. 66
16 Vgl.: Russel, Mary. 1987, S. 270
17 Zit. nach Härtel, S. 162
18 Russel, Mary. 1987, S. 153
19 Russel, Mary. 1987, S. 263
20 Maillart, Ella. 1992, S. 154
21 Maillart, Ella. 1992, S. 151
22 Bell, Gertrude. 1949, S. 106
23 Melena, Elpis. 1860. VIII ff.
24 Dieses Zitat und das folgende: Melena, Elpis. 1860, S. 18
25 Pfeiffer, Ida, zit. nach Erler, Gotthard. 1979, S. 343
26 Tristan, Flora. 1983, S. 141
27 Maillart, Ella. 1993, S. 165
28 Bell, Gertrude. 1949, S. 103
29 Pfeiffer, Ida. 1989, S. 186
30 Pfeiffer, Ida, zit. nach Erler, Gotthard. 1979, S. 332
31 Ebenda
32 Maillart, Ella. 1993. S. 105 f.
33 Tristan, Flora. 1983, S. 137
34 Ebenda
35 Pfeiffer, Ida. 1989, S. 227
36 Bell, Gertrude. 1949, S. 110
37 Bell, Gertrude. 1949, S. 99

Kapitel 11: »Zum Beschuß ... einen Salto mortale auf dem Pferd.«

1 Aus einer Zirkus-Ankündigung des Jahres 1830 für Demoiselle Franziska Hinne, die »auf ihrem National-Engländer mehrere Tänze und graziöse Stellungen« vollführt.
2 Lasker-Schüler, Else. 1986, S. 205
3 Lasker-Schüler, Else. 1986, S. 199
4 Vgl. Kafka, Franz: Auf der Galerie, in: Erzählungen. Frankfurt am Main 1986.
5 Lasker-Schüler, Else. 1986, S. 203
6 Vgl. Dossenbach, Monique und Hans. 1991, S. 280
7 Vgl. Koch, Iris. 1995, S. 113
8 Vgl. Koch, Iris. 1995, S. 29
9 Vgl. Koch, Iris. 1995, S. 30
10 Eberstaller, zit. nach Koch, Iris. 1995, S. 30
11 Koch, Iris. 1995, S. 79
12 Koch, Iris, 1995, S. 79
13 Vgl. Ernst Günther. 1977
14 Koch, Iris. 1995, S. 94
15 Prior, Ingeborg. 1997, S. 4

16 Vgl. Prior, Ingeborg. 1997, S. 35 ff.
17 Penquitt, Nathalie. 1997, S. 116
18 Penquitt, Nathalie. 1997, S. 114

Kapitel 12: »Britta hat den schönsten Beruf der Welt«

1 Pahnke, Lisbeth: Brittas Herz gehört den Pferden«, München. 1976
2 Dekker, Rudolf/van de Pol, Lotte. 1990, S. 37
3 Vgl. **Fehlau, Ria.** 1993
4 Sternheim, Thea. Erinnerungen. 1924, S. 395
5 Ernsthaft: **Zentrale Fachvermittlungsstelle für Berufe des Reit- und Fahrwesens u. d. Pferdezucht beim Arbeitsamt Verden, Lindhooper Straße 9, 27283 Verden/Aller. Tel.: 0423/ 809 315**
6 »Ferien auf dem Reiterhof«, in: RR 4/98, S. 139
7 Ebenda
8 Ebenda
9 »Fahren die Schipper noch die Elbe runter?« in: Emma 5/83, S. 57
10 »Hermine (82), Helga (45), Heidrun (21) ... In: Emma 10/78. S. 54, 57
11 Porträt »Jutta von Grone« in: FS 1/92, S. 14
12 **Grone, Jutta von.** 1995
13 **Dönhoff, Marion Gräfin.** 1991, S. 108 f. Gräfin Dönhoff war nach etlichen Reisen und einem Studium der Volkswirtschaft 1936 in die Verwaltung der Familiengüter eingetreten und übernahm 1939 deren Leitung. Im Jahre 1945 verließ sie Ostpreußen zu Pferde vor der anrückenden Roten Armee.
14 »25 Jahre – Erste Damenreitschule in Deutschland«, in: RR 5/59, S. 22 ff.
15 **Auskunft erteilt: Deutsche Reiterliche Vereinigung, Postf. 110265, 48204 Warendorf gegen eine Gebühr von 10,00 DM in Briefmarken.**
16 Aus unserer Umfrage, 23.6.98; B. Wegner
17 Fehlau, Ria. 1993, S. 20
18 Mossdorf, Carl Friedrich. 1958, S. 64
19 Mossdorf, Carl Friedrich. 1958, S. 174
20 Mossdorf, Carl Friedrich. 1958, S. 53 ff.
21 »Weiche Hand« in: Der Spiegel 37/82, S. 120
22 »Der erste weibliche Jockey heißt Carola«, in: FR 28.9.83
23 Zu den beiden Rennreiterinnen: »Die neuen Amazonen«, in: Emma 5/91 S. 12 ff.
24 Zit. nach: »Von den Frauen werden die Pferde verhätschelt und bemuttert« ,in: Frankfurter Rundschau 18.11.1982
25 Vgl.: »Pferde lieben eine zarte Hand«, in: Stern Nr. 22/1977
26 »Susan bringt sieben Pferde auf Trab«, in: Bild der Frau, 15.7.85
27 Vgl.: »Kosaken-Blut«, in: RR 2/98, S. 154f.
28 Zit. nach: »Ehrlich Grenzen aufzeigen«, in: St. Georg 2/98 S. 60
29 Vgl.: »Tyrol und Grisella ...«, in: FS 11/93, S. 746
30 **Informationen: Ellen Freudenstein, An den Brunnenröhren 6, 35037 Marburg, Tel. 06421/66015**
31 **Informationen ›Zusatzausbildung‹: Marie-Luise von der Sode, 21493 Klein Schretstaken, Tel. 04156/7394.** Siehe auch Adreßteil

32 Ein körperzentrierter Lernprozeß (»Bewußtheit durch Bewegung«), entwickelt von dem Neurologen und Wissenschaftler Moshe Feldenkrais (1904–1984). Näheres zu Tellington-Jones und Swift im nächsten Kapitel.

33 **Monika Mehlem.** 1998, S. 189

34 Vgl. »Gefeiert und gefoltert – Pferde in Hollywood«, in: St. Georg 2/98, S. 53

35 »Die phantastischen Vier« in: Cavallo 8/1997, S. 19. Die folgenden Zitate entstammen diesem Artikel.

36 Vgl.: »Die Frauen in der Arena«, in: Frankfurter Rundschau v. 4.7.1992

37 »Aufstieg einer stolzen Amazone«, in: Cosmopolitan 4/91, S. 181 ff.

38 ZZ 627. Mengel, Lieblingspferd …

39 Frankfurter Rundschau, 11. Juli 1998

40 Goll, Claire. 1951, S. 18ff.

41 Ebenda

42 Ebenda

43 Laufstall-Arbeitsgemeinschaft.Bei München wurde 1989 ein Verein zur Verbesserung der Verhältnisse in der Pferdehaltung gegründet. Hanns Ullstein jun. hatte schon Mitte der achtziger Jahre ein Laufstall-Modell für eine Herde eingerichtet. Dort veranstaltete die damals noch kleine Initiative 1995 mit viel Erfolg den »Tag des Laufstalls«. Sensationell der Mitgliederzuwachs: nach der Equitana 1995 stieg er in fünf europäischen Ländern bereits auf 500. LAG-Inspekteure besichtigen Ställe und, das Wichtigste: sie vergeben Plaketten für besonders artgerechte Haltung, ehrenamtlich legen die KontrolleurInnen dafür viele tausend Kilometer zurück und tragen so nicht unwesentlich zum Wandel der Standards in der Pferdehaltung bei.

44 Beispielsweise eine Filmdokumentation von Manfred Karremann; unter dem Druck der Öffentlichkeit entstand ein österreichisches Tiertransportgesetz, in dem die Gesamttransportdauer beschränkt wird.

45 Näheres in FS 2/95, S. 96 Schlachtpferde für Italien

46 **Gohl, Christiane.** 1997

Kapitel 13: Die Damen Bruns und Co. – das Freizeitreiten seit den 70er Jahren

1 Gast, Lise. 1965, S. 148

2 Reiter Revue 2/98. S. 3 und S. 79

3 FN-Jahresbericht. Warendorf 1997. Nordrhein-Westfalen: 87.003, Niedersachsen: 80.574 Pferde

4 Mossdorf, Carl Friedrich. 1958, S. 12

5 FN, zit. Nach FS 5/98, S. 449

6 Bruns, Ursula. 1989, S. 27

7 Vgl. Schrenk: »Die sanfte Reiterin«, in: EMMA 5/92

8 Vgl. Schrenk: »Die sanfte Reiterin«, in: EMMA 5/92

9 Bruns, Ursula. 1989, S. 23

10 Pinter v. d. Au: neuer, vollkommener, verbesserter und ergänzter Pferde-Schatz. Frankfurt am Main 1588. Zit. Nach FS 10/97, S. 884.

11 **Adresse: VFD (Vereinigung der Freizeitreiter in Deutschland e.V.) Bundesverband, Am Bauernwald 5b, 81739 München.** Vermittelt die Kontakte zu den Anlaufstellen in den Bundesländern.

12 Vgl.: Tellington-Jones/Pabel/Pabel. 1996, S. 10 ff. Außerdem: »Wir stellen vor: Den Pferden zuliebe – TTEAM-Touch ...«, in: FS 3/93 S. 155 ff
13 »Wir stellen vor ...«, in: FS 3/93, S. 157
14 Erinnerungen an ein Wochenende auf dem Frauen-Reithof. Von H. Steinmaier
15 **Lektüre dazu: Swift, Sally. Reiten aus der Körpermitte.** Cham 1996.
16 Swift, Sally. 1996. S. 204 ff.
17 **Wer mehr über einzelne Reitweisen wissen will: Over, Uta. Moderne Reit-Lehrmethoden.** Cham 1996
18 Zwei Befragungen (etwa 3000 Fragebögen), ausgegeben im Juni 1997 an die AbonnentInnen der Zeitschrift »Freizeit im Sattel«, ergaben: 94% sind glücklich mit »Spazieren- und Wanderreiten«, 98% halten Pferde selbst, und über die Hälfte hat Freude an landwirtschaftlicher Betätigung. 74% der FS-BezieherInnen besitzen mehr als ein Pferd, 12% sogar drei und mehr, davon ein Drittel Großpferde, zwei Drittel Kleinpferde. Information: FS
19 Gast, Lise. 1965, S. 7, S. 9 und S. 149

Kapitel 14: Und im Sommer über Land!

1 Barbe, Dominique. 1990, S. 13
2 Alle diese Angebote sind dem Programm von »Pferd & Reiter« entnommen, einem von mehreren Anbietern ähnlich verlockender Reisen ...
3 Over, Uta. Moderne Reitlehrmethoden. Cham 1996, S. 108
4 **In weiterer Literatur finden sich detaillierte Informationen zur allgemeinen Planung, zum Konditionstraining des Pferdes, zur Ausrüstung, zu Marschtempo, Unfällen und allen möglichen Eventualitäten. Ein brauchbares Handbuch eines Praktikers: Wolfgang Kresse, Wanderreiten,** Stuttgart 1994
5 **Informationen dazu: Deutsche Wanderreiter-Akademie; Fischerhof, D-56410 Reckenthal/Montabaur**
6 **Auskünfte über den gesamten Trabweg: Albert Fichtel, Schlößchen Wasem, 6576 Hennweiler**
7 **Kann über die Zeitschrift »Freizeit im Sattel« bezogen werden.**
8 Melena, Elpis. 1860. S. 137
9 Melena, Elpis. 1860. S. 146
10 »Auf Haflingern von Küste zu Küste«, in: FS 7/91, S. 394
11 »Sieben Wochen Richtung Süden«, in: FS 3/98, S. 255
12 Koller, Cornelia. 1996
13 Notiz in RR 4/59, S. 7
14 **Heute Verein der Distanzreiter und Fahrer Deutschlands e.V. Bei der VDD-Geschäftsstelle, Habichtstr. 77, 45527 Hattingen,** kann auch die jährliche Liste der VDD-Distanzritte angefordert werden.
15 Vgl. Koller, Cornelia. 1996, S. 11
16 Barbe, Dominique. 1990, S. 11
17 Barbe, Dominique. 1990, S. 12
18 Barbe, Dominique. 1990, S. 39

Literatur

Adam, Peter: Vorträge über Pferdekunde; überarb. Reprint von: Herings, Eduard: Schriften vom Anfang des Jahrhunderts. FN-Verlag 1987

Adolph, Helga/Euler, Harald A.: Warum Mädchen und Frauen reiten. Kassel 1994

Albrecht, Kurt: Reiterwissen. Erlesen und Erfahren. Stuttgart 1996

Alvisi, Alessandro: Aphorismen und Paradoxe über das Reiten. Berlin 1940

Amman, Max. E.: Buchers Geschichte des Pferdesportes. Luzern/Frankfurt am Main 1976/Gütersloh 1983

Amstadt, Jakob: Die Frau bei den Germanen. Matriarchale Spuren in einer patriarchalen Gesellschaft. Stuttgart/Berlin/Köln 1994

Anna Löhn: Reisetagebuch einer alleinreisenden Dame in Italien. Leipzig 1861

Archambeau, Monique et Claude: Les Combarelles. Paris 1989

Atlantis. Nr. 2, Feb. 1963

Auffermann, Bärbel/Weniger, Gerd-Christian (Hrsg.): Frauen – Zeiten – Spuren/ Neanderthal-Museum. Mettmann 1998

Bandi, H.G., u.a.: Die Steinzeit. Baden-Baden 1960

Barbe, Dominique: Kanada zu Pferd. Mein Abenteuer im Land der Bisons. Herford 1990

Barta, Ilsebill (Hrsg.): Frauen, Bilder, Männer, Mythen. Kunsthistorische Beiträge. Berlin 1987

Basche, Arnim: Geschichte des Pferdes. Würzburg 1991

Baum, M.: Das Pferd als Symbol. Frankfurt 1991

Baumgärtel, Bettina/Neysters, Silvia (Hrsg.): Galerie der starken Frauen. Regentinnen, Amazonen, Salondamen. München 1995

Bell, Gertrude: Ich war eine Tochter Arabiens. München 1993

Bell, Gertrude: Persische Reisebilder. Hamburg 1949

Bengtson, H.: Die Olympischen Spiele in der Antike. Zürich 1983

Biel, A.v.: Das Damenreiten. Ratschläge und Winke für alle Freundinnen der Reitkunst. Berlin 1895

Binding, Rudolf, G.: Reitvorschrift für eine Geliebte. Frankfurt 1926

Bintz, Julius: Die Leibesübungen des Mittelalters. Gütersloh 1980

Bird, Isabella: Unbetretene Pfade in Japan. Wien 1990

Bird, Isabella: eine Lady in den Rocky Mountains. Frankfurt am Main 1989

Bischoff, Susanne: ... auf Bäume klettern ist politisch. Hamburg 1993

Blunt, Lady Anne: A Pilgrimage to Nejd. The Cradle of the Arab Race. A Visit to the Court of the Arab Emir, and »Our Persian Campaign«. Hildesheim 1983. Nachdruck der Ausgabe London 1881

Bogeng, G. A. E.: Geschichte des Sports aller Völker und Zeiten, 2. Bd. Leipzig 1926

Böhm, Werner: Ross und Reiter in der Kulturgeschichte. Hildesheim 1996

Bornemann, Ernst: Das Patriarchat. Frankfurt am Main 1975

Bose, Günther/Erich Brinkmann: Circus. Berlin 1978
Braithwaite, Belinda: Reisen zu Pferd. Eine Frau reitet von Andalusien nach Paris. München 1991
Braun, Lily: Im Sattel fühlte ich mich frei ... In: Früh. Texte Frau u. Sport. Frankfurt am Main 1980
Brinker-Gabler, Gisela: Deutsche Literatur von Frauen. Vom Mittelalter bis zum Ende des 18. Jahrhunderts. München 1988
Bruns, Ursula: Reiten ohne Angst? Bonn 1989
Buesching, J. G. G.: Ritterzeit und Ritterwesen. Leipzig 1823
Chiappe, Jean-François: Die berühmten Frauen der Welt von A–Z. Paris/Gütersloh o.J
Cooper, J. C.: Illustriertes Lexikon der traditionellen Symbole. Leipzig 1986
Dalhoff/Jutta/Frey, Uschi /Schöll, Ingrid: Frauenmacht in der Geschichte. Düsseldorf 1986
Damm, H.: Spiele, in: Sport bei den Völkern der alten Welt, hrsg. v. Ingomar Weiler
Danella, Uta (Hrsg.): Das Paradies der Erde. Die schönsten Reitergeschichten. München 1976
Das Buch des Dede Korkut: Ein Nomadenepos aus türkischer Frühzeit. Zürich 1958
Dekker, Rudolf/van de Pol, Lotte: Frauen in Männerkleidern. Weibliche Transvestiten und ihre Geschichte. Berlin 1990
Delluc, B. u. G., Roussot, A., Roussot-Larroque, J.: Vor- und Frühgeschichte des Périgord. Deutsche Ausgabe. Frankreich, o.J.
Deutsches Sprichwörterlexikon. Berlin 1964
Die Chronik der Frauen. Dortmund 1992
Die Galerie der starken Frauen. Hrsg. u. bearb. v. Baumgärtel, Bettina/Neysters, Sylvia. Düsseldorf 1995
Die sanfte Reiterin, in: Emma 5/92, S. 52f
Diem, Carl: Asiatische Reiterspiele. Berlin 1941, Reprint Hildesheim 1982
Diem, L.: Frau und Sport. Ein Beitrag zur Frauenbewegung. Freiburg 1980
Dithmar, Ute/Schmitz, Sigrid: Mutig wie Löwinnen, in: Sportpädagogik 18/1995
Dodwell, Christiana: Im Land der Paradiesvögel. Mit Pferd und Einbaum durch Papua-Neuguinea. München 1989
Döhl, Hartmut: Amazonen – Traumfrauen und Schreckensbilder, in: Schmitz, Bettina/Steffgen, Ute: Waren sie nur schön? Frauen im Spiegel der Jahrtausende. Mainz 1989
Dollmann, Hilda: Das Reiten der Dame. Berlin 1931
Dönhoff, Marion Gräfin: Kindheit in Ostpreußen. München 1991
Dönhoff, Marion Gräfin: Namen, die keiner mehr kennt. München 1964
Dossenbach, Monique und Hans: König Pferd. Bern 1991
Dressler, Hilmar: Mit Radl, Rodl, Reitdress und Reformkleid. Teil 3, Nr. 1, in: Olympisches Feuer, 34, Jg. 1984
Druesedow, Jean-R.: Aside and Astride. A History of Ladies' Riding Apparel, in: Mackay-Smith, Alexander/Druesedow, Jean-R./Ryder, Thomas: Man and

the Horse, An illustrated History of Equestrian Apparel. New York 1984
Dunkhase, Ulrike: Reitsport für Frauen. Geschichte, Entwicklung und heutiger Stand. Schriftliche Hausarbeit zur Ersten Staatsprüfung für das Lehramt an Grundschule und Hauptschule. Münster 1976
Edda, die, Ältere und jüngere Edda und die myth. Erzählungen. Essen 1997
Edwards, Elwyn Hartley: Horses, their role in the history of man. London 1987
Eelking, Baron, M. von: Gestiefelt und gespornt. 300 Jahre Reiteretikette. Berlin, Hamburg 1966
Ehrenberg, Margarete: Die Frau in der Vorgeschichte. München o.J.
Eiszeitliche Kunst in Deutschland und der Schweiz. Schriften des Rheinischen Museumsamtes, Nr. 17. Köln 1981
Engelhardt, B.: Reiten als Sport für Frauen und Mädchen in biologischer Sicht, in: Reiter Revue International. Mönchengladbach 9/1965, 8. Jhg.
Erler, Gotthard (Hg): Streifzüge u. Wanderungen. Reisebilder v. Gerstäcker bis ... München 1979
Errera, Eglal: Isabelle Eberhardt. Basel 1987
Esebeck, H. A. von: Damenreitsport, in: Spemanns Goldenes Buch des Sports, Nr. 93
Farley, Walter: Der schwarze Hengst. Wien o.J.
Fehlau, Ria: Traumberufe rund ums Pferd. Für Praktiker, Theoretiker, Quereinsteiger und Individualisten. Stuttgart 1993
Fellerer, Eva: Pferde-Frauen-Reiten, in: Bischoff, Susanne, ... auf Bäume klettern ist politisch. Hamburg 1993
Fester Richard/König, Marie E. P.: Weib und Macht. Frankfurt am Main 1982
Fillis, James: Grundsätze der Dressur- und Reitkunst. Stuttgart 1918 (Berlin 1894)
Fischer-Lexikon Bildende Kunst 1, Frankfurt am Main 1960
Frauenreisen – Reisefrauen. Zürich/Dortmund 1994
Frenzel, Elisabeth: Motive der Weltliteratur. Stuttgart 1976
Friederici, G.: Die Amazonen Amerikas. 1910
Fuchs, Eduard: Die Frau in der Karikatur. O.O., 1906 (Frankfurt am Main 1979)
Fuchs, Eduard/Kind, Alfred: Die Weiberherrschaft in der Geschichte der Menschheit, Bd. I u. II. München 1913
Galahad, Sir: Mütter und Amazonen. Frankfurt am Main 1981
Gast, Lise: Unsere Ponys und wir. Ravensburg 1965
Gebhardt, Manfred: Mathilde Franziska Annecke. Reinbek 1988
Gelbhaar, Axel: Die Kulturgeschichte der Reiterei unter der wissenschaftlichen Lupe, in: FS 12/95, S. 1006 ff
Geschichte der Frauen im Bild, hrsg. v. George Duby und Michelle Perrot. Frankfurt am Main 1995
Gläser, Cornelia: Frauenreisen im 18. Jahrhundert. Magisterarbeit 1995
Göpel, Marie Lise: Frauenalltag durch die Jahrhunderte. München 1986
Gohl, Christiane: Im Namen der Pferde. Das kämpferische Leben der Ada Cole. Stuttgart 1997
Goll, Claire: Tagebuch eines Pferdes. Wiesbaden 1951

Gorbracht, W.: Das Abenteuer Pferd. Die Pferde der Götter. Bad Homburg 1976
Gottschalk, Silke/Branderup, Bent: Elegance im Damensattel. Wentorf b. Hamburg 1996
Gould Davis, Elizabeth: Am Anfang war die Frau. München 1977
Grimal, Pierre (Hrsg): Mythen der Völker, Bd. III. Frankfurt am Main 1967
Grone, Jutta von: Die Pferdeweide. Cham 1995
Grubitzsch, Helga/Bockholt, Roswitha: Théroigne de Méricourt. Pfaffenweiler 1991
Grubitzsch, Helga/Cyrus, Hannelore, Haarbusch, Elke (Hrsg.): Grenzgängerinnen. Revolutionäre Frauen im 18. und 19. Jahrhundert. Düsseldorf 1985
Günther, Ernst: Zirkusgeschichten. Berlin 1977
Hamann, Brigitte: Elisabeth – Kaiserin wider Willen. München 1989
Hammes, Manfred: Die Amazonen. Frankfurt am Main 1981
Hancar, Franz: Das Pferd in prähistorischer und früher historischer Zeit. Wien/München 1955
Handbuch Pferd. München/Wien Zürich 1984
Handwörterbuch des deutschen Aberglaubens, hrsg. v. E. Hoffmann-Krayer, Bd. VI. Berlin/Leipzig 1934/35
Härtel, Susanne/Köster, Magdalena: Die Reisen der Frauen. Lebensgeschichten von Frauen aus drei Jahrhunderten. Weinheim/Basel 1994
Harten, Elke/Harten, Hans Christian: Frauen – Kultur – Revolution. Pfaffenweiler 1989
Hauch, Gabriella: Frau Biedermeier auf den Barrikaden. Frauenleben in der Wiener Revolution 1848. Wien 1990
Heiliger, Anita/Kuhne: Feministische Mädchenpolitik. München 1993
Heinze, Theodor: Pferd und Reiter oder die Reitkunst in ihrem ganzen Umfange. Leipzig/Berlin 1863
Heißler, Sabine/ Blastenbrei, Peter: Frauen der italienischen Renaissance. Heilige, Kriegerinnen, Opfer. Pfaffenweiler 1990
Hermsdorf, Gaby: Brot und Spiele für die Frauen Roms in: Reiter Revue International 3/1989
Hermsdorf, Gaby: Geschichte des Europäischen Frauenreitens. Hausarbeit für das erste Staatsexamen. Hamburg 1982
Hermsdorf, Gaby: Kniefrei und im Herrensitz, in: Reiter Revue International 2/1989
Hermsdorf, Gaby: Zu Pferd eine Göttin: Die Germanin, in: Reiter Revue International 4/1989
Herrmann, Paul: Deutsche Mythologie. Berlin 1992 (Erstausg. Leipzig 1892)
Herzogenberg, Baronin Johanna: Prag. München 1966
Heydebrand, L. /der Lasa, Leopold, v.: Die Amazone. Reitkunst für Damen. Berlin, Leipzig o.J
Heydebrand, L. /der Lasa, Leopold, v.: Illustrierte Geschichte der Reiterei. Die Entwicklung der Reitkunst seit Jahrtausenden. Wien/Leipzig 1892
Heyer, Georgette: Die Jungfernfalle. Reinbek 1986
Heymann, Lida Gustava/Augspurg, Anita: Erlebtes – Erschautes. Hrsg. v. Margret Twellmann. Frankfurt am Main 1992

Hirschfeld, Magnus, Gaspar, Andreas: Sittengeschichte des ersten Weltkrieges, 1926. Nachdruck, Hanau 1986
Hoffmann-Krayer (Hg.): Handwörterbuch des deutschen Aberglaubens. Berlin, Leipzig 1929/30 und Berlin 1938/41
Holler, Ulrike: Regina wird Hufschmiedin, in: Emma, Heft 1, 1981, S. 39
Horst und Schlette: Frühe Völker in Mitteleuropa. Berlin 1988
Huch, Ricarda: Garibaldi. Frankfurt am Main 1977
Hutten-Czapski, Marian Graf von: Die Geschichte des Pferdes. Berlin 1891 (Reprint von 1876)
Hüttner, Marita: »Seelenmassage«, in: FS, 11/1993, S. 751
Isenbart, Hans-Heinrich: Das Königreich des Pferdes. Luzern/Frankfurt am Main 1969
Jähns, Max: Ross und Reiter in Leben und Sprache. Glauben und Geschichte der Deutschen, Bd. I. Leipzig 1872
Jettmar, K.: Die Entstehung der Reiternomaden. Saeculum 17. Freiburg 1966
Jettmar, Karl: Die frühen Steppenvölker. Berlin 1964
Johnson, Buffie: Die große Mutter in ihren Tieren. Berlin 1990
Jordan, Ruth: George Sand. Die große Liebende. München 1978
Jung, C. G.: Der Mensch und seine Symbole. Olten 1985
Kapitzke, Gerhard: Frankreich für Pferdefreunde. Köln 1981
Kapitzke, Gerhard: Südspanien für Pferdefreunde. Köln 1981
Kauden, Wilhelm: Geschichte des Alltagslebens. Frankfurt 1880
Keay, Julia: Mehr Mut als Kleider im Gepäck. Frauen reisen im 19. Jahrhundert durch die Welt. München 1991
Keller, R.: Frauen im Sattel machen Geschichte, in: Olympisches Feuer 13, 1963
Kinkel, Tanja: Die Löwin von Aquitanien. München 1991
Klostermann, Helena: Alter als Herausforderung. Frankfurt 1984
Knauff, Elisabeth: Frau und Pferd. Berlin 1937
Kobelt-Groch, Marion: Aufsässige Töchter Gottes. Frauen im Bauernkrieg und in den Täuferbewegungen. Frankfurt/New York 1993
Koch, Iris: Kunstreiterinnen und Reitkünstlerinnen. Facetten des Frauenbilds in zirzensischen Darbietungen des 18. und 19. Jahrhunderts. Unveröffentlichte Magisterarbeit im Fach Empirische Kulturwissenschaft am Ludwig-Uhland-Institut der Universität Tübingen 1995
Köhler, H.J.: Pferde, Reiter, Pferdesport. Köln 1967
Kohlhagen, Norgard: Mehr als nur ein Schatten von Glück. Reinbek 1990
König, Gudrun, M.: Schritte im Freien – freie Schritte ? Bewegungsräume bürgerlicher Frauen um 1800. Tübingen 1992
König, Marie E. P.: Die Frau im Kult der Eiszeit, in: Fester/König: Weib und Macht. Frankfurt am Main 1982
Koller, Claudia: Abenteuer Distanzreiten. Wentorf b. Hamburg 1996
Krull, Edith: Kunst von Frauen. Frankfurt 1984
L'Art des Cavernes. Atlas des Grottes ornées paléolithiques françaises. Paris 1984
Lasker-Schüler, Else: Prinz von Theben. München 1986

Lenz, Carl Gotthold: Die Geschichte der Weiber im heroischen Zeitalter. 1790, Nachdruck Selb 1976
Lindgren, Astrid: Pippi Langstrumpf. Hamburg 1960 (Erstausgabe 1948)
MacDonald, Sharon/Holden, Pat/Ardener, Shirley: Images of Women in Peace and War. Cross-Cultural and Historical Perspectives. London 1987
Meier-Seethaler, Carola: Von der göttlichen Löwin zum Wahrzeichen männlicher Macht. Zürich 1993
Maillart, Ella: Turkestan Solo. Eine abenteuerliche Reise ins Ungewisse. München 1992
Maillart, Ella: Verbotene Reise. Die Expedition einer unerschrockenen Frau durch Zentralasien. Stuttgart/Wien 1993
Man and the Horse, hrsg. v. Metropolitan Museum of Art. New York 1984
Markale, Jean: Die keltische Frau. München 1986
Markham, Beryl: Leben für Afrika. Aufgezeichnet von Mary S. Lovell. München 1989
Markham, Beryl: Westwärts mit der Nacht. Stuttgart 1987
Martin, Jochen/Zoepffel, Renate (Hrsg.): Aufgaben, Rollen und Räume von Frau und Mann, Teilband 2. Freiburg/München 1989
Mathys, F. K.: Amazonen. Kurzgeschichte des Damensports, in: Reiter Revue International, Mönchengladbach 1/1970. 13. Jg.
Maubach, Monika: Über ungünstige Folgeerscheinungen des Sportes. 1927
Mayer, Anton: Das Reiterbuch. Eine Geschichte der Reitkunst und Reitkultur. Wiesbaden o.J
McBane, Susan: Das große Buch der Pferdeausrüstung. München 1994
Mehlem, Monika: Vom Pferd durchschaut, in: FS 2/98, S. 188
Meier-Seethaler, Carola: Von der göttlichen Löwin zum Wahrzeichen männlicher Macht. Zürich 1993
Meixner, Gabriele: Frauenpaare in kulturgeschichtlichen Zeugnissen. München 1995
Melena, Elpis (Hrsg.): Garibaldis Denkwürdigkeiten. 2 Bde. Hamburg 1861
Melena, Elpis: Hundert und ein Tag auf meinem Pferde und ein Ausflug ... Hamburg 1861
Mervin, Sabrina/Prunhuber, Carol: Femmes. Paris 1990
Meyer, H.: Mensch und Pferd. Hildesheim 1975
Mirus, Helma/Wisselinck, Erika: Mit Mut und Phantasie. Frauen suchen ihre verlorene Geschichte. Straßlach 1987
Mitchell, Margaret: Vom Winde verweht. Hamburg o.J
Mordtmann, A.D.: Die Amazonen. Hannover 1862
Morris, Christopher: The illustrated journeys of Celia Fiennes. London 1995
Morris, Desmond: Horsewatching. München 1989
Mossdorf, Carl Friedrich: Reiterprofile. Bremen 1958
Müller, Melissa (Hrsg.): Reiten in alten Fotografien. Wien 1994
Müller-Beck, H., Albrecht, G. (Hrsg.): Die Anfänge der Kunst vor 30.000 Jahren. Stuttgart 1987
Müller-Windisch, Manuela: Aufgeschnürt und außer Atem. Die Anfänge des Frauensportes im viktorianischen Zeitalter. Frankfurt 1995

Negelein, Julius von: Das Pferd im arischen Altertum. Königsberg 1903
Nette, Herbert: Jeanne d'Arc. Hamburg 1977
Niethammer, Carolyn: Töchter der Erde. Legende und Wirklichkeit der Indianerinnen. Bornheim-Merten 1985
Nizami, Chosrou und Schirin. Zürich 1980
Ohlms, Ulla (Hrsg.): Kulturgeschichte der Frauen. Oer-Erckenschwick o.J.
Otte, Michaela: Geschichte des Reitens. Warendorf 1994
Over, Uta. Moderne Reit-Lehrmethoden. Cham 1996
Pahnke, Lisbeth: Brittas Herz gehört den Pferden. München 1976
Palzkill, Birgit/Scheffel, Heidi/Sobiech, Gabriele: Bewegungs(t)räume. Frauen, Körper, Sport. München 1991
Penquitt, Nathalie: Nathalie Penquitts Pferdeschule, 1997
Pernoud, Régine: Leben der Frauen im Hochmittelalter. München 1993
Pernoud, Régine: Frauen zur Zeit der Kreuzzüge. Freiburg/Basel/Wien 1995
Petersen, Susanne: Marktweiber und Amazonen. Frauen in der französischen Revolution. Berlin 1987
Pfeiffer, Ida: Eine Frau fährt um die Welt, hrsg. v. Habinger, Gabriele. Wien 1989
Pferd und Mensch. Ausstellungskatalog. Kunstgewerbemuseum Zürich 1956
Pferde. Mitwisser der Götter, hrsg. v. Reiss-Museum. Mannheim/Heidelberg 1997
Pferdegeschichten, ausgew. u. m. e. Nachw. v. K. Behrens. Frankfurt 1995
Pfister, Gertrud: Fliegen – ihr Leben. Die ersten Pilotinnen. Berlin 1989
Pluvinel, A. de la Baume: Manège Royal. Reprint der Ausgabe Frankfurt a.M. 1670. Hildesheim/New York 1972
Potts, Lydia (Hrsg.): Aufbruch und Abenteuer. Frauen-Reisen um die Welt ab 1785. Berlin 1988
Powell T.: Die Kelten. Köln 1959
Prior, Ingeborg: Der Clown und die Zirkusreiterin. Frankfurt 1997
Prizelius, J.G.: Etwas für Liebhaberinnen der Reiterey. Leipzig 1777
Propyläen Kunst-Geschichte. Berlin o.J.
Propyläen Weltgeschichte, hrsg. v. Mann, Golo/Alfred Heuß. Berlin 1960–1964
Ranke-Graves, Robert v.: Griechische Mythologie, 2 Bde. Reinbek 1960
Reclams Namensbuch. Stuttgart 1987
Rheiffen, Helene v.: Die Dame zu Pferde (1907). Hildesheim 1992
Rippel-Manß, Irmtraud: Pluderhosen, Stöckelschuhe, Flatterkleider, Frauensport, in: Westermanns Monatshefte, 7/1984
Robinson, Jane: Wayward Women. Oxford 1990
Roggenkamp, Viola: Fräulein Irma, Hexe Alwine und Bäuerin Ane-Marie, in: Emma, Heft 5, 1983, S. 54
Roggenkamp, Viola/Ziegler, Roswitha: Hermine (82), Helga (45), Heidrun (21). Drei Bäuerinnen-Generationen unter einem Dach, in: Emma, Heft 10, 1978, S. 54-58
Rose, Lotte: Bewegungsräume für Mädchen, in: Motorik 16/1993
Rost, Walter: Die männliche Jungfrau. Reinbek 1983
Roussot, Alain: Visiter Le Cap Blanc. Frankreich, o.J.

Rudloff, Martina/Seufert, Albrecht, Roß und Reiter. Bremen 1991
Russel: Vom Segen eines guten festen Rocks. Bern/München/ Wien 1987
Samuel, Pierre: Amazonen – Kriegerinnen und Kraftfrauen. München 1979
Sanders, Flora: An English Woman-Seargant in the Serbian Army. London 1960
Saxon, A.H.: Enter Foot and Horse. A History of Hippodrama in England an France. Clinton/Massachusetts 1968
Schadendorf, Wulf: Zu Pferde, im Wagen, zu Fuß. Tausend Jahre reisen. München 1961
Schaeffer, Albrecht: Roß und Reiter. Leipzig 1931
Schiller, Friedrich: Die Jungfrau von Orleans
Schirmer-Imhoff, Ruth (Hrsg.): Der Prozeß Jeanne d'Arc. Akten und Protokolle 1431–1456. München 1987
Schlaberg, Adolf: Die Dame als Reiterin. Einführung der Damen in die Reitkunst mit einem Anhang über einzelne Gangarten in der Hohen Schule. Berlin 1917
Schlesier, Renate (Hrsg.): Faszination des Mythos. Basel/Frankfurt am Main 1991
Schlissel, Lillian: Frauentagebücher aus dem Wilden Westen. Hamburg 1983
Schmitz, Bettina/Steffgen, Ute (Hrsg.): Waren sie nur schön? Frauen im Spiegel der Jahrtausende. Mainz 1989
Schoenbeck, Richard: Der Damenreitsport. Bibliothek für Sport und Spiegel. Berlin o.J.
Schoenbeck, Richard: Reit-ABC. Kurze Anleitung zum Erlernen des Reitens und zur Pferdekenntnis für Herren und Damen (1908). 7. vollständig neubearb. Auflage von Podewils, H. Berlin 1933
Schoenbeck, Richard: Reiten und Fahren. Berlin 1912
Schraub, Ingrid: Zwischen Salon und Mädchenkammer. Biedermeier bis Kaiserzeit. Hamburg 1992
Schrenk, Christine: Die neuen Amazonen, in: Emma 5/91
Schuller, Wolfgang: Frauen in der römischen Geschichte. München 1992
Schusdziarra: Gymnasium des Reitens. Berlin/Hamburg 1978
Segelcke, Dorothea: Rîten. Studien zum Wortschatz des Reitens im Mittelhochdeutschen. Inaugural-Dissertation zur Erlangung des Doktorgrades. Münster 1969
Sello, Gottfried: Malerinnen aus fünf Jahrhunderten, o.O., o.J
Shahar, Shulamit: Die Frau im Mittelalter. Frankfurt 1986
Sklavin oder Bürgerin.Französische Revolution und Neue Weiblichkeit. Hrsg. v. Viktoria Schmidt-Linsenhoff. Marburg 1989
Sode, Marie Luise von der: Reiten nach M. Feldenkrais. Lüneburg 1995
Sohns-Laubach, E.: Die schönsten Reiterbilder aus europäischen Sammlungen. Heidelberg/München 1962
Specht, Edith (Hrsg.): Nachrichten aus der Zeit. Ein Streifzug durch die Frauengeschichte des Altertums. Wien 1992
Steinbart, Hiltrud: Im Anfang war die Frau. Frankfurt am Main 1981
Steinmaier, Helga: Raumaneignung durch Mädchen, in: Heiliger/Kuhne: Feministische Mädchenpolitik. München 1993

Sternheim, Thea. Erinnerungen (1924). Freiburg 1995
Strobl, Ingrid: Eine gewisse Männlichkeit der Seele, in: Emma 8/80, S. 54-59
Strobl, Ingrid: Jeanne und all die anderen, in: Emma 11/79, S. 46-51
Swift, Sally. Reiten aus der Körpermitte. Cham 1996.
Tacitus: Die Germania d. Cornelius Tacitus. Übertr. v. Paul Stefan. Leipzig ca. 1930
Tavard, C. H.: Sattel und Zaumzeug. Das Pferdegeschirr in Vergangenheit und Gegenwart. Fribourg/Köln 1975
Tellington-Jones Linda/Pabel, Andrea/Pabel, Hilmar: Die Linda Tellington-Jones Reitschule. Stuttgart 1996
Theweleit, Klaus: Männerphantasien, Bd. 1. Basel/Frankfurt am Main 1977
Thurn und Taxis, Franz: Pardubitz Parforce-Jagd und Rennen. Wien, Köln 1990
Traut, Friedrich: Gestüte Europas. Verden 1971
Trench, Charles Chenevix: Geschichte der Reitkunst. München 1970
Tristan, Flora. Fahrten einer Paria. Reise von Bordeaux nach Peru, Band I. Paris 1837/1838, neu hrsg. von Bertha Rahm. Zürich 1983
Tristan, Flora: Meine Reise nach Peru, übers. und hrsg. v. Friedrich Wolfzettel. Frankfurt 1983
Tschap-Bock, Angelika: Frauensport und Gesellschaft. Der Frauensport in seinen historischen und gegenwärtigen Formen. Hamburg 1983
Uhde, Sophie von: Jahr der Reiterin. Gespräche mit einer Freundin. Berlin 1941
Uitz, Erika: Die Frau in der mittelalterlichen Stadt. Stuttgart 1988
Utrio, Kaari: Evas Töchter. Rasch u. Röhring o. J
Vogt, Ingeborg: Studien zu Pferd und Reiter in der frühgriechischen Kunst. Inauguraldissertation zur Erlangung der Doktorwürde. Bonn 1991
Wagenmann, Sonja/Schönhammer, Rainer: Mädchen und Pferde. Psychologie einer Jugendliebe. München 1994
Walker, Barbara G.: Das geheime Wissen der Frauen. München 1983
Weihmann, Armin Max: Andere Länder, andere Reiter. Melsungen 1974
Weiler, Gerda: Ich brauche die Göttin. Königstein 1997
Wheelwright, Julie: Amazons and Military Maids. Women who dressed as men in pursuit of Life, liberty and happiness. London 1989
Whyte-Melville, George J./Keudell, Kurt v.: Reit-Erinnerungen. Hildesheim 1983, Nachdruck v. 1922
Wolter, Gundula: Hosen, weiblich. Kulturgeschichte der Frauenhose. Marburg 1994
Wörterbuch der Pferdekunde, hrsg. v. Hans-G. Mühlmann. Düsseldorf 1976
Yalouris, Nikolas: Pegasus. Ein Mythos in der Kunst. Mainz 1987

Zeitschriften

Cavallo 8/1997
Freizeit im Sattel. Jahrgänge 1977–1998
St. Georg. 1997-98
Reiter Revue. 1997-98

Bildnachweis

Die Fotografien auf den Seiten 10, 28, 76, 136, 208 stammen von Petra Sattler, Dortmund.

Seitenzahlen in Klammern: (2) Bärbel Wegner (8) Theweleit, Männerphantasien, Band I, S. 83; (15) Wagenmann/Schönhammer, Mädchen und Pferde, S. 38; (18) Bärbel Wegner; (25) Bärbel Wegner; (31) aus: Uitz, Die Frau in der mittelalterlichen Stadt, S. 29; (32) Meier-Seethaler, Von der göttlichen Löwin zum Wahrzeichen männlicher Macht, S. 154; Schlesier (Hrsg.), Faszination des Mythos, S. 372; (35) Fester/König u.a., Weib und Macht, Bildtafel 23; ebd., Bildtafel 22; Die Chronik der Frauen, Dortmund 1992, S. 127; (36) Steinbart, Im Anfang war die Frau, S. 166; (42) Geschichte der Frauen im Bild, S. 86; (44) Holzschnitt aus: Olaus Magnus, Historica de gentibus septentrionalibis, Rom 1555, aus: Göpel, Frauenalltag durch die Jahrhunderte, S. 97; (48) Helga Steinmaier; (49) Die Anfänge der Kunst vor 30000 Jahren, hrsg. v. Müller-Beck/Albrecht, S. 1; (50) Museum f. Archäologie des Eiszeitalters, Neuwied; (52) Die Anfänge der Kunst, S. 62; (53) Musée National de la Préhistoire, Les Eyzies de Tayac (Dordogne); (55) Lascaux II, Montignac; (56) Musée National de la Préhistoire, Les Eyzies de Tayac (Dordogne); (57) Die Anfänge der Kunst, S. 58; (58) Alain Roussot, Visiter le Cap Blanc, S. 21; (59) Museum Le Cap Blanc, Foto: Helga Steinmaier; (60) L'art des Cavernes, Paris 1984, S. 111; (61) Musée National de la Préhistoire, Les Eyzies de Tayac (Dordogne); (62) Steinbart, S. 162; (65) ebd., S. 165; (66/67) Die Galerie der starken Frauen, S. 76 (68) Schmitz/Steffgen, Waren sie nur schön?, S. 230; (69) Die Chronik der Frauen, a.a.O., S. 117; (70) Steinbart, S. 155; (72) Schmitz/Steffgen, S. 257; (74/75) Ohlms (Hrsg.), Kulturgeschichte der Frauen, Oer-Erckenschwick o.J., S. 40 und Cover-Abbildung; (77) Hermsdorf, Geschichte des Europäischen Frauenreitens, Hamburg 1982, Abb. 3; (78) Propyläen Kunst-Geschichte. Das alte Ägypten, Abb. 328a; (81) Schmitz/Steffgen, S. 121; (83) Fischer-Lexikon Bildende Kunst 1, Frankfurt am Main 1960, Tafel 2a; (84) Meier-Seethaler, S. 208; (88) Fischer-Lexikon Bildende Kunst 1, S. 57; (90) Propyläen Kunst-Geschichte, Das römische Weltreich, Abb. 384a; (91) Uhde, Jahr der Reiterin, S. 33; (92) Diem, Asiatische Reiterspiele, S. 148 f.; (93) ebd., S. 119; (94) Trench, Geschichte der Reitkunst. München 1970, S. 258; (97) Diem, Asiatische Reiterspiele, S. 32; (100) Die Galerie der starken Frauen, S. 98; (102) Die Chronik der Frauen, Dortmund 1992, S. 333; (104) Mervin/Prunhuber, Femmes, S. 118; (107) Die Galerie der starken Frauen, S. 103; (109) Rudloff, Martina/Seufert, Albrecht, Roß und Reiter, Tafel 34; (110) Mervin/Prunhuber, Femmes, S. 123; (111) Göpel, S. 29; (112) Zu Pferde, zu Wagen, zu Fuß S. 42/43; (113) Durant Kulturgeschichte der Menschheit, Bd. 12, S. 256vi; (114) Sklavin oder Bürgerin?, S. 472; (115) ebd., S. 397; (117) Steinbart, S. 167; (119) Kohlhagen, Mehr als nur ein Schatten von Glück, S. 134; (122) Göpel, S. 36; (123) Trench,

Geschichte der Reitkunst. München 1970, S. 285; (124) Uhde, Jahr der Reiterin, S. 57; (127) Geschichte der Frauen im Bild, S. 79; (129) Illustrierte Alltagsgeschichte des deutschen Volkes, 1550–1810, Köln 1988, S. 157; (130) Uhde, Jahr der Reiterin, S. 41; (131) Weihmann, Andere Länder, andere Reiter, Melsungen 1974, S. 143; (133) Sohns-Laubach, Die schönsten Reiterbilder; (138) Trench, S. 82; (142) Thurn und Taxis, Franz, Pardubitz – Parforce-Jagd und Rennen, S. 23; (141) ebd., S. 27; (144) ebd., S. 93; (147) ebd., S. 107; (150) Man and the Horse, S. 61; (154) ebd., S. 77; (155) Gobracht, Das Abenteuer Pferd, S. 258; Emma Nr. 7/1998, S. 10; (158) Gobracht, S. 257; (159) ebd., S. 259; (160) Schoenbeck, Reit ABC, S. 87; (161) Gobracht, S. 260; (162) ebd., S. 251; (163) ebd., S. 252; (165) Schoenbeck, Reiten und Fahren, S. 154; (169) ebd., S. 156; (170) ebd., S. 157; (171) ebd., S. 158; (174) Fuchs, Die Frau in der Karikatur, S. 305; (175) Zu Pferde, zu Wagen, zu Fuß, S. 11; (176) Göpel, S. 32; (178) Man and the Horse, S. 59; (179) Beide Abbildungen aus: Belinda Braithwaite, Reisen zu Pferd; (180) Deeken/Bösel, »An den süßen Wassern Asiens«, S. 158; (182) Ella Maillart, Verbotene Reise, S. 272d; (183) Härtel/Köster, Die Reisen der Frauen, S. 80b; (184) Ella Maillart, S. 128d; (185) Hanslip, Lady Hester Stanhope, S. 250; (186) Härtel/Köster, S. 160d; (187) Härtel/Köster, S. 160e; (193) Belinda Braithwaite, Reisen zu Pferd; (196) Bose/Brinkmann, Circus, S. 44; (200) Bose/Brinkmann, Circus, S. 49; (205) Bose/Brinkmann, Circus, S. 74; (214) Knauf, S. 58; (215) Knauf, S. 53; (220) Das Paradies der Erde, S. 25; (223) ebd., S. 60; (228) Knauf, S. 23; (230) Der Reiter-Atlas 1997/97, S. 112; (234) Beryl Markham 1989, S. 129; (240) Freizeit im Sattel 9/97, S. 769; (245) ebd., S. 768; (248/249) Bärbel Wegner; (252) Helga Steinmaier; (256) Das Paradies der Erde, S. 46; (262/263) Bärbel Wegner; (270) Bärbel Wegner